U0876478

百强品牌故事

中国农村杂志社　编

中国农业出版社
北　京

《百强品牌故事》编辑委员会

主　任　屈冬玉

副主任　唐　珂　彭小元

执行副主任　雷刘功　陈　萍

编　委（按姓氏笔画排序）

王大山　王伟清　王美云　王新建　韦斌华
冉国伟　白　玲　刘　玫　刘　涵　刘广宇
刘学敏　刘鑫淼　米玛次仁　江泽全　李幼平
李国林　杨志平　肖恒普　吴松航　辛　燕
沈　辰　沈国际　张　国　张天翊　张玉香
张生辉　张建庭　张荣春　张梦光　张蓉萍
陈　元　陈　萍　陈占方　陈林海　陈晓娟
武红安　苑体强　林　伟　罗清平　金　山
周勇军　官宏义　屈冬玉　赵　霞　胡国明
钟来斌　秦　吉　袁建琦　夏　树　高　盛
郭　军　唐　珂　常继生　鄂永利　梁　斌
梁建岗　彭小元　雷刘功　谭鸿明　薛　红

《百强品牌故事》
编写委员会

总策划 张玉香

策　划 辛　燕

主　编 胡国明

副主编 杜红娟

编写人员（按姓氏笔画排序）

王　欢　王　珍　王长亮　毛绪强　卢新松
包尚友　刘月姣　刘秀峰　杜红娟　李　刚
汪　洋　陆鹏玲　陈建芳　周圆圆　郑景顺
姜玉桂　徐　平　崔建玲　曾诗淇　魏龙飞

2016年11月4日，由农业部（现农业农村部）和云南省人民政府共同主办的“省部长推介品牌农产品专场”在昆明市举办，20位省部长集中亮相，讲述中国农业品牌故事，联合为我国品牌农产品代言。

2017年9月20日，袁隆平、申纪兰、韩乔生、李菁、苏炳添、闫学晶、赵芸蕾等来自全国各地的26位知名人士，齐聚“家乡的味道·我为品牌农产品代言”大型公益活动现场，共同讲述农产品品牌故事，为家乡农产品代言。

2018年农业农村部与湖南卫视合作，以青春、活力、动感为主旋律，策划推出“乡人乡味——全国特色品牌农产品公益推介活动”，各地农民代表登台讲述品牌故事，中外嘉宾现场互动，品牌营销创新升级，面向新生代，创造新消费，树立新信心，迎来新希望！

前　言

农业品牌化是现代农业发展的基本内涵和重要组成部分，也是农业发展阶段和水平的重要标志。品牌建设贯穿农业全产业链，是助推农业转型升级、提质增效的重要支撑和持久动力。党的十八大以来，党中央、国务院高度重视品牌在现代农业转型中的战略意义，将品牌建设提升到国家战略高度。2016 年，国务院办公厅发布《关于发挥品牌引领作用推动供需结构升级的意见》，要求积极探索有效路径和方法，更好发挥品牌引领作用。国务院还将每年的 5 月 10 日确定为中国品牌日，这展示了国家推进品牌发展的坚定决心，标志着品牌建设进入全面发展的新时代。

为积极贯彻 2017 年中央 1 号文件和《国务院办公厅关于发挥品牌引领作用推动供需结构升级的意见》，农业部（现农业农村部）将 2017 年确立为农业品牌推进年。按照农业品牌推进年的总体安排，第十五届中国国际农产品交易会组委会推选出了“中国百强农产品区域公用品牌”，获选品牌具有较强市场号召力、影响力和公信力，均获得农产品地理标志认证、登记或注册，涵盖粮食、油料、蔬菜、果品、肉类、淡水产品、海水产品、中药材等多类重要农产品。

为营造全社会关注农业品牌建设的良好氛围，农业农村部积极推动媒体发声，连续进行专题报道。在农业农村部市场与信息化司组织策划下，中国农村杂志社《农产品市场周刊》开设“百强品牌故事”专栏，并选派记者赴品牌农产品主产区挖掘品牌背后的故事，在中国农村网、中国农业农村市场信息公众号等新媒体同步宣传推介，受到各界关注和好评。

中央 1 号文件多年持续关注农业品牌，2019 年再次将品牌建设放在重要位置。提出：发展壮大乡村产业，拓宽农民增收渠道，要加快发展乡村特色产业；因地制宜发展多样性特色农业，倡导“一村一品”、“一县一业”；

积极发展果菜茶、食用菌、杂粮杂豆、薯类、中药材、特色养殖、林特花卉苗木等产业；支持建设一批特色农产品优势区；创新发展具有民族和地域特色的乡村手工业，大力挖掘农村能工巧匠，培育一批家庭工场、手工作坊、乡村车间；健全特色农产品质量标准体系，强化农产品地理标志和商标保护，创响一批“土字号”、“乡字号”特色产品品牌。为贯彻落实中央精神，深入推进品牌强农，2019 年农业农村部 1 号文件，进一步强调农业要“绿色化、优质化、特色化、品牌化”发展。要大力推进农产品区域公用品牌、企业品牌、农产品品牌建设，打造高品质、有口碑的农业“金字招牌”。

好的故事能塑造更好的产品，好的品牌一定有好的故事。一个好的品牌故事，能够更加丰满地体现出品牌的地域特色、文化内涵和历史传承。深入挖掘农业品牌故事是提升品牌影响力与知名度的重要抓手，是拉动农产品价值的一大驱动力，是塑造农业品牌价值的信任背书，也是中国农产品走向世界的新载体和新符号。为讲好中国农业品牌故事，传播新时代中国农业品牌强音，在农业农村部市场与信息化司指导下，在中国农产品市场协会支持下，中国农村杂志社《农产品市场周刊》编辑部精选百强农产品区域公用品牌故事，汇编成本书。通过这些不同的品牌故事，可以了解不同农产品区域公用品牌定位、品牌理念、品牌使命，也能发现不同农产品区域公用品牌的成长规律和鲜明特征。

品牌凝聚共识，品牌引领希望，品牌强农助力乡村振兴。当前，我国经济已由高速增长阶段转向高质量发展阶段，品牌经济逐渐成为推动经济实现高质量发展的重要一环，这也对农业品牌建设提出了更高的要求，在新时代不仅要讲中国农业品牌故事，更要将中国情怀融入农业品牌中，借地、借人、借事、借典、借情，讲好农业品牌故事。中国农村杂志社作为农业农村部直属媒体，是展示农业品牌建设成就的重要窗口，也是讲好中国农业品牌故事、塑造农业品牌形象的主力军。我们期待与更多的单位、协会、企业、专家和有识之士，共同讲好中国农业品牌故事，共襄乡村振兴大计。

编　者

2019 年 5 月

2017中国百强农产品区域公用品牌名录

2017年9月20日，平谷大桃等100个品牌被第十五届中国国际农产品交易会组委会授予“2017中国百强农产品区域公用品牌”称号。

获选品牌普遍具有较强市场号召力、影响力和公信力，均获得农产品地理标志认证、登记或注册，涵盖粮食、油料、蔬菜、果品、肉类、淡水产品、海水产品、中药材等多类重要农产品。

2017中国百强农产品区域公用品牌名单

序　号	省　份	品牌名称
1	北京市	大兴西瓜
2		平谷大桃
3		北京鸭
4	天津市	沙窝萝卜
5	河北省	临城薄皮核桃
6		巨鹿金银花
7		围场马铃薯
8	山西省	沁州黄小米
9		岚县马铃薯
10		大同黄花
11	内蒙古自治区	乌兰察布马铃薯
12		锡林郭勒羊肉
13		五原向日葵
14		科尔沁牛

（续）

序　号	省　份	品牌名称
15	辽宁省	盘锦大米
16		辽参
17		北镇葡萄
18		鞍山南果梨
19	吉林省	梅河大米
20		榆树大米
21		双阳梅花鹿
22		长白山人参
23	黑龙江省	五常大米
24		庆安大米
25		九三大豆
26		东宁黑木耳
27	上海市	南汇水蜜桃
28	江苏省	射阳大米
29		高邮鸭蛋
30		巴城阳澄湖大闸蟹
31		盱眙龙虾
32		南京盐水鸭
33	浙江省	金华两头乌猪
34		奉化水蜜桃
35		舟山带鱼
36		三门青蟹
37	安徽省	砀山酥梨
38		霍山石斛
39		滁菊
40	福建省	平和琯溪蜜柚
41		永春芦柑
42		连城红心地瓜干
43		宁德大黄鱼

（续）

序　号	省　份	品牌名称
44	江西省	赣南脐橙
45		宁都黄鸡
46		泰和乌鸡
47	山东省	烟台苹果
48		滕州马铃薯
49		章丘大葱
50		金乡大蒜
51		威海刺参
52	河南省	正阳花生
53		新乡小麦
54		郑州黄河鲤鱼
55		南阳黄牛
56	湖北省	潜江龙虾
57		宜昌蜜橘
58		监利黄鳝
59		秭归脐橙
60	湖南省	华容芥菜
61		宁乡花猪
62		黔阳冰糖橙
63	广东省	德庆贡柑
64		斗门白蕉海鲈
65		清远鸡
66		罗定稻米
67	广西壮族自治区	百色芒果
68		钦州大蚝
69		荔浦芋
70		南宁香蕉
71	海南省	文昌鸡
72		三亚芒果

（续）

序　号	省　份	品牌名称
73	重庆市	奉节脐橙
74		涪陵榨菜
75		荣昌猪
76	四川省	四川泡菜
77		攀枝花芒果
78		新津黄辣丁
79	贵州省	虾子辣椒
80		兴仁薏仁米
81		威宁洋芋
82	云南省	昭通苹果
83		文山三七
84		宣威火腿
85	西藏自治区	帕里牦牛
86		亚东黑木耳
87	陕西省	洛川苹果
88		眉县猕猴桃
89		大荔冬枣
90	甘肃省	庆阳苹果
91		定西马铃薯
92	青海省	互助八眉猪
93		大通牦牛肉
94	宁夏回族自治区	盐池滩羊肉
95		中宁枸杞
96		沙湖大鱼头
97	新疆维吾尔自治区	库尔勒香梨
98		阿克苏苹果
99		和田御枣
100	新疆生产建设兵团	石河子鲜食葡萄

目　录

中国柑王　德庆贡柑

广东是我国的重要柑橘产区，作为广东柑橘主产区的肇庆市德庆县，近年来大力发展贡柑产业，带动了不少果农走上致富的快车道。

一路走来的德庆贡柑

贡柑，原是广东肇庆地区的优稀农家柑橘品种，德庆县是贡柑的原产地，有着悠久的栽培历史。早在唐代开元年间，德庆境内的马圩、官圩、新圩一带已大面积种植这一柑品。

相传，宋绍兴年间，宋高宗到德庆府，品尝了德庆柑后，连连称赞，此后德庆柑被尊为御用贡品，“贡柑”之称由此而来。千百年来，贡柑经过德庆人民世世代代的培育、提纯，一直传种至今。然而20世纪80年代

以前，德庆贡柑仅有零星种植，纵有非凡的出身和骄傲的历史，也逃脱不了藏在深山人未识的尴尬境地，难成德庆的拳头农产品。

直至20世纪90年代中后期，当地加快了德庆贡柑的发展步伐，贡柑的种植渐成气候。德庆是一个典型山区县，到处是山坡地、沙渍地。为此德庆县政府决定顺势而为，把发展贡柑产业作为“富民强县”的突破口，先后出台了《德庆县利用山坡地沙渍地发展优质水果的优惠办法》《德庆县扶持三高农业发展办法》等优惠措施，并从信贷支持、财税支持、奖励种植大户等方面鼓励农民以及投资商开发沙渍地和低缓山坡地广泛种植贡柑，与此同时，还通过“公司+基地+农户”的模式，实行贡柑的规模化生产和产业化经营，建立起生产、保鲜、加工、销售一条龙的经营模式，自此德庆贡柑迎来了发展的鼎盛时期。尤其是近十年贡柑产业发展迅速，德庆县通过与农业科研院所、高校合作，加强了贡柑品种的提纯复壮技术，建立德庆贡柑无病毒育苗基地，提供种植栽培技术指导，创建省级农业标准化示范区，向农户推广柑橘生产标准。加之当地的农业配送公司，以经营配送质优价廉的农资产品为载体，实时为果农免费提供柑橘种植管理技术服务和农信贷款担保服务；开通了农业科技视频点播和手机短信系统，果农足不出户，便可获取所需的农业技术和市场、气象等信息，让农户轻松种好德庆贡柑，打造人均1亩*收入过万元的贡柑产业基地。

品牌打造创辉煌

德庆主产的贡柑又称皇帝柑，是广东近十几年来发展最快、效益高的著名特色柑橘主栽品种。

据考证，贡柑乃橙与橘的自然杂交种，具有橙与橘的双重优点。德庆贡柑果形靓丽、果色金黄、皮薄核少、爽口无渣、清甜香蜜、高糖低酸、风味浓郁，它集中了橙类外形美和柑橘肉质细嫩、易剥皮的双重优点，为其他柑类品种难以比拟，被誉为“中国柑王”。据检测，德庆贡柑平均单果重120～150克，果径60～65毫米，可溶性固形物（主要是糖）达11%

---

* 亩为非法定计量单位，1亩=1/15公顷。——编者注

以上，可食率达76.7%以上，固酸比高达36.7～37.1 ∶ 1，总酸量低至0.3%～0.35%。每年冬至前后成熟，收获期长，是年节的佳品。

一方水土孕育一方特色农产品。德庆贡柑优异的品质得益于德庆县独特的地理环境和气候条件，德庆县地处广东省中西部，属低纬度地区，气候温和，热量丰富，雨量充沛，无霜期长，年平均气温22.2℃，年平均降雨量1 434毫米，年平均日照时数为1 662小时，其东西北三面环山，森林覆盖面积大，南傍中国第二大流量的西江河，从而形成冬暖夏凉常年昼夜温差大的气候。既可满足贡柑生长的有效积温，更能实现恰到好处的昼夜温差，从而使贡柑的果皮着色和组织软化程度，可溶性固形物、有机糖分、维生素、有机酸、微量元素和矿物质等的含量都达到最佳标准。

近年来，德庆地方政府着力打造贡柑品牌，德庆贡柑焕发出前所未有的生机，曾先后获得“中华名果”“中国柑王”“中国生产率科学成果奖”“商标注册证”“原产地标记注册证”“广东人民最喜爱的土特产”“岭南十大佳果”“第十三届中国国际农产品交易会有较强影响力的果品区域公用品牌”“广东省名特优新公用品牌”“首届中国农民丰收节全国100个农产品品牌”等荣誉称号。德庆县也先后被评为“中国贡柑之乡”“中国柑橘产业十强县”“中国果菜无公害十强县”。

德庆将本地特产当作一种优势产品，由政府牵头展开市场营销，使德庆贡柑短时间内声名鹊起。德庆坚持走“政府引导、政策扶持、科技驱动、龙头牵动、品牌带动、市场推动”的发展路子，进一步加强贡柑产业发展的组织领导和政策扶持力度；进一步完善技术支持体系，健全农科推广网络，全面推行标准化生产管理；进一步打造强势品牌，开拓国内国际市场。

德庆县委、县政府意识到，发挥政府作用，打造农业品牌，贡柑无疑是突破口。自相关部门先后出台服务措施，从信贷、农技等方面给予大力扶持后，德庆农民种柑的积极性被充分调动起来，随之而来的是种植规模和产量的大扩张，当然期间也出现了分散生产难以与市场对接的问题，德庆举政府之力，以策划先行，声势浩大地展开了一个接一个的营销大战。

为了把德庆贡柑推向国内和国际市场，近年来，德庆县委、县政府先后出资在广州、澳门、上海、北京、香港、深圳、东莞以及东北、江浙一带城市举行德庆柑橘产品推介活动，从而使德庆贡柑名声大噪。2017 年，德庆贡柑入选了“中国百强农产品区域公用品牌”，在放眼全国的舞台上大放异彩。

科技创新促发展

除了打招牌、做市场之外，德庆贡柑的成功还源于技术的创新。据了解，德庆县政府不仅投资建起了高标准贡柑无病毒苗圃基地以及贡柑沙糖橘母本园和采穗园，为果农提供纯正、无病毒种苗，还制定了《贡柑生产技术规程》，让农民按科学的方法把最优质的贡柑种植出来。德庆县成立了柑橘研究所，与广东省内农业科研院所长期合作；建立了贡柑绿色食品生产农资配送服务中心，大力推广生物防治技术；各镇均配备柑橘农技人员，组织和鼓励种植大户为新种植农户开展技术承包和技术指导。

德庆贡柑一路攻城略地，从当初毫无名气的稀有农产品演变成如今叫响国内外的品牌水果。围绕贡柑，德庆打出一系列高水平的最优组合拳，让人连连点赞的同时，也给广东其他市县昭示了一条山区发展特色经济、促进农民增收的鲜活路子。

章丘大葱“高大上”

2017 年 10 月 27 日，中国（章丘）第 15 届大葱文化节在济南市章丘区举行。期间，通过“章丘大葱种植状元评选”活动，葱农宋光宝种植高达 2.51 米的大葱被评为新一年最高大葱，刷新大葱高度记录，宋光宝也夺得“章丘大葱种植状元”称号，此次是他第七次夺得该称号。

大葱真能长这么高？您还别不相信，记者在活动现场采访时，亲自用

米尺对获奖（1个大葱种植状元、2个一等奖、3个二等奖、9个三等奖）大葱进行了测量，这些大葱平均高度在2.4米左右，其中仅葱白高度就在1.15米左右，真是让人惊叹。

章丘区农业局局长李庆祥向记者介绍，章丘大葱是章丘区最负盛名的名优农产品，有2 600多年种植历史，以“高、大、脆、白、甜”的特有品质享誉国内外，品牌价值高达32亿元。目前章丘正在推进大葱产业发展，将大葱种植、深加工、文化旅游等相结合，在推进大葱产业发展的过程中带动农民致富，同时还要推动大葱走出去。

“葱王”只认这块地

明朝明世宗曾御封章丘大葱为“葱中之王”，现在章丘被农业部（现农业农村部）命名为“大葱之乡”，大葱与章丘的“因缘”持续了几千年，到如今成为章丘的一张靓丽名片，其主要原因还是章丘这片土地赋予了大葱太多特点，它以“葱高、白长、脆嫩、味甜”而著称。章丘大葱的“高大”，是指章丘大葱外形高大，一般长度在1.5米以上；“脆白”，指葱白部分洁白细致，又长又直，一般在1米左右，并且葱脆而多汁；甜辣，指章丘大葱味道香甜，甜中带辣，既可炒制，也适合生食。

橘生淮南则为橘，生于淮北则为枳。和其他地方特色农产品相比，章丘大葱更恋故土，更“念家”。要是离开特定区域，即便是长在章丘区范围内，也不是真正意义上的“章丘大葱”了。至今，章丘大葱的主产区，也就主要限定在中西部的几个乡镇（以绣惠镇所产大葱最为正宗）的部分村庄。

章丘大葱之所以能形成独特的品质，离不开独特的土壤和水。大葱文化节期间，记者在绣惠镇见到了济南振丰农业有限公司董事长赵建刚，据他介绍，公司也曾在淄博市周村区种植大葱，但未获成功。“同样的品种、同样的工人、同样的技术，尽管就隔着几十公里，但种出来的大葱与正宗的章丘大葱完全不一样。”赵建刚说，“如今，章丘向全国各地推广品种，但至今没有一个地方能种出和章丘一样的品质。咱这里的大葱，能长到2米多，其他地方能长到1.5米就相当不错了。”

据章丘区农业局大葱产业办公室主任胡延萍介绍，章丘大葱分两个品种：大梧桐、气煞风。其中“大梧桐”植株高大，也是章丘大葱的代表品种，而另一种植株粗壮，遇到强风也不怕，因而得名“气煞风”。章丘大葱的独特口味也依赖于这里特殊的土壤，当地老百姓俗称“油饼地”，呈弱碱性。在种植过程中，则以优质纯净的明水泉水为主要灌溉水源，利用深开沟、高培土的传统种植方法合理种植，经过420天左右的培育，长成甘甜可口的章丘大葱。

质量保住品牌成色

对一个农产品品牌来说，质量安全是一条不可逾越的红线。章丘制定了无公害、绿色、有机级别的章丘大葱《标准化生产技术规程》及其质量标准，建立了从良种选育、育苗移栽到生长收获、包装销售的质量管理体系。在大葱文化节名优农产品展销现场，记者见到了“大葱哥”王超，几年前王超注册了“大葱哥”这一自主品牌，并通过严格的种植标准，让自己生产的大葱远销海外。

王超告诉记者，他们在种植中大量使用发酵动物粪便和有机肥，使用杀虫灯、黄蓝板等物理防虫设施。这样的做法，在章丘大葱的核心产区，并不是少数。2017年夏季，王超种植的约1亩大葱遭遇了潜叶蝇，通过生物防治为时已晚，他放弃了化学农药治理，直接将这些大葱旋耕毁掉。

现代农业技术则让章丘大葱品质又迈上一个台阶。胡延萍告诉记者，目前章丘大葱在工厂化育苗和移栽方面的机械装备已投入生产，大大缩短了育苗时间，章丘大葱已经实现了全年不间断生产。传统育苗，1亩苗可移栽3亩；机械化后，1亩苗至少移栽20亩，能够节约土地。葱苗的成活率、成品率也会得到很大提升。此外，机械化刨收的试验，也已经确定了研究方向。

前年，章丘区推出了带有章丘大葱产地身份证明的二维码标识。只要是正规的章丘大葱生产单位，都可以免费申请使用。消费者只要拿出手机扫一扫二维码，大葱生产地块负责人、收获日期、农残检测结果等基本信息便可一目了然，实现了对上市大葱质量安全的可追溯监管。

土生土长不土气

不少人对章丘大葱的印象，还停留在路边按捆或按盒叫卖的低端印象。但实际上，不少质量较高的章丘大葱，已经通过新的包装营销方式，让“章丘大葱”这个金字招牌真正卖上好价钱。赵建刚说：“大葱从 8 月播种到次年 10 月收获，要历经 13 个月。农民要培土六七次，有些步骤只能人工投入，一亩地成本四五千元。章丘大葱不仅品质独一无二，更凝结了老百姓的精心劳动，它应该卖上更好的价格。”

如今，章丘大葱已经实现分割、分级销售。例如，葱白 85 厘米以上、直径 3 厘米以上的特级葱，一盒装上 8 棵，配上煎饼和酱，能够卖到 200 元以上。葱白、葱胡如今都已经开始单独出售，甚至连之前没什么价值的葱叶，也制成葱粉销售。据胡延萍介绍，2018 年由大葱产销合作社与北京首农集团签订协议，以小包装分割净菜的形式，进入北京的超市和连锁店。“原先一盒卖 5 千克葱，等消费者吃完，章丘大葱也失去了最佳的风味。这样洗净了分割卖，给消费者最大的价值，也能提高品牌形象。”赵建刚说，2017 年，济南一家生鲜销售配送企业与振丰农业签约，以每亩两万元的价格包下了 4 亩大葱，每亩保底供应 4 000 千克，供应给其会员。这种直接与消费者对接的“私人订制”模式，比传统销售至少多一倍的利润。

目前，一个以女郎山为中心，以大葱文化、女郎山文化和农耕文化为主题的大葱文化长廊和大葱主题文化休闲区已正式对外开放。葱花冰激凌、葱油、大葱盆栽等章丘大葱深加工和旅游产品项目，也在位于绣惠镇的青葱庄园得到推广。“原先仅仅是作为农产品品牌的章丘大葱，正将一二三产业深度融合，产业链条越来越长，休闲文化价值正在浮现，可以说，我们在章丘大葱原来的产业基础之上，谋划着一场全新的大葱产业革命，未来的章丘大葱必定是精致型现代农业的代表！”李庆祥说。

千年滁菊　重焕生机

滁菊，又称甘菊、白菊，花蕊硕大金黄，药瓣晶莹玉白，素有“金心玉瓣、翠蒂天香”之美誉。滁菊在清朝被纳为贡品，故又有“滁州贡菊”之称，其药用、保健价值列全国四大名菊之首。近年来，安徽滁州市加大对滁菊的保护与开发力度，通过走优质化、规模化、产业化、市场化的现代农业之路，促进农业产业结构调整，增加农民收入，使千年滁菊重新焕发出勃勃生机。

滁菊种植历史悠久

滁菊原产滁州市南谯区大柳镇，已有上千年历史，种植区内土壤富含绢云母和麦饭石等非金属矿物质，独特的土壤和气候条件造就了滁菊优良的品性。清朝光绪年间《滁州志》曾记载“甘菊产大柳（今南谯区大柳镇）者佳谓胜于杭产而不可多得”。早在北宋年间，当地人就用滁菊做糕点食用，泡滁菊酒消毒祛火。每有亲友相聚、宾朋相逢多以滁菊款待和馈赠。欧阳修的前任滁州太守王禹偁在其《甘菊冷淘》中对滁菊入馔曾作过精彩描述："经年厌粱肉，颇觉道乏浑。孟春奉斋戒，敕厨唯素餐。"《本草纲目》云："滁州菊，单瓣色白，味甘为上。"更受到中国中医、中药行业的重视，《中华药典》《中药志》《中药大辞典》《中国植物志》《本草纲目》等都对滁菊进行了深入研究和高度评价。原中科院学部委员叶桔泉先生在《现代实用中药》一书中对菊花评价到"安徽滁州产者味最清凉，不苦不甘，白菊中以为最良，浙江杭州产次之"。1957 年中国《中药通报》评价：中医界公认滁菊为中国四大名菊中品质最优。

历史上的滁菊主要分布在施集、大柳、城郊、花山、珠龙、章广以及全椒的三和、十字、谭墩等滁城西北部山区。规模不大，产量不稳定。民国时期，虽然有王益和、马庆丰、陆寿记、郭致和等数家种植经营滁菊，但常常是无序竞争，市场秩序混乱，菊农的利益难有保障，滁菊的产量、质量都不稳定。特别是抗日战争期间，滁菊生产几乎绝迹。新中国成立后，滁菊被纳入国家中药材管理品种计划生产。1965 年原滁县就成立了药材学校，专门从事滁菊等中草药的教学和研究，滁菊获得新生，面积逐年扩大，产量年年上升。1965 年，滁菊种植面积达 1.5 万亩，总产 658 吨，产品畅销大江南北并出口至港澳台及东南亚等地区。2015 年，滁州滁菊生产基地面积 5 万亩，加工鲜花 2 万吨，实现产值 5 亿元以上，为农民增收 2 亿元。

滁菊独特的生产环境和传统的加工工艺，造就了滁菊的上乘品质，当地中医在处方中常以滁菊代替其他菊花，而其他菊花不能代替滁菊。滁菊的加工工艺，主要为采摘—摊晒—薰花—揉形—晒花等，它操作严谨，工序细密，要求严格，环环紧扣，比其他菊花的传统加工工艺更为复杂，因此，滁菊独特的加工工艺，造就了其极为上乘的品质。

着力提升滁菊科技含量

滁菊在 20 世纪 60 年代种植面积曾达近万亩，80 年代起，由于多种因素的影响，滁菊生产一度下滑，至 90 年代中后期，全市仅有零星种植，濒临绝迹。为挽救这一传统地方产品，重树滁菊形象，滁州市于 1999 年成立了“滁菊研究所”，加强滁菊的种植、干制、加工技术的研究，解决品种优选、高产栽培、标准化生产、干制等技术难题，实现了滁菊的规模化种植、工厂化制干和产业化经营，有力推动了滁菊生产的恢复和发展。

滁菊研究所通过与南京农业大学、中国药科大学、滁州学院等科研院所合作，研发了具有国内领先水平的滁菊干花加工工艺，研制开发出“金玉”牌保健、药用、茶用及深加工等四大系列10余种产品，畅销省内外。2004年，该市成立了第一个以“滁”字命名的农产品协会——滁菊协会。

该市还建立了“滁菊科技示范专家大院”，以此为平台，提升滁菊科技含量。专家大院开展从滁菊种苗提供—田间技术指导—订单生产—保护价收购—工厂化加工—组织营销等一条龙服务，形成了“专家+科技+龙头企业+基地+农户”的滁菊产业化运作管理模式，保证了滁菊产业健康发展。

重塑滁菊品牌形象

滁菊研究所较早注册了“金玉”牌商标，并成功获得国家原产地域保护产品称号，“金玉”牌滁菊被评为“中国名牌农产品”并荣获第十八届中国绿色食品博览会金奖。制定出7个安徽省地方标准和一个国家标准。产品也由最初单一的滁菊茶发展到现在的滁菊茶、饮品茶、保健枕、养生茶四大系列。

从2002年开始，滁菊研究所在省内外乃至海外，广泛开展了滁菊宣传推介工作，先后参加过数十次展销、推介会。2003年以来，滁州市每年举办一届菊花螃蟹节，为扩大滁菊的品牌影响创造了机会。2007年7月，滁菊被皖东百姓评为“滁州十大名片”。从此，滁菊成为市民心中的“市花”。眼下，滁州市区设有滁菊展销中心，在北京、上海、合肥、杭州等地，都有专门的滁菊销售处。

滁州加快推行网格化监管模式，其中，南谯区新建乡镇快速检测室7个，建立覆盖区、镇、村的三级质量监管网络。积极推广无公害技术，促进农业生态化发展。加大品牌化专项资金整合、产业政策的支持力度，建立集展示、销售、电商和品牌宣传等综合功能于一体的农产品专营(体验)

店8个。发展农产品电子商务、直销配送等新型营销模式，2017年培育农产品电子商务示范企业1个、电商平台3家，全年实现网上农产品销售额5亿元，建立了实体店与网店相结合的品牌农产品营销体系。

射阳大米　香醇绵甜

作为国家地理标志农产品，射阳大米的产区固定，产于江淮平原东部黄海之滨的射阳及周边区域，为中国南北分界线的东部起点，地理坐标为东经119°59′～120°33′，北纬33°24′～34°07′。近年来，射阳县实施大米标准化、品牌化战略，在发展原料大米的基础上，开展大米加工业，射阳大米已成为当地百姓的一项富民产业。

由盐碱滩到一片沃土

射阳县稻米种植历史悠久。早在明朝中叶，射阳地区就有“人烟稀少，临海著盐，汪田种稻，一年一熟”的记载，但当时未经开垦，河道淤塞、海水倒灌，无法种植作物，造成了“春天冒盐霜，秋天芦花荡”的现象。1916年，民族资本家张謇来此创办垦殖公司，屯民挖渠，叠坝成田，东部植棉，西部种稻。1949年中华人民共和国成立后，逐步把“风吹盐屑满天白”的盐碱滩，改造成“雨洒田园四季绿”的沃土。由此，射阳成为典型的农业大县，农业生产快速发展，成为国家级生态示范区，全国粮食生产先进县。

射阳在水稻种植品种上，也紧随经济社会发展而变化。在计划经济时期，人们追逐的是有饭吃，解决温饱，以产量高的杂交稻为主。随着粮食市场放开，20世纪90年代开始，射阳大面积改种粳稻，但遭遇了卖粮难的困扰，出现了粮王“杨定海现象”，受到盐阜报刊连续刊文讨论，江苏省电视台专访，引起政府高度重视。2005年开始注重品牌战略的实施，在全国率先首家注册“射阳大米”集体商标。整合县内大米资源，提升企业加工水平，制定集体商标使用规则，实行“五统一”管理（统一原料品种、统一产品标准、统一商标标识、统一质量管理、统一依法经营）。推广优质品种武育粳3号、南粳9108、南粳2728及南粳46粳稻种植，优质品牌大米进入市场后，深受人们喜爱和推崇，被视为米中珍品，也因此受到外地不法商人用工业油抛光假冒射阳大米的“毒大米”侵害，一时舆论哗然，反响极大。县委、县政府及时在上海等地召开发布会，现场鉴别，澄清事实，正本清源，广为宣传，使射阳大米在上海等长三角地区声誉更响。每年销往上海大米50多万吨，占上海市场需求量1/4。至此，他们把净化市场，维权打假列入常态化工作。近几年，每年上海等地法院判处制假售假射阳大米案例都在30起以上。

如今，射阳大米有水稻种植面积近162万亩，加上周边已被认定为射阳大米区域的水稻面积达180万亩，年产水稻120多万吨。其中包含国家龙头企业、省级龙头企业在内的66家会员企业，年产销大米100万吨左右，围绕射阳大米的一二三产业总值超百亿。

从出售原料为主变为以加工为主

射阳大米的发展脚步没有停留。近年来，射阳县大力实施农业标准化和品牌化战略，将射阳地产名优农副产品推向消费市场的“中高端”。

这些年，为改变历史上以出售稻谷原料为主的销售现状，射阳大米产业迅速发展，形成70条生产线，日处理6 500吨生产能力，年销售百万吨以上，产品销往全国10多个省市和10多家国内外知名超市、卖场。

江苏宏健粮油科技发展有限公司成立于2004年5月，坐落在射阳县洋马镇，主要从事粮食收储、大米加工和销售工作，是江苏省农业产业化重点龙头企业。该公司立足大米生产加工，严格把好“三关”。一是搞好粮食收储，把好产品原料关。加强粮食仓库建设，强化原料基地种植，严格水稻收购入库，抓好粮食仓库保管，在苏北民营企业中首家建成了数字化粮库，仓储量达20万吨。二是注重大米生产，把好产品加工关。改进人才队伍建设，加快技术改造步伐，提高产品质量标准。三是打开销售门路，把好产品销售关。

射阳大米品牌建设更是卓有成效，成功注册了商标，先后获得原国家质监、原农业部和原国家工商总局三个部门地理标志产品保护。产品曾先后取得中国名牌产品、中国驰名商标、江苏品牌紫金奖等50多块奖牌，7次中国农产品区域公用品牌价值评价，名列江苏第一，连续十二年获上海市食用农产品“十大畅销品牌”，获中国十佳粮食地理标志品牌奖、中国最具影响力的100个农产品区域公用品牌等30多块奖牌，近两年又荣获2016十四届中国国际农产品交易会、2018十六届国际农产品交易会金奖，十五届、十六届中国国际粮油交易会金奖，2016中国大米十大区域公用品牌，2017中国消费者最喜爱的100个农产品区域公用品牌，2017中国农产品百强区域公用品牌，2018中国（哈尔滨）国际大米节被评为中国大米十大区域公用品牌、中国十大好吃米饭，国家质监总局组织的品牌价值评价185亿元。

品牌战略实施促进了射阳大米产业快速发展，射阳大米由卖稻难变为长三角地区抢手货。同时，“射阳大米”品牌效应日益显现，在上海、苏州、昆明等地市场，射阳大米价格比普通大米每千克高出0.2～0.4元，仅此一项，全县农民年可增收3亿元以上，人均增收2 000多元。

从普通大米到长三角“米中之王”

射阳独特的资源，独有的气候环境，独具的栽培模式铸就了射阳大米特色：香糯绵甜，筋道润滑，食味独特，绿色营养。新华日报多次刊文誉为长三角“米中之王”；上海市粮食局常务副局长沈红然在射阳大米（上海）新闻发布会致辞中讲，“中国优质大米，南有射阳，北有五常”；光明集团副总裁许如庆在盐城（上海）有600人参加的名特优农产品推介会上赞誉射阳大米："是江苏大米名副其实的第一品牌"；中国优农协会副会长岳春利在上海射阳大米新闻发布会讲话中说："我品尝过三次射阳大米，确实可以和五常大米媲美"。综述射阳大米育产过程，始终坚持做好五点：统一提供优质秧苗，射阳县委、县政府坚持推进农业产业化进程，在全县列出以优质大米为首的十大农业特色产业，制定了《射阳优质稻米产业发展规划》，在栽培中，采用"上毡下钵"塑盘育秧新技术，使得穗粒饱满、千粒重增加、品质有保证。普遍推广标准化生产，"三品认证"覆盖了整个稻作区域，大规模开展绿色种植，开发了稻鳅、稻鸭、稻蛙、蟹稻、稻虾等大面积复合种养模式，有机产品、绿色产品占据比例大。2005年，射阳县已经有"绿肥＋稻"15万亩、"蟹＋稻"20万亩，连片无公害种植面积30万亩。大力推动标准仓容建设。稻米加工企业新增高标准低温库80万吨，社会总仓储量近200万吨，为射阳大米品质稳定新鲜上市，持续供给提供保障。全面推行体系建设，ISO9001、ISO14000、ISO22000全面认证，制定高于国家标准的地方大米标准体系，在农药残留、化肥用量上远低于国家安全食品指标，直链淀粉、胶稠度等理化指标上高于国家优质大米标准。新品开发持续不断。有机米、富硒米、胚芽米、生态米、儿童米、孕妇米、粥米一应俱全，各种包装、计量实行多样化。

目前，射阳县委、县政府正在推进江苏射阳大米集团公司建设和溯源体系建设，强化联耕联种联产联营水平提升，为农民实实在在致富，乡村经济快速振兴在砥砺奋进。

白蕉如画　海鲈至美

河道纵横，水网如织，天赐一汪西江水，水养一域海鲈鱼。广东省珠海市斗门区地处珠江出海口，渔业资源丰厚，是首个国家级河口渔业示范

区。水量充沛，水源优质，孕育了斗门独具地域特色的白蕉海鲈产业。斗门区从20世纪80年代开始人工养殖海鲈，经过近三十年的发展，已发展成为全国最大的海鲈产区。

海鲈在斗门的饮食文化中有着无可替代的地位。历来在喜庆节日的宴席上或在待客的宴席上，鲈鱼是必有的一道菜式。海鲈，学名中国花鲈，是我国海水鱼中产量第一的鱼类，位居珠江流域四大名鱼之首。据《本草纲目》记载："鲈鱼性甘温，有益筋骨、肠胃之功能。鳃性甘平，有止咳化痰之功效。"《食疗本草》则载："鲈鱼能安胎、补中、作脍尤佳。"海鲈不仅味美，而且具有催乳、补胎和促进伤口愈合的药用价值。鲈鱼肉质白嫩、清香，没有腥味，肉为蒜瓣形，最宜清蒸、红烧或炖汤。

2009年，通过省地方标准《地理标志产品 白蕉海鲈》。只有在东经113° 05′～113° 25′、北纬21° 59′～22° 25′之间出产的海鲈才能被叫做"白蕉海鲈"；2011年，斗门区白蕉镇获评为"中国海鲈之乡"称号。2017年12月，农业部（现农业农村部）公布了第一批中国特色农产品优势区名单，斗门区获评广东省首个中国特色农产品（白蕉海鲈）优势区。2017年，白蕉海鲈养殖面积达3万亩，产量近12万吨，年产量约占全国的50%。

近年来，斗门区海鲈产业通过"龙头企业＋基地＋农户"的生产经营模式，带动海鲈产品加工链不断延展。斗门区政府、珠海市斗门生态农业园、白蕉镇政府高度重视海鲈产业发展，不断加大政策扶持力度，加大品牌建设。

开展苗种优化选育，推进海鲈产业良种化。联合区河口渔业研究所、中国海洋大学、通威集团等，开展了海鲈苗种河口区培育技术攻关；每年组织开展包括海鲈在内的水产苗种专项执法行动，保证优质苗种供应。

开展养殖技术研究推广，推进海鲈产业标准化。联合中国水产科学院等，开展了海鲈健康养殖和中草药防病技术的研究，形成了白蕉海鲈技术标准体系，制定了《无公害食品白蕉海鲈养殖技术规范》（DB 440400/T 14）和《鲜活淡水鱼虾速冻加工技术规范》（DB 440400/T 53）等地方标准，出版了《海鲈养殖新技术》等标准化养殖技术书籍；制定了《冻盐渍海鲈加工技术规程》团体标准。

开展白蕉现代农业示范园建设，推进海鲈产业加工化。总规划面积547.51亩，开展水产深加工园区建设。引进珠海市国通之山实业有限公司、珠海市绿兴商贸有限公司、珠海强竞农业有限公司、诚丰优品水产科技有限公司等多家资金雄厚、科研实力强、设备先进、管理一流的水产品加工物流的龙头企业，总投资超过25亿元，对促进地方经济和社会效益发展具有积极的推动作用。

拓宽销售渠道，提升白蕉海鲈销量。按照“统一商标、统一包装、统一标准、统一筹划、统一推介、统一营销”的思路，鼓励和扶持农业企业以“公司＋基地＋专营店”的模式，到国内大中城市设立白蕉海鲈专营店。组织流通企业，到湖南长沙、河南郑州、山东青岛、济南、新疆等举办海鲈推介会，成功开拓了海鲈销售市场。创办了“珠海渔都”网站，建成集零售、批发为一体的综合性电商平台，上线首日成交额超过1个亿。积极对接阿里巴巴集团，建立了以海鲈产品为主的斗门农村淘宝平台。

提升白蕉海鲈安全质量，推进品牌认证申报。为提升海鲈质量，每年抽取100多个海鲈种苗、成鱼样品进行药残检验；组织开展海鲈健康养殖示范场和出口备案场的申报；为专业合作社以及健康养殖基地配备药残快检设备5套；每年举办水产品质量安全培训班近10期，发放《渔药安全使用手册》等宣传资料2 000多份；在白蕉镇和乾务镇选点开展白蕉海鲈产品质量安全示范区和标准化示范区建设。近期，国家商务部会同全国城市农贸中心联合会专家委员会就白蕉海鲈养殖、流通、冰鲜贮藏技术标准化进行了专题会议。2016年，斗门区政府出台《斗门区发展农业龙头企业实施方案》《斗门区农产品质量认证、农业品牌名牌、种养标准和荣誉称号奖励办法》(珠斗府办〔2016〕8号)，奖励“三品一标”品牌认证企业。

举办美食节，提升白蕉海鲈知名度。斗门区多次举办白蕉海鲈美食文化节，开展海鲈美食大赛，2017年美食节参观人次已超40万；邀请媒体宣传制作白蕉海鲈专题栏目，提升海鲈产品的形象和影响力；统一品牌形象，印制宣传画册，多次组织海鲈企业参加中国渔业博览会等大型展会，扩大白蕉海鲈影响力和知名度。2018年12月8日，中国水产加工与流通协会海鲈分会成立，促进海鲈产业健康有序发展。

开展多项技术创新，提升海鲈品质。斗门区进才水产专业合作社等利用循环水池进行生态健康海鲈养殖；湖江水产通过高密度循环水瘦身排毒技术，对海鲈进行品质提升探索；区河口渔业研究所联合香港浸会大学国际学院，开展了海鲈活鱼运输技术和高品质鱼技术攻关；强竞农业公司建设规模化、标准化、机械化水产养殖基地6 000多亩，保障海鲈质量，提升海鲈品质。

政府扶持方式多元化，助力白蕉海鲈品牌建设。多年来，珠海市、区各级政府通过政策、财政、金融等扶持海鲈产业。2013年，市政府出台《关于打造以白蕉海鲈为代表珠海特色海鲜品牌工作的意见》(珠府办〔2013〕5号)，市级财政每年安排海鲈产业化发展扶持资金400万元，用于扶持白蕉海鲈产业化发展。斗门区政府出台《推进白蕉海鲈产业化发展工作方案》(珠斗府办〔2013〕18号)，每年安排白蕉海鲈产业化发展专项资金50万元，用于加工、销售、开拓外省市场等。2015年，市海洋农业和水务局出台《关于印发珠海市政策性水产价格指数和风力指数保险试点实施方案的通知》(珠海农水〔2015〕405号)，在白蕉镇进行水产品价格指数保险，保费80%由市、区财政承担。实施水产养殖低压电网改造工程。出台《斗门区水产养殖低压电网专项改造工作方案》(珠斗府办函〔2018〕24号），投入5000万对水产养殖低压电网进行改造（其中70%的工程量在白蕉镇）。2018年，珠海市海洋农业和水务局出台《珠海市海洋农业和水务局关于组织做好市现代农业产业园申报工作的通知》，从市级现代农业产业园创建资金中安排3 000万元资金（其中1 500万为启动资金，另外1 500万验收后拨付）。斗门生态农业园从2018年开始连续三年每年安排2 000万专项扶持资金用于白蕉海鲈特色农产品优势区创建工作。

组建产业化开发战略研究平台，助力白蕉海鲈决策发展。由中国水产科学院牵头，联合厦门大学、中国海洋大学、四川通威集团等知名院所以及企业，共建成立省海鲈产业技术创新联盟，为海鲈产业发展提供决策咨询。水科院南海水产研究所已牵头完成《白蕉海鲈产业发展规划》编写等工作，并投资5 000万元建设珠海试验基地，针对海鲈产业开展了10余项科研项目。斗门生态农业园联合华南师范大学共建博士后创新实践基地，已引进1名博士后入站，开展海鲈健康养殖模式和胁迫生物学等方面的研究。

大兴西瓜　好吃有道理

天一热咱们就该惦记着吃西瓜了，大热的天，从冰箱里拿出的西瓜冰爽可口，吃上几块简直是美极了。记得小时候北京的西瓜品种叫“黑崩筋”，现在可没有了。

入夏时节，北京大大小小的菜市场、水果店，包括路边的“三蹦子”在内，大兴西瓜的身影随处可见，生意好得很。

中国是世界上最大的西瓜产地，但关于西瓜的由来，说法不一。较为流行的观点认为，西瓜的原生地在非洲，它原是葫芦科的野生植物，后经人工培植成为食用西瓜。公元四五世纪时，由西域传入我国西北地区，所以称之为“西瓜”。西瓜在中国的栽培距今有 1 000 多年历史，北京大兴区为著名的西瓜主产地和集散地。

大兴区地处北京东南郊永定河东侧，以庞各庄为代表的 10 个乡，西瓜分布面积比较集中，是大兴西瓜的主要产地。这里为洪积、冲积平原，多为沙性土。昼夜温差大，雨量、光照等自然条件都有利于西瓜生长，再加上农技人员和上千名种瓜能手精心栽种，所产西瓜素以沙、甜、脆著称，在京、津一带很有名气。在大兴区每年一届的西瓜节期间，瓜农展开擂台赛，评选出“瓜王”，吸引了许多中外宾客，从市区出发，驱车前往，既可郊游，又可看瓜品瓜选瓜，欣赏西瓜文化，很是舒心惬意。大兴西瓜节至今已举办了 30 届。

大兴还建有全世界独一无二的西瓜博物馆，世界上唯一一个专注于西瓜的博物馆，从建筑外形到内饰都有着与西瓜相关的文化特色。该馆建筑面积 1 000 余平方米，展厅 300 多平方米，内有图片、展品、文字介绍等 300 多件，运用古老与现代相结合的表现手法，展示西瓜文化漫长的发展历程。这里记载着大兴西瓜的起源及文化历史，从中国古代的西瓜文化到西瓜种植及西瓜科技，都展示了西瓜独有的文化传承，这里还展示了世界各地不同的西瓜品种，讲述着属于它们自己的故事……走进这个西瓜的殿堂，体会着西瓜文化、农业科技及一代代工匠精神的传承。

大兴西瓜的地域范围

大兴西瓜的保护区域为：北京市大兴区庞各庄镇、榆垡镇、北臧村镇、魏善庄镇、安定镇、礼贤镇的行政区域。其中以庞安路一线为主要西瓜产业带，经过多年的发展，已形成“御瓜园”、“老宋瓜园”、“小李瓜园”和“世同瓜园”等优势园区。庞各庄镇作为大兴西瓜主产镇，凭借庞安路产业带和西瓜节的宣传效应，成为大兴区主要观光采摘园区聚集地，以优质、多样化西瓜品种为主。目前，大兴区西瓜种植总面积 2 800 公顷，西瓜标准化基地共 37 家，生产规模 660 公顷，其余以散户生产为主。

国家明确规定了大兴西瓜地理标志产品保护品种为：京欣 1 号、京欣 2 号、京欣 3 号和航兴 1 号四个品种中的单瓜重为 4 ～ 8 千克的适生西瓜。

大兴西瓜主要品种京欣 1 号是北京市农林科学院蔬菜所提供的西瓜自交系，多次在北京市的西瓜评比鉴定会上获得第一。经鉴定，京欣 1 号西瓜亩产可达 3 500 ～ 5 000 千克。它的特点是外观光洁，果形圆正，在浅绿的底色上有 16 ～ 17 条明显的深绿色蛇纹。皮薄而坚韧，瓤色鲜红柔和，肉质脆且沙，纤维少，无空洞，不倒瓤。单瓜重达 4 ～ 5 千克，含糖量可达 10% ～ 13%。味甜，品质好，属中高档品种。栽培广泛，坐果率高，适合北京的传统方式栽培，并有很高的商品价值。

庞各庄镇是著名的中国西瓜之乡，用西甜瓜产业支撑起农村经济发展的半壁江山，庞各庄镇每年西甜瓜种植近 3 万亩，年产量近 8 000 万千克。不仅如此，庞各庄镇还把西甜瓜做成了一个农业精品、一个农村经济的大产业，京庞、宋宝森等西甜瓜品牌红遍京城。

大兴西瓜的品牌保护

为切实保护好北京大兴西瓜品牌，进一步规范辖区企业合法使用大兴西瓜地理标志保护产品专用标志，自 5 月中旬以来，大兴区质监局对辖区企业使用专用标志的情况开展了专项执法检查。工作人员主要对辖区内已获得地理标志保护的 15 家企业的产品产地范围、产品名称、生产过程、标识以及产品标志的印刷、发放、使用情况进行了检查。为了严格地理标志产品专用标志使用的严肃性，大兴质监局还建立了使用地理标志产品专用标志企业档案，严格地理标志产品专用标志发放记录，地理标志产品专用标志编号一一记录在案，实行严格的质量追溯制度。

大兴质监局为了加大标准化的宣传和培训力度，营造地理标志保护氛围，2018 年专门组织了两期培训班，对相关标准化生产基地、农业合作社、各乡镇的广大瓜农等开展农业标准化示范基地的培训，宣讲农业产前、产中、产后各个环节的标准化知识。另外，也注重地理标志保护的宣传，每年都要通过多种方式对销售单位及瓜农宣传讲解地理标志保护的法规以及地理标志产品专用标志的使用等知识。

优越的自然环境、丰富的种植经验以及丰厚的历史底蕴使大兴成为北京的西瓜主产区。同时大兴打造了“大兴西瓜”这一全国农产品知名品牌。

大兴西瓜味道好，蜜蜂授粉少不了

近年来西瓜蜜蜂授粉技术在大兴区得到了广泛应用，据统计，2017 年大兴区西瓜种植户应用蜜蜂授粉面积 14 000 余亩。西瓜蜜蜂授粉降低兑花人工费，减少化学药剂的使用，为生产优质西瓜、降低生产成本起到了推动作用。大兴区推广西瓜蜜蜂授粉已有 8 年，2018 年授粉面积达到 16 000 亩左右，严格禁止在授粉期间使用任何杀虫剂、杀菌剂，确保西瓜正常授粉。大兴区庞各庄、魏善庄、榆垡、安定等主产瓜镇已有 90% 塑料大棚小果型西瓜应用蜜蜂授粉，推广面积约 1 万亩。

从 5 月初开始，大兴温室早熟西瓜就开始大批量上市了，依托新品种、新技术的支撑，2018 年的大兴西瓜不仅在品种上更为丰富，在西瓜质量上也较往年有了很大提高。大兴的瓜农采用先进的管理技术实现了三季有瓜，从 4—11 月，只要您想吃、爱吃，甭管什么时候来，都能让您一饱口福。如果您想采摘，那更没问题了，遍布大兴各处的西瓜采摘点，是您的好去处。吃着爽甜的大兴西瓜，又了解了有关大兴西瓜的知识，美不？

平谷大桃 大有来头

平谷大桃产于素有“中国桃乡”之称的北京市平谷区，主要栽培品种有久保、庆丰(北京26号)、14号、京艳(北京24号)、燕红(绿化9号)等。平谷大桃以个大、色艳、甜度高、无公害而驰名中外，深受广大消费者青睐。

北京市平谷区三面环山，中间为平川谷地，是一个群山环绕的山间盆地，由洵河、泇河冲击淤积而成，属瘠薄的沙质土壤，土壤中富含钾元素；三面环山形成了平谷区的独立水系，水资源较丰富，无污染、无公害；且昼夜温差大，日照充分。正因为以上独特的优势，使平谷区最适宜大桃等果树的生长，果含糖量高，具有独特的风味。

“平谷大桃”产自世界上最大桃园，也是中国最大的桃乡——平谷。平谷区得天独厚的山前暖带及其良好的自然条件孕育了名扬天下的“平谷大桃”。“平谷大桃”的生产历史悠久，明清时期已拥有皇家贡桃之称，而如今的“平谷大桃”经过平谷人50年的精心培育，已成为平谷的代言。

中国桃乡

平谷区大桃生产基地，先后被国家林业局授予“中国名特优经济林桃之乡”，被农业部（现农业农村部）授予“中国桃乡”，被国家质量技术监督检验检疫总局确定为“全国大桃标准化生产示范区”。2017 年被评为“中国百强农产品区域公用品牌”，中国桃乡已成为平谷人最亮的一张名片。

平谷区是全国大桃生产第一区。大桃面积、产量、品种和上市时间居全国区县级首位。面积达 16.8 万亩——最大；产量超 1.15 亿千克——最多；从 3 月底至 11 月底均有鲜桃销售——上市时间最长；拥有黄桃、白桃、蟠桃、油桃四大系列 218 个品种——最全。

久保：以果实大而圆、外观美、口感香甜颇受男女老少喜爱，一般是在 7 月底或 8 月初成熟，提前采摘可以摘到树尖上的桃子，更香甜可口。属口感酸甜多汁型，七八成熟的桃子比较脆，干核。

14 号：大型果，久保过季之后，就是它了，纯甜型桃子，成熟的桃子吃起来少汁比较面，桃子顶部带尖，干核。

京艳 (24 号)：大型果，一般要 9 月初才能熟，属于晚桃，届时天气比较凉了，所以它成熟时间要比久保和 14 号更长一些，其特点肉质细而

相声演员李菁代言北京平谷大桃

致密，柔软，有香味，味甜，黏核（掰不开的哦）。

大红桃、红不软：早桃，要比久保早很多。

蟠桃、油桃：蟠桃就是扁的那种，油桃就是外皮没有毛的，都是早桃，属于中小型果。

中华寿桃：应该是最晚熟的桃子了，大型果，口感比久保等稍逊，价格贵。

美味奥秘

独立水系，水质优良。平谷境内多河流，共有常年河和季节河 10 多条，年平均径流量 4.5 亿立方米。地下水资源丰富，属于独立水系，且水质好，无污染。

日照充分，昼夜温差大。平谷区为三面环山，西南开口的敞开型地形，绵延百余公里的山前暖带非常适合果品生产。这里平均光辐射总量为每平方米 5 103 焦耳，平均日照率为 58%，且处于长波辐射地带，昼夜温差大，有效形成了大桃糖分和养分的积累。

土质独特，营养丰富。平谷平原地带，属于微酸性沙质透气性土壤，加上周围群山储藏着大量富钾火山岩这一独特的地理特征，不仅适合大桃生长，而且还天然为桃的生长提供了大量的微量营养元素。

平谷大桃严格按照大桃标准化技术规程要求生产，科学疏花疏果，加大农家肥料施用量，尽量少施或不施化肥，杜绝使用化学农药，确保了果品生产的内在品质和食用安全性。平谷大桃在出口商检时 100% 合格，无一出现农药残留超标问题，达到了绿色食品标准。

产业体系支撑品牌创建

平谷大桃的区域种植始于 20 世纪 70 年代，80 年代步入规模发展，90 年代以后形成产业化格局。2001 年 7 月在区委和区政府支持下平谷区果品办向国家工商总局商标局申请注册了“平谷”证明商标，于 2003 年 1 月正式获准使用。2012 年，经国家工商总局商标局、商标评审委员会认定为“中国驰名商标”。2012 年，被国家质监总局批准为北京市首个国家地理标志保护产品、国家首批中欧“10+10”互认农产品之一。

2008 年奥运会举办前后，“平谷大桃”迎来其发展的关键时期。为积极响应国家“新北京、新奥运”的战略部署，平谷开展实施大桃精品、营销和综合开发战略，大力构建以有机食品桃为先导、绿色食品桃为主体、无公害食品桃为基础的生产体系，先后组织制定并推广平谷大桃有机、绿色、安全的种植规程和生产标准。通过大力实施大桃精品战略，平谷区已建成无公害食品桃生产基地 16 万亩，绿色食品桃生产基地 5 万亩，有机食品桃生产基地 1 万亩，确保区内生产的商品桃全部达到了安全、绿色、优质的标准。

策划包装塑造品牌形象

2003 年，为了快速培育平谷大桃的品牌形象，平谷区果品办通过聘请专业策划公司为“平谷大桃”进行了包装设计和品牌形象策划，“平谷大桃”从此确立了品牌识别与推广的宣传定位。此举在 2005 年北京首届农产品品牌战略研讨会暨包装设计大奖赛上，一举夺得一等奖。2006 年荣获第四届中国国际农产品交易会北京展团优秀包装设计奖。此外，平谷区果品办先后参与设计制作了“平谷大桃”宣传册、京东绿谷桃乡（平谷）宣传册、“平谷大桃”专题宣传光盘等，为今后多角度、多视觉宣传“平谷大桃”品牌奠定坚实基础。2017 年，平谷区果品办积极配合国家区域品牌的建设，立足于大桃产业转型升级，对“平谷大桃”重新策划包装，形成了以“果之首，桃之都”为核心的“平谷大桃”品牌价值理念，后续的宣传推广正在稳步推进。

宣传营销扩大品牌优势

“平谷大桃”品牌确立以来，平谷区果品办利用参加国际农产品交易会、名优果品推介会、商标战略研讨会、国家农产品地理标志大会等机遇，对“平谷大桃”品牌进行了广泛宣传。同时，不断加强与广大新闻媒体的合作，广泛宣传、推介“平谷大桃”品牌。此外，区政府大力支持“平谷大桃”品牌建设，每年都会组织举办平谷国际桃花节、观光采摘节，这些均已成为京津地区著名的旅游活动和对外交流活动，有力推动了“平谷大桃”品牌形象的宣传。“平谷大桃”已成为平谷区果农增收致富的主要经济来源，“平谷大桃”品牌更成为北京特色都市型农业的一张最靓丽的名片。

北京鸭的故事

我国是驯养水禽最早的国家，是世界第一位的水禽生产大国。我国的水禽资源非常丰富，多达70个鸭和鹅的品种，而且，鸭已成为我国诸多畜禽中唯一不依靠进口就能进行产业化生产的品种。其中，北京鸭作为制作北京烤鸭的唯一正宗的原料鸭，声名远播。

北京鸭的起源

关于北京鸭的起源，曾有过种种不同的说法。一种说法是：自从明成祖于15世纪初由南京迁都北京后，为了调运江南粮米，动用大量民工疏通运河。运河畅通后，来往于运河的船工从南方带来一种白色“湖鸭”。由于漕运管理不善，落入河内的粮米不计其数。北京运河一带的鸭子，长期以这些散落的粮米为食，体型、肉质逐渐起了变化，经过驯化，在运河一带繁殖起来，成为今天北京鸭的祖先。另一种说法是：北京鸭起源于明代，是北京东郊潮白河所产的“小白眼鸭”，老鸭工称之为

“白河蒲鸭”，至今还有把北京鸭称之为“白河鸭”或“蒲鸭”的。第三种说法则认为，北京鸭起源于辽代，辽国帝王常在北京地区游猎，捕获的鹅鸭专门派人管理。在游猎中，偶然捕获到纯白色的鸭子，便以为是吉祥之物，放养于园林湖泽间，以后尽管朝代不断更替，但纯白种的鸭子却在这一地区生存繁殖了起来。

从北京鸭的生态特征来看，说北京鸭的祖先是被人从南方带来的，似乎不能令人信服。北京鸭全身羽毛洁白无瑕，体躯长而宽，头部甚大，额颧高耸，眼大而明亮，呈深灰蓝色，鸭喙短而宽厚，呈橙黄色，无黑色斑点，胸部丰满突起，腹部深广下垂但不擦地，腿粗而短，趾蹼亦呈橘黄色。整个外观，硕大美丽，可供观赏，性喜冷怕热，冬天也能在有冰的河水里游耍。而且，北京鸭在戏水的同时，又特别喜欢栖息地的清洁干燥。正像一些老鸭工说的：北京鸭喜欢“见湿见干”。从这些特征来看，北京鸭实在是一种不与任何其他品种鸭子相似的独立一支，并且没有丝毫杂交的迹象。俗话说“凤非梧桐不栖”，鸭也自会寻找适应自身生长发育的地方栖息。北京地区气候干燥，年降雨量少而集中，冬季比较寒冷而又持续时间长，这样的气候特点，加之北京地区有山有水的地理条件，均适宜北京鸭的繁殖和发育。因此，应当说北京鸭是由古代生长在我国北方的一种原种白鸭，经过几百年的驯化、饲养，又有运河之谷格外优越的饲料条件，以及鸭农长期精心喂养，选种培育，而逐渐形成的。

明清统治者为了方便享受，曾在京西玉泉山一带放养北京鸭。玉泉山一带溪流交错，水食丰富；西北环山，冬季可以防御西北风的侵袭；河溪因源于泉水，严冬不冻，夏季凉爽，非常有利于北京鸭的生长发育。加上劳动人民长期的精心饲养，选优去劣，并在我国南北朝时即有记载的养鸭“填嗉”法的影响下，独创了人工“填鸭”法，终于培育出了毛色洁白，雍容丰满，肉质肥嫩，体大皮薄的新品种——北京鸭（亦称北京填鸭）。

明清时期，京城养鸭数量可观，北京鸭肉质鲜美，繁殖率高，早期生长速度快，抗病力和适应性强，它的独特性能造就了中国第一名菜——北京烤鸭。当时鸭最主要的吃法就是制作成烤鸭，由于烤鸭“外酥香而里肉嫩，别有一种特殊的鲜美味道”，成为了皇宫中必备的佳肴。

在民间，烤鸭也是食中珍品。创立于明朝永乐年间的便宜坊，几经发展成为焖炉烤鸭的代表；创立于1864年的全聚德一个多世纪以来，经营有方，成为挂炉烤鸭乃至北京烤鸭的代名词，他们为繁荣北京鸭文化做出了卓越贡献。

世界肉鸭的鼻祖

不过，北京鸭最终定名为“北京鸭”，则是在北京鸭的鸭种传至国外以后。根据记载，1873年，美国人詹姆斯经上海将北京鸭种蛋带至北美，初次将北京鸭种输入到美国。同年，英国人凯尔在北京附近得到北京鸭种蛋，又将北京鸭输入到英国。日本于明治二十一年（1888年）也从中国输入北京鸭。1875年，英国人将一批填肥的北京鸭海运至美国，立刻引起了美国市场的轰动。欧美原有的鸭种，肉味膻酸，不堪烹食。现在忽然在市场上见到外观美丽、肉质细嫩的北京鸭，真是大开眼界。据记载：北京鸭在美国，样品既出，社会耳目为之一新，绅士名媛，交誉不止。购者骤多，供给缺乏。一时价格腾贵，每种卵十二枚，竟需价10～13美金，而每卵一枚，约合1美元。美国社会，遂有鸭即金砖之美称，并因其来自中国之北京，赐以北京鸭之佳名。

自此，北京鸭扬名世界，并被广泛引种。据统计，目前，北京鸭及在北京鸭基础上选育而成的肉鸭品种，约占世界大型肉鸭生产量的94%，北京鸭被公认为世界最优良的肉鸭标准品种、世界肉鸭鼻祖。

北京鸭的摇篮

1949年以前的几个世纪里，北京鸭的养殖一直是由各农户散养的。新中国成立后，在北京陆续建立了国营养殖场，其中，莲花池养殖场建于1949年，金星养殖场建于1958年，至今都已有五六十年的历史，他们是北京金星鸭业有限公司的前身。如今，莲花池养殖场已搬迁至大兴区，原址建成了公园，那里的湖中还游弋着北京鸭，那是北京金星鸭业有限公司为纪念这段历史特意保留的。

北京金星鸭业有限公司隶属于北京首都农业集团，成立于1998年，是一家集北京鸭良种繁育、养殖、屠宰、加工、销售为一体的专业化、产业化国有企业集团。1998年，北京三元集团（现为北京首都农业集团旗下企业）改革，将分散在各区的北京鸭养殖场统一，组建北京金星鸭业有限公司，包括大兴区的金星鸭场（全国最大的北京鸭生产场，是全聚德、鸭王等中高档烤鸭店指定供应商）、昌平区的南口北京鸭育种中心（唯一由农业部（现农业农村部）命名的国家级重点北京鸭育种场和北京鸭资源保护场）等多个养殖场。至此，北京鸭走上了专业化、规模化、统一化养殖发展道路。金星鸭业有限公司被誉为“北京鸭的摇篮”“北京鸭产业的领军人”。

60年来，技术人员不断对北京鸭品种进行保护、改良。如70年代开始选育北京鸭双桥Ⅰ系和Ⅱ系，分别于1981年和1984年通过部级鉴定并获奖。1985年，南口北京鸭原种场建成，开展大体型北京鸭新品系的选育工作，1991年，北京鸭新品系南口Ⅲ系、Ⅳ系选育成功，并建立其配套系，此项成果在京郊和全国推广后，表现出非常好的生产性能，早期增重速度和饲料报酬等主要生产指标达到国外同类肉鸭良种的先进水平。

沙窝萝卜：这样守护一条仙根

“冬吃萝卜夏吃姜，不用先生开药方。”这句谚语多数人理解为冬天吃萝卜夏天吃姜，其实谚语采用了一个古代常用的修辞手法——互文，冬夏泛指一年四季，正确理解应为四季常吃萝卜和姜，不用医生开药方。

说到萝卜，不得不提天津的沙窝萝卜。通过采访，记者对沙窝萝卜有了深入了解。

沙窝萝卜的由来

天津市西青区辛口镇沙窝萝卜产销协会负责人邱石告诉记者，沙窝萝卜原产于天津市西青区辛口镇小沙窝村，其土质上沙下黏，特别适合萝卜的生长，沙窝萝卜亦由此得名。

邱石拿起一个沙窝萝卜说，“沙窝萝卜表皮光滑细腻，肉色翠绿，甜辣可口，鲜嫩多汁，含有多种酶和维生素，具有杀菌、祛痰、止咳、利尿等功效，素有‘沙窝萝卜就热茶，气的大夫满地爬’的民间谚语。”

作为天津市地方名特产品，沙窝萝卜曾为清乾隆帝御品，自清代至今已有300多年栽培历史。“1970年，周恩来总理出访时，曾带沙窝萝卜籽种馈赠朝鲜。”谈起这一段历史，邱石颇为自豪。

据介绍，沙窝萝卜作为天津市西青区辛口镇特色品种，20世纪30年代起就出口到东南亚国家和我国香港地区，特别是在计划经济年代更是成为天津市出口创汇的主要农产品之一。

近年来，随着设施农业和保鲜技术的快速发展，“沙窝萝卜”的栽培技术和贮藏方式也进行了根本性革新，栽培技术由露地生产改为秋延后设施生产。这种栽培形式因降温后可盖膜、加草苫保温，保证萝卜一直生长在温室田间不受冻害，直到元旦或春节直接收获上市。同时，既能利用田间的湿度保证不糠心，又能利用冬季长期的低温使营养成分发生转化（淀粉转化为糖），使温室既是生产地又是“冷藏窖”，能够做到现吃现拔，因此萝卜营养品质和口感较稳定，深受消费者欢迎。贮藏方式由传统的坑埋贮藏改为冷库贮藏，由于保存环境温度、湿度稳定可控，大大延长了贮藏时间、提高了储后品质，商品价格大幅度提高。

加强品牌管理，扩大宣传力度

为进一步开发这一地方名特产品，树立自主品牌，将产业做大做强，辛口镇组织成立了天津市西青区辛口镇沙窝萝卜产销协会（以下简称“协会”），并以协会为主体向国家商标局注册了“沙窝萝卜”证明商标，制定了沙窝萝卜证明商标的各项管理制度。

当下，品牌建设如火如荼。如何建设和宣传品牌成为沙窝萝卜面临的一个机遇和挑战。“‘酒香不怕巷子深’的时代早已过去。相比于过去，品牌意识已经深入人心，单是埋头苦干不行，还要‘抬头看市场、仰头看政

策'。”邱石说，协会采取多种措施加强品牌管理。

一是在包装箱上统一印制“沙窝萝卜”中国地理标志标识和“沙窝”证明商标。二是统一名称，过去有叫“沙沃萝卜”的，还有叫“沙窝萝卜”的，通过注册“沙窝”证明商标，现在统一叫“沙窝萝卜”。三是统一印制防伪标识，即沙窝萝卜防伪商标，实施一标一码。四是对符合“沙窝”证明商标使用要求的经营户和生产者进行商标使用授权，发放国家质量监督检验检疫总局监制的沙窝萝卜证明商标防伪标识，按照标识上的查询号码进行防伪查询，即可知道所售萝卜真伪。“通过一系列措施，有效遏制了之前冒名顶替沙窝萝卜、‘劣币驱逐良币’的现象。”邱石说。

在品牌宣传上，协会多措并举，扩大沙窝萝卜品牌影响力。一是挖掘了沙窝萝卜历史渊源和品牌故事，做好相关资料的搜集整理，提高沙窝萝卜的文化内涵。二是强化了品牌宣传和市场开拓。编印沙窝萝卜彩色宣传页，树立了沙窝萝卜的“书面形象”。三是积极参加各类农产品推介洽谈活动，举办沙窝萝卜文化旅游节，通过各种形式的活动多亮相、多出彩，扩大影响力。四是积极利用媒体宣传产品，扩大知名度。

建立追溯制度，加强质量监管

在质量监管上，协会建立了产品追溯制度，实施标准化销售。建立田间档案，实施一棚一卡制度，农户要对播种时间、施肥种类和数量、喷药品种和用药量、灌水、追肥等农事操作详细记录。

作为沙窝萝卜的核心生产企业，天津市沙窝萝卜种植技术有限公司董事长陈德军介绍，该公司生产的产品分等级包装销售，建立“一箱一袋一卡一标一码”制度，包装箱使用统一印制的沙窝萝卜专用包装箱，箱内套有塑料保鲜袋，袋外放一卡，卡上记录着生产者的姓名和生产棚号，箱上贴有沙窝萝卜防伪商标，标上有农户使用商标的代码，保证每箱萝卜都能追溯到它的生产者。

推广先进技术，提升产业效益

技术上，通过对沙窝萝卜品种提纯复壮和推广栽培技术，保证了沙窝萝卜品种优良化和栽培技术标准化。在协会的指导和管理下，各生产和经营单位统一栽培技术，统一包装，统一商标，确保了沙窝萝卜市场的有序管理，为产业化链条的形成打下了坚实基础。“通过包装销售，提高了农产品附加值；通过标准化生产和举办沙窝萝卜品质比赛，提高了沙窝萝卜品质；通过举办沙窝萝卜文化旅游节，带动了市场需求；通过印制材料、刻录光盘，举办培训班，召开现场会，有线电视宣传等途径推广了沙窝萝卜反季节栽培技术，扩大了种植面积。”天津市曙光沙窝萝卜专业合作社张永臣告诉记者。

据介绍，2016 年，沙窝萝卜年种植面积达到 5 000 亩，产量达到 2 000 万千克，总产值达到 6 000 万元，取得了良好的经济效益，给农民带来了实惠。

萝卜虽小，品牌日盛。沙窝萝卜不再是过去的“大路货”，而是作为人们养身送礼的佳品。“春节买上一箱沙窝萝卜送亲朋好友、看春晚吃上一盘水果萝卜，现在已经成为本地的时尚。”张永臣说，元旦、春节上市的带樱新鲜沙窝萝卜以其独特的外形和口感，满足了市场消费的需求，赢得了市场。人们不惜花重金、跑远路也要吃上纯正的沙窝萝卜。沙窝萝卜在打造品牌的大道上，迎风远航，谱写着属于自己的篇章。

临城：小核桃铺就绿色脱贫路

河北省邢台市临城县地处太行山东麓，山区丘陵占全县总面积的85.2%，土壤构成以片麻岩为主，土质中性偏碱，钙质丰富，土壤条件适合种植薄皮核桃，薄皮核桃不用任何工具，手捏即开，食用方便，肉香，脂肪、蛋白质特别是钙、铁等多种元素含量高，具有健脑、益智的功能，营养丰富。“现在靠着这5亩多核桃地，每年有3万多元的收入。”在临城县西洞村，53岁的张更俭正忙着在房前屋后晒核桃，他告诉记者，从没想到靠着荒山也能脱贫。

临城县位于河北省西南部，地处太行山东麓，素有“七山二水一分田”之称，是国家扶贫开发工作重点县。“现在看到的这个山岗，十几年前还是一片干旱荒凉的贫瘠之地，乱石满坡，杂草横生。但如今，这里满山都流金淌银，核桃树成了大家的‘摇钱树’。”张更俭说。

近年来，临城全力治理荒山，大力发展以薄皮核桃、优质苹果和板栗为主的林果业，并通过与中国农大、河北农大、河北省农科院等科研院校合作，为产业发展提供技术支撑。

来到临城县绿岭万亩核桃种植基地，举目远望，浅山起伏，成片的核桃林，郁郁葱葱，曾经贫瘠的荒山成了当地人的“金山银山”。

“这里是河北农业大学李保国教授生前试验薄皮核桃技术的主要基地。”临城绿岭公司董事长高胜福说，良种化、规模化、产业化……现在山岗上种植的核桃，都是李教授生前培育的新品种，复制的是李教授开创的种植方式。

临城县扶贫办副主任杨俊卿说，山地虽然很早就承包到一家一户，可由于开发投入大、见效慢，许多农民积极性不高。近年来，为调动农民积极性，临城推行“龙头＋合作社＋农户”模式，以龙头企业示范引领，鼓励群众组建合作社，共同发展薄皮核桃产业，现在临城全县薄皮核桃合作社已经达到 75 家。

临城县林业部门数据显示，临城核桃种植面积达 27 万亩，年产核桃 6.8 万多吨，产值 18 亿多元，实现人均 1 亩核桃林。临城县被评为中国优质薄皮核桃产业龙头县、中国薄皮核桃之乡。

核桃林既是经济林，又是旅游景点、天然氧吧。在临城，以核桃产业为基础的生态休闲旅游业也发展得风生水起。近些年，临城积极推动园区由卖核桃向卖生态、卖风光转变，依托万亩核桃种植基地建设了“核桃小镇”，集生态采摘、养生度假、拓展训练等功能于一体，闻讯赶来的游客络绎不绝。

邢台市委常委、临城县委书记宋向党说，对临城这样一个山区县来说，生态既是优势，更是出路。多年来，临城持之以恒地发展以薄皮核桃、苹果、板栗等为代表的绿色生态富民产业，实现了山变绿、人增收。

据悉，临城已经发展经济林 35 万亩，森林覆盖率达 43.2%，农民可支配收入年均递增 13.4%。截至 2018 年初，临城全县仅剩贫困人口 3 930 人，累计脱贫 6.83 万人，全县综合贫困发生率降至 2.7%。

巨鹿金银花　花开富贵来

巨鹿县位于河北南部，地处黑龙港流域，县域面积 631 平方公里，耕地面积 64 万亩。作为国家级扶贫开发工作重点县，金银花产业是巨鹿特

色农业的一张亮丽名片。近年来，巨鹿一直把金银花产业作为增加农民收入，加快县域经济发展的重要工作来抓。

技术创新加政策扶持　生产效益双突破

巨鹿地处暖温带大陆性半干旱季风气候区，自然条件适宜金银花的生长。该县种植金银花已有400多年历史，截至2017年底，全县金银花种植13万亩，标准化种植2万亩，建设千亩以上省级中药材示范园17个，形成了3个专业种植乡镇，种植覆盖全县291个（所有）村，年产干花1 300万千克，金银花种植面积占全国种植总面积的40%，产量占全国60%，无论面积还是产量均居全国金银花种植区之首。

经过农业技术专家20多年的精心培育，成功培育出抗病力强、花朵大、花期长，具有极强丰产性能和药用价值的树形金银花品种“巨花一号”，该品种以其易管理、易采收、产量高的优点深受花农的青睐，花树寿命长达40年以上，盛花期亩产达200千克，比其他高出2～3倍。

据中国科学院和北京中医药大学的分析测定，巨鹿县金银花含有16种氨基酸和铁、钾、锌、镁等17种矿物质，绿原酸含量超过4.0%，是国家新药典规定1.5%入药标准的2倍还多，木犀草苷含量超过0.159%，药用价值极高。

近年来，当地采取一系列扶持措施，为金银花产业营造良好的外部环境。巨鹿对金银花、苗木等免收农业特产税，对金银花采摘机和烘干房进行农机购置补贴。政府拨出专项资金，积极扶持金银花种植示范园建设，对节水灌溉、绿色防控、测土配方施肥、初加工等标准化生产关键技术给予补助，引导花农开展规模化种植、标准化生产，进一步加大对中药材烘干设备的补贴力度，让农民买得起、用得上自动化水平较高的烘干设备，全面普及烘干技术，大幅提高烘干在初加工中的比例，提高中药材产品品质。巨鹿县通过积极申报各级政府研究课题，争取资金支持，鼓励和吸引国内外科研机构、医疗机构、医药企业以及社会力量参与金银花种植、加工和综合利用等方面的研究和开发，通过科技创新研发新的产品，提高产品附加值，实现金银花生产和效益的新突破，进一步拓展金银花市场空间。

为提高产品品质，当地金银花龙头企业、合作社和种植大户，建设规模化、标准化的金银花种植基地，稳定金银花的质量，侧重应用投资少、见效快的小微型工程技术，治理土地污染，提高土壤肥力，以各种微生物相生相克的方法防治病虫害，形成良好的生态循环。为理顺利益联结，当地大力推行“企业＋合作社＋农户”的健康发展模式，对金银花实行统一品种、统一管理、统一回收、统一加工、统一销售的“五统一”管理模式。

为进一步推进中药材规范化种植和产业开发，巨鹿与北京中医药大学联合成立了“巨鹿金银花研究所”，同时与中医研究院、河北农业大学、河北农林科学院等科学院校进行全方位深层次合作，制定建立了“无公害金银花田间生产技术规程”省级标准，并与省中药材岗位专家成立了中药材产业团队，开展中药材试验示范工作，为巨鹿金银花产业发展提供技术保障。巨鹿与中国中医科学院联合成立“中国中医药金银花小分子露剂研究所”，全力打造金银花 3.0 版饮片，推进第三代饮片标准建设。同时建立一个占地 300 亩的金银花干花仓储物流园，更好地满足金银花交易需求。

以花为媒招商　筑巢引凤成型

巨鹿县委、县政府将金银花作为招商引资“名片”，大力实施“筑巢引凤”工程，吸引了广东王老吉、河北京鼎穆拉德生物医药、山东上水等大型企业在巨鹿投资办厂或创建基地，并着力培育了三丰豪泽、达之康、灏华、巨水等一批金银花深加工龙头企业，年加工金银花 1 000 吨，开发出金银花茶、金银花冰糖、金银花饮料以及绿原酸、草木犀素、肌醇提取等 20 多个品种和工艺，产品销往北京、天津、深圳等地，现已形成稳定的销售网络。

2014 年，河北省中药材产业体系创新团队入驻巨鹿，成立了河北省中药材产业创新体系黑龙港试验站，研发了一套适合巨鹿的金银花种植管理、加工、包装、销售的技术体系，极大地提高了巨鹿县金银花种植管理、加工、销售水平。

2017 年 5 月 28 日，全省首个新型职业农民创业联盟在巨鹿县成立，联盟的 15 个理事会成员按照产业分工，面向全县新型职业农民开展产业对接、抱团发展活动。

作为巨鹿金银花的品牌担当，多个金银花加工企业对金银花产品进行深度研发和市场推广。河北三丰豪泽食品股份有限公司拥有国内先进的全自动全封闭无菌灌装流水生产线，日产各种金银花饮品 38 000 箱。京鼎穆拉德公司致力于以金银花为主的中药材精提取加工、保健食品及云端药物的研发生产和生物医药企业招商、孵化器管理服务等，相关投资额超过 10 亿元，年产值 2.6 亿元。

以品牌为引领　拓宽销售渠道

目前，巨鹿县拥有“银杞”“兴巨”“冀花”“振起”“养真元”“占全”“绿之丝”等商标，“巨鹿金银花”获得国家地理标志证明商标。2016 年“巨鹿金银花”被评为河北省名优农产品区域公用品牌。2017年农业部（现农业农村部）绿色食品管理办公室批准巨鹿县创建的万亩金银花基地为全国绿色食品原料标准化生产基地。“巨鹿金银花”入选“2017年最受消费者喜爱的中国农产品区域公用品牌”，荣获“2017年中国百强农产品区域公用品牌”称号。

目前，巨鹿县已成为全国最大的金银花集散地，成为国内金银花价格的“晴雨表”。长期以来，巨鹿县坚持以市场带动产业的发展思路，下大力投资市场建设。目前巨鹿县建有县城中药材交易广场、上善、冀南等三个金银花专业交易市场，固定商户240余家，流动商贩、代收点300多个，旺季日交易量达300吨，年吞吐金银花约6 000吨，交易额超过20亿元。安徽、山东、河南、四川和河北省安国等知名药材集散地的客商纷纷来巨鹿县驻点采购，进一步扩大了巨鹿金银花的市场销售范围。随着市场的发展壮大，一些中药材合作社建设的网站和国内知名电商搭建起巨鹿金银花产业交易平台，进一步拓宽了巨鹿金银花销售渠道和影响范围。

围场马铃薯　致富“金蛋蛋”

在围场县半截塔镇什八克村，河北省目前投资规模最大、引进设备最先进、生产技术水平最高的马铃薯深加工企业——富龙现代农业发展有限公司自动化厂房里，一卡车“黄皮肤”的土豆从自动化生产线一端被送进去，2个小时不到，雪白细腻的全粉装袋完毕，随即被送到麦当劳、肯德基等几个国内外知名大公司。

以上的情形只是围场马铃薯当下发展形势的一个缩影和片段。目前，围场全县马铃薯种植面积73万亩，年产150万吨，综合产值突破23亿元，大部分为外地客商慕名前来收购，销售区域覆盖全国各地。

围场马铃薯的高大上

地处北纬 42° 马铃薯黄金种植带上的河北省承德市围场满族蒙古族自治县，是我国马铃薯的主产区之一。独特的地理位置，良好的生态环境，造就了围场马铃薯的优良品质。围场满族蒙古族自治县地处河北省北部，海拔在 750 ~ 2 067 米之间，高纬度、高海拔、四季分明、昼夜温差大、光照充足，这些因素为马铃薯生长提供了优良条件。除此以外，该地区土壤以沙壤土为主，沙壤土土质疏松，最适宜种植马铃薯。

围场马铃薯种植开始于清代，已经有 300 多年的历史。新中国成立后，围场马铃薯经历了农家自繁自育向育种家育种转变、育种家培育的不专业品种向专业品种转变、传统品种向专业品种过渡和专业性不强品种向专业性强的品种过渡 4 次品种更新，围场的马铃薯品种有荷兰 15、克新、渭薯等十几个，其中，自主研发品种有两个，以产量高、薯形大、品质上乘闻名于国内外。

经过科学统计，围场马铃薯干物质含量、茎尖脱毒技术、机械化栽培程度、品种选育、种薯经销量均位居全国前列，成为农业部（现农业农村部）确定的全国马铃薯种薯、商品薯基地县。1999 年，围场被国务院命名为“中国马铃薯之乡”,2009 年，围场马铃薯被国家质检总局登记为“中国地理标志产品”，2017 年，围场马铃薯被农业部（现农业农村部）评为中国百强农产品区域公用品牌。

建体系，激发产业活力

为持续壮大马铃薯产业，围场把马铃薯产业作为强县富民的一项特色主导产业来抓，通过实施政策引导，形成了以种薯繁育为支撑、以商品薯生产为主导、以马铃薯加工为延伸，集科研、生产、加工、贮藏、销售功能为一体的较完备的产业体系。

依托自然资源，加大科技投入，建立示范基地园区。围场重点推广“脱毒薯应用、机械化耕作、测土配方施肥、病虫害防控、田间智控、节水灌溉”等技术，实施“马铃薯集成技术整村推进科技示范工程”，调整农业结构。

政策引导，企业发力，完善马铃薯精深加工体系。为了提高薯农收入，挖掘马铃薯的附加价值，该县牵头组建了“河北省马铃薯产业技术创新联盟”，大力推广“政府 + 产业联盟 + 龙头企业 + 合作社 + 家庭农场 + 农户 + 基地”的发展模式，吸纳了上千家农业经营主体带领 12 万薯农稳定增收。

当地积极探索“一二三产融合”、“政企产学研推一体”、“财政资金、社会资本、信贷资金整合”、“有机农业、休闲农业、功能农业、电商农业同频”、“现代农业、美丽乡村、扶贫开发同步”等多种经营机制和模式，产业活力被进一步激发释放。

小土豆成为“金蛋蛋”

如今，围场马铃薯已经从之前人们漠不关心的小土豆蝶变为围场人发家致富的“金蛋蛋”。在这场蝶变中，围场人交出了一份厚重的答卷：

1 家国家级脱毒马铃薯繁育中心，12 家现代化种薯繁育企业，15 万亩标准化脱毒种薯扩繁基地，1 亿粒微型种薯占全国 7% 的产能。围场，已成为中国北方重要的马铃薯种薯研发基地和繁育中心。

73 万亩马铃薯种植基地，占河北播种总面积 1/5；亩产 2 500 千克，年产量 180 万吨，产业产值突破 23 亿元。围场，正在迅速从马铃薯“种植大县”向“产业强县”转变。

脱毒薯应用、机械化耕作、测土配方施肥、病虫害防控、田间智控、产品溯源等现代技术全面推广，建成了12万亩高标准科技示范基地、40万亩地膜覆盖基地、10万亩水肥一体化基地、2万亩有机富硒功能马铃薯基地。围场，成为全国马铃薯规模化、标准化、科技化、集约化综合示范区。

9家国内工艺先进的马铃薯加工企业，年加工能力45万吨，形成了淀粉及淀粉制品、全粉、主食、休闲食品等系列产品体系。培育了2个河北省著名商标、4个名牌产品。围场，已率先走在全国马铃薯产业现代化发展前沿。

13个产地市场遍布主要产区，60家规模仓储企业总贮藏能力近100万吨。围场，已实现从“藏薯于民、藏薯于地”向“藏薯于企、藏薯于技”的重大转变，正在努力打造中国北方马铃薯集散中心和价格形成中心。

现今的围场，构建起了集“科技研发—种薯繁育—标准化种植—精深加工—仓储保鲜—品牌销售”于一体的完整马铃薯产业体系。小小的马铃薯，催生出支撑县域经济的大产业。

金珠不换沁州黄

颗粒小、色金黄、味道香美、营养丰富，产自晋东南的沁州黄小米特点鲜明。它与山东金乡县的马坡金谷小米、章丘的龙山小米、河北蔚县的桃花米并称为我国“四大名米”。

晋东南地区的沁县古为沁州，“沁州黄”是这里出产的一种小米，被当地人称为“金珠子”。在晋东南一带，民间流传着这样一句谚话：“金珠子，金珠王，金珠不换沁州黄。”可见，沁州黄小米何其珍贵。

1919年获巴拿马万国博览会金奖

关于沁州黄，有多种传说。

相传，在明朝嘉靖年间，檀山寺一位僧人给在京的亲戚捎去糙谷米一斗，适逢皇后生子，因失血过多、面黄肌瘦，病情严重。一天，皇后口喊："黄金汤……"于是皇帝命宫中大小官员在京城四处寻觅，有位官员巧遇僧人亲戚之母，正端着一大碗"糙谷米汤"给坐月子的儿媳妇食用，黄袍官员问老妇："这是什么汤？"老妇回答："黄金汤。"官员大喜，便重金换来"糙谷米"煮汤献上，皇后一见"黄金汤"，连喝数碗，安然入睡，不久病愈。事后访得此米产自沁州，嘉靖皇帝发旨沁州，封"糙谷米"为贡品。

还有一个传说，"沁州黄"是清朝康熙年间大学士吴琠在朝任保和殿大学士兼刑部尚书时，将檀山产的"糙谷米"献给康熙帝品尝，帝悦，问："此米产自何地？"吴答："沁州。"皇帝便赐封为"沁州黄"，并封为贡米。从此"沁州黄贡米"沿袭各代，名扬天下。

关于沁州黄小米的传说，远不止这两个，总体而言，沁州黄小米源于炎帝，成名康熙，从明朝嘉靖年间到清朝各代一直是宫廷贡品，留下了"太行观燕舞，汾水听嘤声，粱买沁州黄，酒沽杏花村"的诗篇。新中国成立后多次进入国家餐宴，荣获多项国际、国内大奖。早在1919年，沁州黄和汾酒就双双获得了巴拿马万国博览会金奖。

经过多年积累，沁州黄小米逐渐成为一张文化名片和产业名片，成为当地招商引资的实力代表。

独一无二的沁州黄小米

沁州黄小米珍贵，还体现在它的品种特殊，它择土性强，只适宜在山区瘠薄干旱的土地生长，集中在沁县次村乡檀山、王朝、石料、钞沟、东庄，武乡县上司乡、贾豁乡，沁源县李元镇等十多个自然村，约在1 333公顷的土地上耕种，每公顷产量约1 500千克。如果把沁州黄在别处引植，隔一年就会完全退化。

独一无二的沁州黄小米，为当地百姓致富带来了机遇。近年来，沁县以农民收入翻番为核心，按照有机化、规模化、园区化、集约化发展的总体要求，积极开展了一系列优势产业的规模扩大、品牌提升等工作，使得沁州黄小米成为农民脱贫致富的大产业。据不完全统计，目前全县已有

36 000 多户农民种植沁州黄谷子。

沁州黄小米产业作为一项主导产业，连接着千家万户。为了让更多农民依托沁州黄产业的发展，走向脱贫致富之路，多年来，沁县的沁州黄种植企业与基地农民以订单农业的形式，约定双方的权利和义务，使农民不离乡土，从农民变成了产业工人，企业与农民结成利益共同体，相互依赖、相互促进，实现了农企合作共赢。

作为次村乡广大种植户的合作伙伴，沁谷香农业开发有限公司在当地发挥着重要作用，该公司是一家以小杂粮种植、加工、销售为一体的现代食品园区，以沁州黄小米发源地“次村”为注册商标。公司坚持“带动农民、增收致富、诚信经营、追求完美、创新服务、奉献社会”的经营理念，采取“公司＋基地＋农户＋市场”产业化运作模式。目前，种植有机小杂粮6 000余亩，年加工、包装、销售小杂粮3 000吨，年产值6 000余万元，解决剩余劳动力 30 余人。

沁谷香农业开发有限公司相关负责人说：“明年我们公司计划发展有机小米 2 000 亩，带动农户 1 000 户，让更多农民增收致富。”

山西首个生态原产地产品

生态原产地产品是指生产的全过程符合绿色环保、低碳节能、资源节约要求并具有原产地特征和特性的良好生态型产品。2015 年 12 月，沁州黄小米顺利通过了国家质检总局生态原产地保护专家组的评审，成为山西省首个获得保护的生态原产地产品。

全国人大代表申纪兰代言山西沁州黄小米

沁州黄小米的品牌含金量得以提升。山西沁州黄集团有限公司董事长石耀武高兴地说："获得认证后，同样的产品进入市场销售环节，售价至少会提高30%，有助于企业提升品牌形象、获得产品溢价、享受通关便利等。"

随着生产规模扩大，高质量原料供应需求，原有"公司＋合作社＋农户"的松散订单合作，已满足不了产业发展需求。2018年6月28日，沁州黄集团小米产业联合体在沁县成立，这是山西省长治市首个农业产业联合体，为探索、推进新型农业经营体系建设迈出重要一步，也为小米区域公共品牌战略实施提供新动力。

联合体是以山西沁州黄小米（集团）有限公司为牵头企业，联合5个企业、8个合作社、2个家庭农场以及部分种植大户，集种植、农机农具、加工、销售等优势组建的一体化农业经营组织联合体。在纵向产业链上，以龙头企业、家庭农场和农民专业合作社的合理分工为前提，以规模经营为依托，积极推进农业产业化经营。

据相关人员介绍，成立产业联合体，可建立长期稳定的联盟关系，龙头企业提供科研技术指导支持、终端服务，农机农具合作社提供种收机械，农业合作社和种植大户联合农户进行生产，畜禽养殖合作社和公司提供有机肥，消化秸秆干草，联合体各方通过契约实现产品交易的联结，通过资金、技术、品牌、信息等融合渗透，既可以保障原料供应，又能共享增值收益，实现“一盘棋”配置资源要素，为新形势下农户分享农业产业发展成果、促进乡村振兴开拓了一条途径。

岚县马铃薯：高端大气上档次

岚县位于山西省吕梁市北部，汾河上游。马铃薯是这里的一大特色产业。岚县马铃薯具有色泽光鲜、个大体匀、淀粉含量高、不易腐烂等优点。这得益于岚县独特的地理位置优势。最高海拔 2 275 米，最低海拔 1 131 米。年平均气温为 6.8℃，与原产地南美洲安第斯山气候极为相似（原产地年平均气温 5～10℃），有利于马铃薯块茎的膨大。岚县马铃薯的生产方式独特，起垄栽培和使用脱毒种薯两项技术基本上做到了

全县覆盖，对岚县马铃薯产量和品质的提升效果显著。马铃薯对于岚县来说，虽然只有200多年的历史，但岚县的目标却是打造“山西马铃薯第一县”。

建设标准化基地，促进产业提质增效

近年来，岚县县委、县政府紧紧抓住国家实施马铃薯主食产品开发战略和岚县被列为吕梁市农业产业化马铃薯主产区的重大机遇，把马铃薯产业作为脱贫主导农业产业，切实摆到优先发展、重点发展、加快发展的战略地位来抓，以专业化、标准化、规模化和集约化为方向，坚持按照“政府推动、市场拉动、龙头带动、科技驱动”的总体思路，狠抓基地建设、技术创新、产业集群、品牌创建、市场营销等关键环节，着力构建“科学化布局、标准化生产、品牌化运作、订单化经营”的产业发展新格局。岚县先后被评为全省马铃薯生产示范县、“一县一业”马铃薯产业先进县。

让农民懂技术，成为岚县当地政府抓产业的好方法。当地采用科学实用、通俗易懂的原则，对种植大户、参与农户进行了集中培训，中国科协专家在田间进行面对面、手把手地实地技术指导。当地推行技术承包责任制，深入实地开展实用技术服务，争取做到一户至少有一人受训。

在马铃薯产业的发展中，岚县将标准化生产作为转方式、调结构、提质增效、优质发展的重要抓手，实行统一规划布局、统一生产资料、统一技术服务、统一生产建档，实现“地块有编号、生产有记录、产品有标签、质量有追溯”的标准化模式。

在标准化建设中，岚县马铃薯坚持“五个严把”，即严把农业投入品监管关、严把地块选择关、严把品种选用关、严把生产档案关、严把田间管理关。按照省、市相关标准，编印、发放了通俗易懂、操作性强的生产技术简明操作规程和配套的生产记录档案6万余册，督促指导薯农严格按照规程实行标准化生产。

经过多年的发展，岚县马铃薯已完成了20万亩无公害产地、30万吨无公害产品、2万吨绿色产品认证，创建了全国绿色食品原料（马铃薯）标准化生产基地 10 万亩，30 万亩马铃薯全部实现了标准化生产。如今，马铃薯产业已成为当地百姓的重要收入来源之一。以 2015 年为例，全县马铃薯种植面积达到 30 万亩，从事马铃薯产业的合作社达到 115 家，经纪人 500 多个，从业农户达到 2.4 万户，占总农户的 61.5%，全县马铃薯产业总产值达到 6.3 亿元，提供农民人均纯收入 2 260 元，占农民人均纯收入的 51.7%。马铃薯产业已成为岚县推进扶贫攻坚，实现富民强县的一大农业主导产业。

强化科技支撑，做大马铃薯产业

岚城镇是岚县马铃薯的主要生产地之一。为推动马铃薯产业发展，2016 年，岚城镇结合本地产业转型升级的要求和市场发展前景，在北关村建设极早熟马铃薯品种试验示范基地 400 亩。通过种植反季节特色蔬菜，形成了以蔬菜种植为主导产业的农业产业化道路。基地从黑龙江省、山西左云等地引进了早熟、丰产、抗病、鲜食性好的生育期在 70 天左右的荷兰 9801、中薯 5 号、希森 3 号等脱毒马铃薯新品种。采用了双膜覆盖技术，在普通大田覆盖技术的基础上，再架设一层 0.1 厘米厚的拱棚膜，有效提高地温，促进马铃薯生长。

极早熟马铃薯品种比传统马铃薯提前一个月播种，抢占气温回升时机，每年 7 月上旬就可以上市销售，比传统马铃薯提前近 2 个月，上市期正好是北方马铃薯市场的空档期，以每千克市场价格 4～5 元来算，亩均增收 1 500 元左右。在极早熟马铃薯收获后，原有地块还可以进行蔬菜二茬轮作，有效提高了土地利用率，增加土地单产收入。

2016 年，岚县新建极早熟品种试验示范基地 400 亩、玉米套种马铃薯试验示范基地 300 亩、新品种引进试验示范基地 600 亩，共计 1 300 亩，试验示范双膜覆盖等新技术 10 项、中薯 1 号等新品种 20 余个，为全县马铃薯产业供给侧结构性改革提供技术支撑。

标准化栽植的马铃薯有专门的单位负责报价回收，并以商品薯单颗 150 克以上每千克 1 元的保底价格进行回收。然而，极早熟马铃薯品种的发展，并没有让岚县马铃薯产业“沾沾自喜”，当地政府的想法是：技术成熟后，岚县将在全县贫困户范围内进行推广，逐步产生辐射带动效应，形成一种有效的“造血式”产业扶贫模式。

马铃薯品质的保障，需要优质的种质资源。岚县通过科学繁育良种达到马铃薯品质的优质化。当地积极帮助育种龙头企业扩大生产规模，提升育种水平，形成较为健全的从切段繁殖脱毒苗——温室、网棚繁育原种——大田繁育一级种薯的良种繁育链条，基地现有组培实验室 2 700 平方米、智能温室 7 000 平方米、日光温室 5 000 平方米、防蚜网棚 5 万平方米，年可生产脱毒苗 800 万株，年产微型薯 2 000 万粒，岚县成了全省一流、吕梁最大的脱毒马铃薯繁育基地。新建的 6 600 平方米微型薯繁育智能温室，微型薯年生产能力可达 5 000 万粒，岚县将成为山西省最大的脱毒微型薯良种繁育基地，满足 1 万亩原种基地用种需求，带动 10 万亩一级种薯基地建设，为全市及周边地区 100 万亩大田马铃薯商品薯生产提供种源。

拓展加工、主食渠道，扩大品牌影响力

岚县的马铃薯产业发展，并不仅仅停留于初级产品，而是借着国家实施马铃薯主食产品开发战略背景下，开拓创新，发展马铃薯加工、开发主食。

岚县现有马铃薯加工企业和作坊 100 多个，以粉条粉丝、淀粉为主的产品达到 20 多个品种。加工龙头企业——山西宜芳食品有限公司拥有 30 吨 / 小时精淀粉加工生产线和年产 1 000 吨马铃薯粉条、粉丝生产线 2 条生产线，年加工转化马铃薯 7 万余吨。以土豆为主的山西岚县风味系列小吃历史悠久，品种多样，共有 50 多种，称为“土豆宴”，被誉为吕梁的土特食品之冠。

围绕马铃薯主食产品开发，岚县组建成立了岚县马铃薯主食产品开发推进团队、岚县土豆宴研发营销团队，注册了“土豆宴”品牌。在积极发掘土豆传统制作工艺的基础上，依据岚县土豆的特性，采用蒸、炒、煮、烤、炖、扒，或将土豆作为主料，或将土豆作为二次原料，加入莜面、豆面、荞面等，配以各种小料、炸酱，做出了岚鲍、岚参、土豆饼、土豆

鱼、土豆凉粉等，研发出100多种各式菜肴，形成新时代下独特的岚县土豆全席宴。

未来，岚县将继续在加工产品种类上多下功夫，大力发展速冻薯条、马铃薯休闲食品、方便食品、水晶蒸饺粉、改良性淀粉等马铃薯精深加工产品，以加工带动种植，延长产业链条，增加产品附加值。

好的产品不仅需要产出来，还需要“吆喝”出来，需要有较大的品牌影响力。在马铃薯销售上，岚县开展“订单”生产，推行“龙头企业+专业合作社+基地+农户”的产业化经营模式，千方百计寻找客商落实“订单”。当地积极组织参加各类博览会、展销会、推介会，引导马铃薯产业转变发展方式，提升质量效益。

岚县坚持把品牌战略作为提高马铃薯知名度，促进产品外销的一件大事来抓。当地注册了“岚县土豆”、“绿禾”马铃薯等商标，对马铃薯进行分品种、分品级包装上市，做到了“高端、大气、上档次”，使马铃薯打入了北京、天津、上海、广州等城市的高端市场。以“三品一标”认证为抓手，全力开展品牌创建。

2017年12月29日，岚县举行马铃薯专家工作站启动仪式，并在岚县康农薯业公司为岚县马铃薯专家工作站揭牌。岚县马铃薯专家工作站的成立将集聚马铃薯相关人才、科研、技术等优势资源为岚县马铃薯产业的发展保驾护航。

莫道大同无宝玉　遍地黄花是金针

“莫道农家无宝玉，遍地黄花是金针。”这是宋代文学家苏轼描写黄花菜的诗句。而今天，我们用“莫道大同无宝玉，遍地黄花是金针”来形容山西省大同市大同县的黄花产业，再恰当不过。黄花，学名萱草，俗称金针菜，兼具食、药、花三种特性。山西省大同市大同县是我国的黄花之

乡。近年来，大同县把黄花作为“一县一业”的主导产业和农民脱贫攻坚的支柱产业加以扶持，2017年黄花种植面积达到17万亩，科学规划、政策扶持、龙头带动、打造品牌，当地黄花产业由小到大、由分散向连片规模种植，使黄花成为大同农业的一张靓丽名片。

政府扶持　激发农民种植热情

大同县黄花菜栽培始于明末清初，在大同地区已有300多年的种植史。冷凉气候，火山土壤，造就了大同县黄花的独特品质：颜色金光灿烂，绝少黑斑霉货；角长肉厚，线条粗壮，肥硕整齐；油性大，脆嫩清口，久煮不烂。

近年来，大同黄花产业有了突飞猛进的发展。2003年，大同黄花通过国家A级绿色食品认证。2016年7月，大同黄花顺利通过黄花国家级出口食品农产品质量安全示范区验收，取得了进军国际市场的通行证。

确切地说，大同黄花产业的发展，离不开大同县当地政府对黄花产业的扶持。据介绍，2011年以来，大同县立足黄花资源优势，把黄花产业作为“一县一业”的主导产业和脱贫攻坚的支柱产业，从政策、资金、项目等方面给予扶持。

为推进黄花产业，大同县成立了以20个部门一把手为成员的“大同县黄花产业化发展领导小组”，加强对黄花产业发展的领导，负责统筹全县黄花产业发展规划，监督各类项目的实施及协调验收工作，并把黄花产业发展目标任务纳入领导小组成员单位及各乡镇年度重要考核目标。各乡镇也成立相应的领导小组，负责本乡镇黄花产业发展工作。

大同县财政拿出专项资金对黄花种植户进行补贴，引导种植户入黄花种植保险。全县涉农部门主动融入发展黄花特色产业和精准扶贫产业的“大盘子”里，助推黄花产业发展，引导、号召农村党员干部发挥先锋模范作用，带头种植黄花，鼓励农民以各种形式向黄花种植大户合理流转土地，形成集中连片。当地大力发展“互联网+”，为种植户解决销售问题。创新黄花产业发展模式，鼓励引导发展黄花专业合作社，让农民特别是贫困户通过获取薪金、租金、股金“三金”，助推精准脱贫。

截至2017年底，黄花种植已覆盖全县10个乡镇、58%的行政村，总面积达到12万亩，产值13.2亿元。黄花种植专业村92个，1 000亩以上的规模户15家。黄花专业合作社95家，黄花龙头加工企业13家。全县实现贫困户人均1亩黄花的既定目标，目前销售收入3.5亿元，2万亩以上的乡镇2个，千亩以上的黄花种植专业村18个。

延伸产业链　为产业发展带来机遇

大同黄花既可以作为消费者餐桌上的美味菜肴，也可以通过规模化发展，成为现在人们休闲旅游、赏花光顾的好去处。大同县充分利用了黄花这一特点，进一步深入开发黄花产业。

当地结合黄花的生态观赏价值，开展“大同人推广大同黄花活动”，每年举办一次黄花文化节，全县建成黄花采摘观光园区60处，发展乡村休闲观光旅游产业，打造出河塘人家垂钓园、桑干河跑马场、马头山农家乐饭庄等乡村旅游项目，吸引游客观生态美景。

大同县结合良好的生态和大同火山群国家地质公园、西坪国家沙漠公园、桑干河国家湿地公园等自然人文景观，发展乡村文化旅游产业，建设集现代农业、休闲旅游、田园社区等产业为一体的“田园综合体”，为黄花产业发展带来新机遇。

除了开发黄花产业的休闲农业功能外，当地还着重从黄花的加工上下功夫。依托龙头企业对黄花进行深加工，开发黄花系列产品。兴农黄花科技公司开发出黄花深加工含片、泡菜、黄花酱和系列宴；天特鑫公司开发研制成功黄花系列饮料；三利、永翔公司积极推进速冻保鲜黄花技术应用以及黄花提纯研发工作，使黄花产业形成科技含量高、市场效益好的完整产业链条。

品牌化发展　促进产业扶贫

2017 年 9 月，第十五届中国国际农产品交易会期间，作为国家地理标志登记保护产品，“大同黄花”获得了全国百强农产品区域公用品牌的殊荣。据介绍，打造区域公用品牌，形成地方特色产业，推动黄花产业向着规模化、集约化、品牌化的现代农业发展，是大同黄花产业的发展方向。

经过多年的发展和品牌带动，大同黄花产业逐渐成了当地扶贫的一大产业。自 2012 年起，大同县每年整合 2 000 万元片区产业扶贫资金、县级财政资金，给予黄花种植贫困户 500 元的农资补贴。2017 年又对全县的贫困户新栽黄花每亩补贴 1 000 元，作为贫困户股份，由合作社统一经营。对连片发展 200 亩以上的配套 1 眼机井和电机、高压线、滴灌和喷灌，做到黄花栽到哪里，水电就跟到哪里，同时帮助建设晾晒场地、提供晾晒网。

大同县政府与大同市经济建设投资公司共同出资 1 亿元，成立了宜民产业发展公司，流转贫困户土地，吸收贫困劳动力参与种植管理。吉家庄乡吉家庄村由党员牵头成立了黄花种植合作社，吸收贫困户有钱出钱，有地出地，有力出力，融合各种要素，共同发展黄花产业。西坪镇唐家堡村顺民黄花专业合作社，采取规模化经营，工厂化生产，种植黄花 300 亩，吸收农村劳动力 80 多人就业，年利润达到了 150 多万元，并带动全村户户种植黄花，全村黄花种植面积达到 3 200 亩，全村年收入达到 1 600 万元。

除此之外，大同县黄花办建立了采摘用工信息平台，引进外地的季节性采摘工人，解决采摘劳力不足的问题；县农委积极开展土地流转工作，促进产业规模化发展，围绕产业抓农科技术培训；县土地局1万亩土地整理项目，为西坪镇打造了一个万亩黄花产业片，解决了生产环境配套的困难；县扶贫办用好国家扶持政策，争取资金投入产业发展，与西坪镇、倍加造镇联手打造一个新的黄花精品产业片；县水务局、县综合开发办多方沟通，调整项目实施重心，打井引水，为黄花产业发展提供水利服务；县农机局引进研制新型机械，实施规范化机械化作业，助力产业发展。农机部门免费为种植户耕作土地。县委、县政府协调保险公司开办了黄花自然灾害保险、黄花目标价格险，有效地增强了农民抵御自然灾害、市场波动的风险能力。

通过政策扶持，部门联动，有效激发了贫困户种植黄花的积极性，促进了黄花产业的发展，大同县形成了良好的黄花产业发展态势。

中国薯都乌兰察布

高高大青山，
伫立我的爱；
薯花飘香飘进我心海，
中国薯都，
我为你喝彩；
乌兰察布，
我心中永远的爱；
中国薯都热浪澎湃，
我为你喝彩。

草原兄妹组合一曲高亢激昂《乌兰察布我的爱》，词里行间无不展示着乌兰察布人对马铃薯深深的爱。

乌兰察布形如一只金雕镶嵌在祖国的北疆，她风光无限、历史悠久、民风淳朴；得天独厚的地理优势创造了乌兰察布农耕文明、游牧文明的文化底蕴，也印证了“风电之都、草原皮都、神舟家园、中国避暑之都、中国薯都”的美誉。

如今的乌兰察布人每当提及自己的家乡，除了如数家珍地介绍家乡的各种美誉，便会朗朗上口、字正腔圆地用家乡的普通话告诉你：“中国薯都乌兰察布”！

乌兰察布，空气清新、水土丰美、巍巍大青山形成的天然绿色屏障为马铃薯提供了绝佳的生长环境。

马铃薯是内蒙古自治区乌兰察布市的主要农作物之一，种植历史悠久，其生长发育规律与当地的自然气候特点相吻合，具有明显的资源优势，蕴藏着巨大的发展潜力。乌兰察布市委、市政府顺应自然和经济规律，发挥地区比较优势，把马铃薯作为全市农村牧区四大主导产业之一来培育，使马铃薯产业得到了长足发展。马铃薯已成为乌兰察布市的一项主导产业，是当地农民脱贫致富奔小康的支柱产业之一。

乌兰察布市处于内蒙古自治区中部，属中国北部边疆，海拔高度1 000～1 500米，气候冷凉，年平均气温2.5～6℃，日照充足，无霜期

110天左右，昼夜温差大，年降水一般在300毫米左右，多集中在6、7、8三个月，也正是马铃薯的生长季节，降水量占全年降水量的70%左右，雨热同季。土壤类型为栗钙土，多呈沙性。以上气候特点为马铃薯生长发育提供了得天独厚的优越条件。乌兰察布市马铃薯种植规模大、产量高，质量优，淀粉含量高，口感较好，品质极佳。2009年中国食品工业协会授予乌兰察布市“中国马铃薯之都”称号。

乌兰察布市马铃薯种植基本经历了三个历史阶段。第一阶段为1995年前的自给自食阶段，这一阶段的基本特征是种植面积少，产量低而不稳，马铃薯在种植业上处于从属地位，鲜薯销售仅局限于地域范围内城镇居民，生产加工基本上空白。这一阶段的年播种面积在100万～150万亩，仅占同期农作物播种面积的10%左右，耕作粗放，亩产508.7千克，仅为全区平均水平的85.7%，全国平均水平的78.3%，世界水平的55.8%。第二阶段为1996—1998年的规模扩展阶段。在此期间，当地政府针对马铃薯的优势，进行了种植业结构的大力度调整，把马铃薯作为重要产业大力开发。这一阶段的基本特征是种植面积迅速扩大，产量明显增加，市场得到有效开拓，规模效益得到充分发挥，实现了由产品优势向商品优势的转化，马铃薯产业化初步形成。这一阶段播种面积由1996年的338万亩提高到1998年的450万亩，马铃薯平均总产量达到30亿千克，平均单产达到765千克/亩，马铃薯鲜薯及加工产品逐步受到国内外客商的青睐，马铃薯种植、销售、加工均取得了明显效益。第三阶段为马铃薯产业化全面有序推进阶段，这一阶段的基本特征是产、储、加、销一体发展格局开始出现，各环节的集约化程度迅速提高，实现了由商品优势向经济优势的跨越，广大农牧民通过马铃薯产业得到较多实惠，种植、销售、加工马铃薯的积极性空前高涨。

目前，乌兰察布市委、市政府顺应自然和经济规律，把马铃薯确定为全市“十二”大主导产业之一，马铃薯种植销售、加工转化、储藏出现了前所未有的良好发展态势，马铃薯迅速实现了由特色产业向优势产业的跨越，产业化格局已基本形成。全市各级政府把推进马铃薯产业化进程作为农村工作重点，主要在马铃薯良种繁育体系建设、马铃薯规模化种植、加工转化、加工企业的建设以及开拓销售市场和技术服务体系建设上做了大量的工作，马铃薯产业化经营水平明显提高。种植面积占到全国马铃薯总播面积的 8% 左右，占全区种植面积的 50% 左右，占全市农作物总播种面积的近 50%，是全区乃至全国最大的马铃薯主产区。主要品种有脱毒紫花白、克新 1 号、大西洋、夏波蒂、费乌瑞它、底西芮、早大白、内薯 7 号等，平均单产达到 1 038 千克 / 亩，实现总产值 7.85 亿千克，综合增加值达到 12.78 亿元，农牧民来自种植马铃薯的人均纯收入达到 573 元。从区域布局上看，马铃薯主产区在四子王旗、察右中旗、察右后旗、商都县、化德县、卓资县、兴和县，占到全市马铃薯复播面积的 65%。马铃薯种植已形成规模化、集约化格局。

马铃薯良种繁育体系建设完善，已建成脱毒组培室四处 1 000 平方米，年生产脱毒瓶苗 300 万株，标准化玻璃温室 22 亩，年生产脱毒扦插苗 1 000 万株，脱毒微型薯 800 万粒，网室面积达到 1 248 亩，年生产原原种 190万千克，其中大西洋、夏波蒂加工专用薯占到40%以上。原种田达到1.3万亩，年生产原种 1 800 万千克，一、二级种薯田 60 万亩，年生产合格种薯 7.5 亿千克以上，除当地留种外，每年可向外地提供种薯 2 亿多千克。

现已建成大中型马铃薯龙头加工企业十多家，遍布全市城乡的粉皮、粉条、粗淀粉加工点 1.2 万多个，年加工转化鲜薯 7.5 亿千克以上，占到总产量的 18% 左右。建成各类储窖 128 万个，其中储存能力在 25 万千克以上的大型储窖 2 400 多座，总储存能力达到 20 亿千克。建成成型的马铃薯专业交易市场 11 处，年交易量 10 亿千克。全市成立马铃薯营销协会 20 多个，贩运大户200 多家，参与马铃薯销售的营销队伍高峰期达到10 万多人。乌兰察布马铃薯远销俄罗斯、蒙古国、韩国、朝鲜、马来西亚、新加坡等国家以及中国香港、澳门地区。马铃薯产业已形成产、繁、储、加、销一体化的经营格局，已成为农牧民脱贫致富奔小康的有效途径。

乌兰察布全市已拥有大中型马铃薯加工企业 12 家，主要有富广食品有限责任公司、奈伦集宁精细化工分公司、察右中旗科银淀粉有限公司、兴和飞马集团公司等，此外还有遍布全市城乡的粉皮、粉条、粗淀粉加工点 1.2 万多个，年加工转化鲜薯 10 亿千克左右，加工主要产品有：马铃薯全粉、精淀粉、变性淀粉、脱水性膳食纤维、粉皮、粉条等，这些加工龙头企业带动了全市马铃薯产业不断发展壮大。

乌兰察布市马铃薯科研起步早、发展快，在20世纪六七十年代处于全国领先地位。在国内最早研究应用马铃薯茎尖剥离、切段繁殖、组织培养技术，已形成经过茎尖脱毒、温网室生产脱毒薯和原原种，在控制条件下生产原种，使种薯生产走上了产业化的道路。

乌兰察布市区位优势显著，是连接东北、华北、西北三大经济区的交通枢纽，又是通往蒙古国、俄罗斯和欧洲的国际通道。便捷的交通，为马铃薯的外销提供了较好的条件。

目前，乌兰察布市已建立了完善的马铃薯及种薯种植与储运综合标准化体系，标准化示范效果良好。2015年，乌兰察布市“全国马铃薯种薯产业知名品牌创建示范区”通过初审，获批筹建，2016年10月顺利通过内蒙古自治区质监局预验收。这进一步促进了乌兰察布马铃薯种薯产业结构优化和升级，提高产业的竞争力和市场占有率。

同时，乌兰察布市强化马铃薯良种繁育和科研创新，规范种薯质量市场监管，提高优质种薯供种能力和覆盖范围；进一步强化马铃薯基地建设，提高生产能力，优化品种，提升地力，做好节水改造等；培育领军企业和企业集群，提高加工产品附加值；完善市场体系建设，提高市场占有率。

预计到“十三五”末，乌兰察布市马铃薯鲜薯总产量将达到600万吨，种植产值50亿元，加工产值35亿元。

锡林郭勒羊肉：绵羊肉的标杆

据说肉食品行业流传这么一句话：“中国羊肉看内蒙，内蒙羊肉看锡盟”。这里的“羊肉”主要是指绵羊肉。不仅是行业内部，国家也非常认可锡林郭勒羊肉。锡林郭勒羊肉先是在第十五届中国国际农产品交易会上

入选“2017 年中国百强农产品区域公用品牌”，随后其主产区又于 2017 年底被农业部（现农业农村部）等九部门认定为中国特色农产品优势区。

锡林郭勒的羊肉为什么这么好吃？来看看它们的“吃住行”吧！

锡林郭勒的羊吃的是中草药，锡林郭勒大草原上的地表植被丰富，有沙葱、甘草、柴胡等将近 700 多种草药及豆科植物，这也是锡林郭勒羊肉好吃的关键因素。

锡林郭勒的羊喝的是天然泉水，锡林郭勒草原上的河流清澈如镜，到处都是天然的泉水和雨水，喝着这样的水，羊身体倍棒！

锡林郭勒的羊住的是广袤无垠的辽阔草场，吃饱喝足的羊儿们，稍作休息后，起来健个身，如风一样撒欢在草原上，宽广的草原任它们奔跑，这样的羊肉脂肪均衡，吃起来味道更加鲜美！

正是锡林郭勒羊与众不同的“吃住行”，让其肉怎么吃都很鲜美：煮着吃，体会最直接的味道，有着可以接受的微微膻味，肥瘦相间，来一口，满嘴肉的香味；涮着吃，色泽鲜红的羊肉卷，看起来非常鲜美，蘸料与羊肉的香味轮番冲击着我们的味蕾；烤着吃，是无数人夏日里的最爱，丰富了城市的夜生活；炖着吃，将羊肉的油香融入绵柔的土豆中，这也是很多锡林郭勒当地人喜欢的吃法。

锡林郭勒羊肉主要包括乌冉克羊肉、乌珠穆沁羊肉、苏尼特羊肉、察

央视主播纳森代言内蒙古草原羊

哈尔羊肉几大品种，它们也是各有特色。

乌冉克羊肉：乌冉克羊有着喀尔喀蒙古羊血统，主要分布在内蒙古自治区阿巴嘎旗北部的吉尔嘎朗图、巴音图嘎、伊和高勒和额尔敦高毕苏木。2009 年 10 月，农业部（现农业农村部）发布公告，正式将乌冉克羊列入国家畜禽遗传资源保护名录。乌冉克羊是偏瘦肉型肉羊品种，是内蒙古绵羊品种中一个宝贵资源。今后如果进行系统选育提高，并改善其饲养管理条件，必将能发挥更大的生产潜力。乌冉克羊生长发育快，在不加任何饲料的前提下，依赖天然草场放牧当年可以出栏上市。乌冉克羊每天沐浴阳光、活动充足、吃天然牧草，所以羊肥肉美、口感上佳。

乌珠穆沁羊肉：乌珠穆沁羊产于内蒙古自治区锡林郭勒盟东部乌珠穆沁草原，故以此得名。主要分布在东乌珠穆沁旗和西乌珠穆沁旗以及毗邻的锡林浩特市、阿巴嘎旗部分地区。乌珠穆沁羊属肉脂兼用短脂尾粗毛羊，以体大、尾大、肉脂多、羔羊生产发育快而著称。乌珠穆沁羊是在当地特定的自然气候和生产方式下，经过长期的自然和人工选择而逐渐育成的。乌珠穆沁羊终年野外放牧，不能圈养，只是在雪大不能放牧时稍加补草。这些“野羊”随心所欲地游走，扒雪吃草，因此从体格到肉质，都出类拔萃。

苏尼特羊肉:2007年,“苏尼特羊”正式被列为国家地理标志保护产品,这是内蒙古自治区也是我国同类产品中首个地理标志保护产品。2010年,其又被列入国家优良畜种名录和国家畜禽遗传资源保护名录。苏尼特羊肉鲜嫩多汁,无膻味,肉层厚实又紧凑,高蛋白,低脂肪,瘦肉率高,肌间脂肪分布均匀,富有人体所需各种氨基酸和脂肪酸,容易消化,是涮羊肉的最佳原料,深受国内外用户的热烈欢迎。因经常采食丛生禾科和葱类牧草,使得羊肉肉质细嫩,味美多汁,高蛋白、低脂肪、无膻味,历来是北京东来顺饭庄羊肉之上等原料。据专家测定,苏尼特羊肉中,人体所必需的几种主要氨基酸含量,明显高于其他羊肉。苏尼特绵羊肉,曾是元、明、清朝皇宫供品,也是北京“东来顺”涮羊肉馆专用羊肉。

察哈尔羊肉:察哈尔羊是从20世纪90年代初开始,经过广大畜牧科技人员和牧民的不懈努力,运用杂交育种的方法,以内蒙古细毛羊为母本,德国肉用美利奴羊为父本,通过杂交育种、横交固定和选育提高的方式,培育而成的一个体型外貌与细毛羊基本一致、抗逆性强、肉用性能良好、繁殖率高、遗传性能稳定的优质肉毛兼用羊新品种。有专家评定,“察哈尔羊肉”具有“羔羊肉肉色鲜红,脂肪呈乳白色,肌纤维细,有大理石花纹,熟肉口感细嫩,无膻味”的特点,是低脂肪高蛋白健康食品。

羊肉蛋白质含量较多,脂肪含量较少。维生素B_1、B_2、B_6以及铁、锌、硒的含量颇为丰富,容易消化吸收,多吃羊肉有助于提高身体免疫力。有着不一样“吃住行”的锡林郭勒羊肉营养价值自然更是少不了。对于这样一个有营养的美味,还不抓紧品尝一下!

葵花之乡看五原

内蒙古巴彦淖尔市是我国葵花籽主产区之一,产量占全国总量的40%,种植的品种有食葵(食用向日葵的简称)和油葵(油用向日葵的简称)。而隶属巴彦淖尔市的“葵花之乡”——五原县，是全国知名的葵花种植大县，也是葵花产业第一县。全县的葵花种植面积达到120万余亩，总产量近3亿千克，产值20亿元，由于五原县的土地、自然环境等条件非常适宜种植葵花，因此，五原县出产的葵花品质在全国范围内都是数一数二的，被列为全国首个葵花籽产品质量安全示范区。

五原土地肥沃，水草丰美，农田渠系成网，每年引黄河水10亿立方米自流灌溉。盛产小麦、葵花、甜菜、籽瓜、优质牧草，是全国著名的粮、油、糖及绿色农产品生产基地，是国家百万只秸秆养羊示范县，油料产量名列全国百强。

每当仲秋时分，五原的万亩葵田开出黄色花海，一株株向阳而生，精神饱满，远远望去像是一个个笑脸在向你问候，那轻轻拂过的风带着花粉的味道，掠过鼻翼，清香粹甘。

行走在花田里，高高的向日葵株秆坚挺地排出庄严的队伍，像是走进一个唯美的王国，到处都是美丽的花仙子，她们纯朴、素净、清雅、灵动，微微笑着，每一个姿态都能感染你，让你不自觉地荡起笑容。

“沉默的爱”是向日葵的花语，它虽然没有马鞭草那么浪漫，没有百合那么纯净，但它只要撒进土壤，就会站立成一种蓬勃向上的姿态，那高高昂起的花盘和向外舒展的叶片，无论遭遇什么，都能始终向着太阳微笑。

坚毅和执着是它们追寻太阳挺拔生长的态度，万亩葵田把五原县装点成盛世桃园，在带动特色农业发展的同时，实现了乡村旅游特色化转型，吸引了大批游客走进葵田，领略向日葵风采。

从2013年开始，五原县政府在葵花秋收之时，都会举办一场“葵王”评选大赛。既能体现当地老百姓的葵花种植技术，也能通过比赛调动农户们种植葵花的积极性。在内蒙古自治区的五原县河套农耕文化博览苑中，很多农户都带着自家的宝贝来参加这场特殊的“选美”比赛，而这选美的主角就是这五原县的特产——葵花。从五原县各个村镇前来参赛的老百姓，就要比比谁家的葵花能被评上“葵王”。

近年来，五原县向日葵的种植面积逐年增加，成为农民主要经济来源。立足丰富的绿色葵花资源，五原县加强科技研发、加大品种出新，本土培育的向日葵品种占据了主导市场。同时，五原全县已形成较为成熟的葵花籽种植、炒货、流通产业集群，特别是葵花籽的出口贸易已成为自治区乃至全国的特色产业。

科尔沁牛　越来越牛

在内蒙古科尔沁草原腹地北纬42°到45°之间，有一条世界黄金畜牧带，这里的黄牛因主产于科尔沁草原而得名为科尔沁牛，以膘情好、牛龄小、出肉率高、肉质细嫩著称。科尔沁牛是以西门塔尔牛为父本，蒙古牛、三河牛以及蒙古牛的杂种母牛为母本，采用育成杂交方法培育而成，主产于通辽市科尔沁左翼后旗。通辽市依托科尔沁草原和肉牛产业，赢得了“内蒙古粮仓”和“黄牛之乡”的美誉。数据显示，通辽市2017年牛存栏338万头，能繁母牛162万头，年出栏肉牛115万头，牛肉产量22万吨。

依托独特的地理和区位优势，近年来，通辽市不断探索建立肉牛产业发展体系和机制，形成了政府引导、协会组织、龙头带动、基地支撑、科技服务、市场运作的产业发展格局，实现了肉牛产业的转型跨越，让科尔沁牛“越来越牛”。

“肉牛产业已经成为我们通辽经济发展的支柱产业，是实施乡村振兴战略和农牧民脱贫致富达小康的重要项目，2017 年全市农牧民人均纯收入 12 566 元，其中肉牛人均养殖收入 2 300 元，占 20%。”通辽市农牧业局相关负责人介绍。

量质“双驱”，走规模化标准化路子

通辽市科尔沁左翼后旗(以下简称“科左后旗”) 有着悠久的养牛历史，目前当地黄牛存栏已达 80 万头。通过黄牛产业脱贫 1.06 万户，占脱贫户的 72%，黄牛产业已成为贫困群众增收的主渠道。

走进位于努古斯台镇的茫来育肥牛场，还未进院，耳畔便会传来响亮饱满的牛叫声，一个颇具规模的养殖场赫然眼前：宽阔平坦的大院，整齐划一的棚室。“现在场里一年能出栏 500 多头牛，今年这情况差不多能有 80 万的收入。”牛场主尼格木图乐呵呵地说。

科左后旗自 20 世纪 50 年代就开始进行黄牛改良，是中国西门塔尔牛的发源地。1990 年，科左后旗黄牛被内蒙古命名为“科尔沁牛”乳肉兼用品种，2002 年被国家科委和原农业部命名为“中国西门塔尔牛——草原类型群”乳肉兼用品种，具有生长期短、出肉率高、肉质细嫩等特点，

加之绿色、天然、无污染的生长环境，成就了肉牛产业的发展。

2018年3月23日，可意网“我在草原有头牛”定制牧业项目启动仪式在科左后旗努古斯台镇图古日格嘎查举行，旨在以科尔沁草原独特的牧业资源为依托，以“可意网”电商平台为媒介，探索推广消费者在网上认购黄牛，农牧户代养，网站第三方提供交易、监管平台的新型经营模式，让城镇居民也拥有自己的“定制牧场”。

科左后旗旗委书记刘士海介绍说，“网上定制肉牛产品”模式，让千家万户消费者足不出户就能够分享到草原上绿色有机的牛肉产品，同时也利于丰富科左后旗肉牛产业链环节，帮助科左后旗发展壮大牛产业，带动更多的农牧民赶着“黄牛”奔小康。

多年来，科左后旗紧跟现代牧业发展潮流，在始终坚持壮大黄牛产业、不断进行品种改良的同时逐渐摸索出舍饲养牛、种草养牛、科技养牛等方式，走“规模化、标准化、现代化”的发展道路。全旗养殖十头以上的农牧户有18 733家，百头以上的100多家，大型交易市场2个，2017年交易60万头。

龙头带动，打通肉牛全产业链

位于通辽市的内蒙古科尔沁牛业股份有限公司（以下简称“科尔沁牛业”）是肉牛产业集种业、繁育、屠宰、加工、销售为一体的产业化发展的佼佼者，其“科尔沁”品牌成为“中国驰名商标”，产品远销中东、东南亚等地区，成为北京奥运会、广州亚运会等重大赛事及港澳地区牛肉特供商。

科尔沁牛业“牛”在哪里？“养牛先种草，而且还得种好草。”科尔沁牛业负责人李和说。

近年来，科尔沁牛业率先从源头抓起，从传统种植大田玉米，转变为种植青贮玉米和紫花苜蓿为主的高蛋白饲料作物，并成立了科尔沁农机种植合作社和科尔沁肉牛养殖合作社，农牧民以土地流转入社，农机种植统一管理、产品统一收购，保证饲料安全。目前，共流转土地3万多亩，流转草原2.1万亩，3年内将完成10万亩土地流转，年产青贮饲料

80 万～ 100 万吨，每亩多创收 200 ～ 300 元，惠及 2 000 多农牧户。

“科尔沁牛业经过 20 年的发展，打造了饲料种植、母牛繁育、育肥牛养殖、屠宰加工、牛肉制品生产、线上线下销售为一体的全产业链模式，生产规模达到年屠宰肉牛 30 万头，生产冷鲜、冷冻肉 6 万吨。”李和介绍。

此外，科尔沁牛业还投资 6 000 多万元从国外购置现代化农业机械，土地连片机械化作业使土地贡献率在原有基础上提高 50% 以上。引进以色列耐特菲姆滴灌技术，每块土地配套智能气象站和水分检测仪实现智能控制，利用水肥一体化，将肥料均匀地输送到作物根系，每亩青贮产量由原来的 3 吨提高到 5 吨。

科尔沁牛业的发展只是科尔沁牛全产业链发展的一个缩影。

2017 年，通辽市青贮玉米种植面积 590 万亩，新增优质牧草种植面积 16 万亩，人工草地保有面积达到 102 万亩，完善的饲草料保障体系为肉牛产业发展提供了必要条件。全市实施母牛扩繁“万千百十”示范工程和育肥牛标准化规模化饲养，饲养基础母牛超万头苏木乡镇 43 个，超千头嘎查村 375 个，超百头养殖场 474 个，超十头养殖户 26 567 户；育肥牛企业与育肥牛专业户 13 547 家，另有供港活牛企业 2 家，年供港活牛 2 万头以上。

通辽京缘种牛繁育有限责任公司年产冻精 200 万支以上，供应全国 20 多个省市。全市现有市级良种推广机构 1 个，旗县级 9 个，苏木乡镇级 131 个，肉牛冷配站点 2 419 个，人工授精员 2 642 人，母牛全部实施人工授精，这套完善的良种推广体系在世界上也仅此一处。

品牌引领，每头牛都可追根溯源

走进通辽市科左中旗澳丰公司的养牛基地时，一排排规划整齐的牛舍，一头头健硕的安格斯牛正吃得津津有味。

“现在养牛已经实现了信息化、智能化、自动化、标准化。”公司负责人闫宝山一边介绍，一边掏出手机，屏幕弹出他的养殖基地一间牛舍的情况，画面显示牛儿们正在吃草料。

该公司自 2014 开始实施标准化养殖以来，肉牛出栏速度加快，养殖成本降低，肉牛产品竞争力提升。如今，通辽市的肉牛养殖不仅实现了标准化，还实现了牛肉质量安全追溯系统。

通辽市畜牧兽医研究所所长李良臣介绍，可追溯体系是一种可以追溯到加工、运输、养殖全过程的现代技术体系。“他通过输入产品追溯码、生产批号等产品的基本信息就可以查询到产品的养殖作业、原料运输、基地加工、成品运输各个环节。通过信息追溯可以有效控制养殖、加工生产的安全、可靠性、确保食品安全。”

闫宝山表示，在澳丰公司，从农户家采购的架子牛需要经过 7 ～ 10 天的隔离，确认达到标准、没有疫病之后才能进入育肥牛圈。每一头牛从进入牛圈就开始有全方位的数据登记。进牛口和出牛口是两条通道，每个门都装有电子秤、自动识别电子耳标装置。牛在进育肥牛圈时，会统一把自身重量、收购价格、防疫记录等录入数据库；进栏后，每天的饲料配比、采食量、增重情况都会按时录入。

为切实提高科尔沁牛肉的质量安全水平，打造“科尔沁牛肉”绿色品牌，2014 年，通辽市就开始启动实施肉牛质量安全追溯体系建设工作。制定了《科尔沁肉牛品种要求》等 28 项科尔沁肉牛标准，在全国率先建立了“通辽市肉牛质量安全追溯系统”，该系统覆盖了整个肉牛产业，建立了通辽市肉牛数据库，实现了生产信息化、智能化、现代化管理，实现了活牛和产品质量可追溯，开创了“互联网 + 肉牛”产业新模式，实现活牛和牛肉产品的网上交易，可实时查看企业生产运行情况，现追溯肉牛可达到 10 万头。

盘锦大米　百年结晶

在位于辽河下游、渤海之滨的“湿地之都”辽宁盘锦市，被称为地球之肾的湿地面积达 3 150 平方公里，占全市总面积 80%。良好的生态环境

更是孕育了优质生态的稻米，铸就了中国名牌——“盘锦大米”。

先有盘锦大米后有盘锦城

水稻是我国南方的主要作物，能在盘锦大面积种植，得益于朝鲜人的垦荒。100 多年前，为躲避战乱的朝鲜人迁徙来到盘锦定居，最初就在辽河岸边的盐碱地开垦水田种植水稻，这被盘锦视为当地水稻最早的开发。

1928 年，张学良创办了“营田股份有限公司”，开创了东北地区水稻生产机械化的先河。后因这里出产的大米被张学良指定为宴请高级将领、官员的“帅府专供”而名噪一时。1948 年，盘锦解放后，政府开始了大规模垦荒造田，兴修灌溉网，改良土壤，尤其是以国有农场为单位进行农田开发建设，为盘锦成为国家重要的商品粮基地和盘锦大米的“成名”奠定了坚实的基础。盘锦城就是在盘锦垦区的基础上成立的。

在盘锦水稻种植历史上，独特的“移民文化”促进了稻作文化的发展。不仅是百年前的朝鲜人来此垦荒，20 世纪 60 年代末，大批知识青年从祖国的四面八方来到盘锦，与当地人一同将更多的盐碱地开发成水田。他们参与农村生产建设，以自己的智慧和辛勤推动了盘锦水稻耕种技术的进步。在他们与当地农民的共同努力下，长满蒿草的盐碱地变成了大片的稻田。随着 70 年代末知识青年陆续返回家乡，“盘锦大米好吃”这句话传遍了全国，盘锦大米逐渐开始“名声在外”。

也是从 20 世纪 60 年代开始，盘锦开始不断引进、改良和研制新的水稻品种，先后经历了“农垦 19 号”、“辽盐”、“辽粳”及“辽星”等系列优良品种的交替更迭，但一直将抗性强、米质优作为基础。百年间，盘锦人不断探索创新大米种植、管理方式，顺应水稻自然生长的规律，更对这方水土的地质条件、水盐运动规律有了不断深入的科学认识和实践把握。

如今，全市水稻种植面积已发展到 168 万亩，2017 年产优质水稻 118 多万吨，成为我国著名的优质稻米高产区。

稻蟹共生　绿色发展

历经百年的农耕文化，盘锦人对大米发展的理念也在不断更新。

盘锦被誉为“湿地之都”，受海洋与湿地的共同作用，形成了独特的滨海湿地复合生态环境，对气候、土壤及水质等生态平衡起到很好的调节和改良作用。

篮球运动员杨鸣代言辽宁辽中大米

如何将“盘锦大米”打造为生态品牌？如今，从种植、仓储到加工，盘锦将绿色生产的理念融入其中。

盘锦大米的种植，“蟹田种稻、稻蟹共生”可谓一大特色。传承于20世纪90年代，盘锦人将埝埂种豆、田中种稻和水中养蟹的立体生态种植养殖进行了有机结合。河蟹本身对化学品非常敏感，化肥、农药的使用会使其脱壳，因此养殖河蟹的稻田不能施用农药和除草剂。同时，河蟹又能清除稻田中的杂草，预防水稻病虫害，其粪便还能为水稻提供有机肥料。稻蟹共生形成一条完整的生物链，不仅提高了资源利用率，增加了农民收入，而且生态环境得到改善，为生产优质稻米提供了良好的条件。

配合稻田养蟹工程，盘锦在水稻、河蟹主产区，全面推广高留茬、稻草还田的生态种养方法，大范围推广生物、矿物源农药，减少化学农药使用量，严格禁止使用剧毒、高毒、高残留农药。目前，全市水稻种植面积168万亩，其中无公害、绿色食品、有机农产品认证面积130余万亩，占种植总面积近80%。

为将大米更好地保存储藏，以保障盘锦大米的优秀品质，近年来，盘锦陆续建设了立筒仓、浅圆仓、房式仓、高大平房仓等现代化储粮仓，这些粮仓的共同点为仓壁厚，防潮隔热躲光效果好，使水稻能够达到最佳储存保鲜效果。

目前，盘锦大米企业广泛应用的是低温与准低温、通风以及“双低”或“三低”等绿色生态储粮新技术，可在冬季充分利用自然冷空气，使粮堆长期处于低氧、低温或准低温状态。夏季对温度较高部位采用谷物冷却机局部处理，使大米的平均温度处在18℃以下，局部最高不超过20℃的环境中。这既能抑制虫霉孳生和减少杀虫药剂的使用，还能避免储存环节药物对水稻的二次污染。同时也延缓了水稻的陈化速度，确保了其原有品质和“鲜活度”。而一些大型大米加工企业，还会按照品种和虫霉等因素进行分开储存，有效避免水稻混仓储存对稻米质量的影响，确保稻米的纯度。

近十多年间，盘锦大米企业先后引进了日本佐竹、瑞士布勒等国际先进生产线20多条，其震动清理筛、平面回转筛大大降低了大米中无机质的含量；抛光机去除米糠，免淘洗，减少了大米营养的流失；色选机能准确地筛掉大米中黄粒米、霉变米等异色米以及其他颗粒状杂质，同时也将其中含有的黄曲霉毒素 B1 等霉菌毒素筛除。

绿色生产方式为盘锦大米的品质奠定了基础，消费者的餐桌也多了一份安全保障。

行业有规范　品牌有保障

随着大米品质被广泛认可以及市场的持续扩容，盘锦大米这一品牌的价值也不断攀升。

2002 年盘锦大米成功申请并获得辽宁省第一个国家原产地域保护产品，2003 年被国家质检总局批准为国家地理标志产品，2004 年在国家工商总局成功注册了“盘锦大米”证明商标，2008 年被指定为北京奥运会专用米，2017 年又被农业农村部评为 2017 中国百强农产品区域公用品牌。

作为盘锦大米的原产地，在盘锦粮食行业协会的建议以及与当地政府的共同努力下，盘锦先后被中国粮食行业协会命名为“中国生态稻米之乡”、“中国北方粮食城”。

为规范行业管理，依法使用“盘锦大米”这一地域商标，维护品牌的形象和权益，盘锦市政府自 2002 年向国家质监总局申请批准了 GB/T18824-2002《原产地域产品盘锦大米》强制性国家标准，2008 年申请更改为 GB/T18824-2008《地理标志产品盘锦大米》推荐性国家标准，先后出台《盘锦大米原产地域保护管理办法》、《地理标志产品保护管理办法》、《盘锦大米证明商标管理实施细则》及《盘锦大米品牌整合管理办法》等政策措施。

该系列法规以及办法的出台，不仅有效打击了侵权、假冒伪劣等行为，也推进了“盘锦大米”品牌整合，产业优化升级、做大做强。

为了保证消费者能够吃到真正的盘锦大米，保证盘锦大米“高品位”地位，2013 年 4 月，盘锦市又全面启动稻米质量安全追溯工程，建立了盘锦大米质量安全追溯体系，加强盘锦大米质量安全管理，成为国内首家直接对稻米进行质量追溯的地方政府。

质量安全追溯系统将水稻的种植、收购、储存、加工等环节的信息通过二维码技术记录下来，制成标签，贴在盘锦大米终端产品上，每品一签，数据具有唯一性，不能假冒。消费者可以通过手机扫描标签上的二维码或者通过盘锦大米质量保障公共服务网站等多种方式对所购大米的生产加工信息进行查询，并可通过刮开防伪码查询盘锦大米的真伪，实现了盘锦大米质量“源头可追溯、流向可跟踪、信息可查询、责任可追究、产品可召回”。

盘锦这方水土，历经百年不断地探索与创新，终于凝结出了这颗结晶。如今，盘锦大米已跻身高端餐饮消费市场，还被端上了国宴。

珍品辽参 海中之冠

辽参通常是指辽宁海参，素有“参中之冠”美誉，也是大名鼎鼎“佛跳墙”的主料。作为一种文化符号，辽参已经深入人心。

辽参的历史就是一部活的近代史

按照“辽参”地理标志证明商标使用管理规则规定，“辽参”是经原国家工商行政管理总局商标局注册的地理标志证明商标，用于证明辽参的原产地域和特定品质。辽参的原产地域为辽东半岛，东起丹东市，经大连市、营口市、盘锦市、锦州市，西至葫芦岛市等地，位于东经120° 51′ 至东经124° 22′，北纬38° 43′ 至北纬41° 07′。原产地域所产的海参呈扁平圆筒形、黄瓜状：腹部管足密集，排列成3纵带；背部具圆锥状肉刺，排列成4～6个不规则纵行：体型肥壮，粗细均匀完整，肉质厚实饱满，肉刺坚挺，蛋白质含量高达76.5%，脂肪含量极低，且不含胆固醇。

使用“辽参”地理标志证明商标的产品主要包括三类海参：第一类是盐渍海参，其中包含半干海参；第二类是干海参，是指严格按照原农业部SC/T–3206《干海参》标准生产的淡干或盐干海参，糖干海参属于违规、伪劣产品，不在“辽参”地理标志证明商标保护范围之内；第三类是水发海参，包括单冻海参和即食海参。由于海参胶囊、口服液等保健品改变了海参原形态，不予使用。

野生辽参生长发育缓慢，极耐严寒低温，在冰封上千海里的漫长冬季里尚能存活，自然淘汰率极高。生长的海域地理条件得天独厚，水温、盐度无可替代，自然禀赋超群。

辽参的历史就是一部活的近代史，日俄战争后，日本人统治旅顺口长达45年，于旅顺境内开设帝国医学院，由日本学者研究分析得出结论，当地刺参所含精氨酸高达85%，遂勒令当地渔民寒冬下水采集，晾干后源源不断送至日本皇宫。新中国成立后，旅顺刺参被周恩来总理亲自点名为国宴“海八珍”之首。1972年尼克松访华的“破冰之旅”国宴招待会上即是食用旅顺北海村之刺参。后因其过度采捞，产量逐年减少，故少为外界所知。改革开放后，政府进行了抢救性保护和恢复工作，让辽参得以重见光明走进千家万户，成为市民餐桌上可见的重要食材和补品。

辽参是中医界极为推崇的补品，最珍贵的当属三棱半，开肠破肚时有大量“海参花”，即海参肠卵出现，是重要的心血补品。辽参与小米粥炖补，可在短时间内恢复元气，令伤口愈合，大量临床表明辽参的补血补气功能非常明显。

“辽参之都”的炼成

多年以来，大连辽参保持着每年 20%～30% 的高速增长，养殖规模和市场容量不断壮大，年产值达 200 亿元。全省辽参加工总量 90% 以上在大连，而普兰店区又占大连全市 50% 以上。

2017 年 7 月 1 日，中国食品工业协会授予辽宁大连普兰店区“中国辽参产业之都”称号。这得益于普兰店区委、区政府全力培植壮大辽参产业，得益于普兰店区海参产业链条的不断完善，全力打造绿色、现代、高效的全产业链体系。

普兰店区委书记刘维木说，近年来，普兰店区立足自身的区位优势，不断加大资金技术投入，加大海参品牌创建和参种资源保护力度，凭借天然的地理优势、精良的品种，海参养殖和加工业的规模化、标准化、示范化全面发展以及由此衍生出的特色化海参产业，已形成品牌效应，尤其是本着缺什么补什么的补链原则，不断延长海参产业的发展链条，在育种、育苗、养殖、生产、研发、加工、储运、销售上已经锻造出了完整的全产业链模式，走上特色产业化之路，提升辽参原种基地的品牌影响力。

普兰店区区长申守勃说，产业链的完备与否，是衡量产业发展水平的标尺。在当前的市场竞争中，谁在产业链中占有更大的优势，谁就将在市场竞争中拥有更大的“话语权”。今天，普兰店区将引领海参产业乃至整个水产行业进入全产业链运营创新时代，大大提高海参产业持续盈利能力，提升市场竞争力，有利于海参产业做大做强。

正是归功于全产业链模式，普兰店区带动了海参加工业的产业集聚，成为其他地区无法比拟、名副其实的“海参加工业强区”。

而且，全产业链模式建立后，产业链各环节优化匹配、无缝链接，最大限度地保留了海参的原生态品质，为实现海参“从源头到餐桌”的食品安全提供了可靠保障。

龙头企业扛起辽参守卫者的大旗

普兰店区拥有海域面积360平方公里，围绕着这一片海，各龙头产业竞相争辉，在育苗、养殖、生产、加工、研发、储运及销售等链条上持续发力，在产业规模化、标准化以及高科技化上百花齐放，现已形成了以大连鑫玉龙海洋生物种业科技股份有限公司、大连新玉麟海洋珍品有限公司、大连有德渔业集团有限公司、大连玉兔岛海珍品有限公司、大连水益生海洋生物科技股份有限公司为引领的五大龙头企业。这些骨干企业积极与中国海洋研究院、中国海洋大学、大连海洋大学等知名院校合作，建有酶工程实验室、食品工程研究室、海产品研发中心等研发平台十余个，引领海参产业踏上高科技化发展道路。

其中鑫玉龙公司从2004年成立至今，是普兰店区第一个农业产业化上市公司。现已发展成为总资产10亿元，年产鲜活海刺参50万千克，年产值突破2亿元的综合苗种繁育、海上设施养护、产品精深加工以及科研开发与产品营销一体化海参全产业链企业。海参产品销售从单一的门店销售向多元化的营销方向转变，让辽参品牌销往全国，名扬四海。

鑫玉龙公司凭借强大的资源优势、规范化管理，实现与在刺参研究方面具有权威性并拥有国家级刺参遗传育种中心的大连海洋大学教授团队的合作，共同创建辽参产业创新示范园区，为辽刺参原种基因资源的保护、辽参良种的选育、建立国家级良种场、开展黄渤海海洋及滩涂生态立体化养殖等多个方面提供了技术保障。目前，鑫玉龙公司每年可培育绿色苗种20多万千克，投放后成活率高。2017年7月1日，鑫玉龙公司被中国食品工业协会品牌战略工作委员会授予“中国辽参产业创新发展基地”荣誉称号。

大连玉兔岛海珍品有限公司为保护辽参则采取封海8年的措施，为的是打造“玉兔岛”这一原种野生辽刺参品牌。玉兔岛海参是国内首例自然繁育、自然生长且“零药残”的原种野生辽刺参，产品的含盐量、含水量、含沙量、蛋白质含量等多项指标的检测结果都超出国家特级海参的标准。2016年，玉兔岛海参因为高品质、无公害，被人民大会堂选用。

在这些龙头企业的带动下，当地形成了“龙头企业＋一般企业＋农户”的产业合作发展新模式，仅鑫玉龙一家企业通过海参育苗、产品研发、海洋牧场等项目建设，就带动了十余家企业走绿色生态、立体养殖、优质产品的发展之路，实现统一育种、统一养殖标准、统一市场销售，使整个地区的海参产业得到全面整合，从而保证产品质量，保护辽参产业的健康发展。

北镇葡萄扛起“特优区”大旗

300多年的栽培历史、21万亩的面积、36万吨的年产量、18万吨的鲜储能力……在医巫闾山脚下，一条纵贯南北52公里的葡萄经济带已经形成。凭借优越的自然条件、科学的产业规划、有力的科技支撑和品牌发展战略，辽宁北镇市奏响了打造我国第一个“葡萄特优区”的最强音。

北镇山下出名果

北镇是我国北方葡萄种植起步较早的县区之一，已有300多年栽培历史。独特的气候环境为葡萄栽培提供了优越的自然条件。北镇市隶属于辽宁省锦州市，位于辽宁西部，医巫闾山东麓，属北温带半干旱季风大陆性气候。

医巫闾山，今称闾山，地处锦州市境内，为国家级自然保护区。医巫闾山历史悠久。相传舜时把全国分为十二州，每州各封一座山作为一州之镇，闾山被封为北方幽州的镇山。周时封闾山为五岳五镇之一。北镇也因医巫闾山为北方镇山而得名。元、明、清帝王登基时，都照例到山下北镇庙遥祭此山，故其声名日隆，一跃而为东北名山之首。

医巫闾山南北长约45公里，东西宽12.5公里，最高海拔866.6米，大小山头940多个，有效阻挡了冬季冷风的侵袭，形成了一个得天独厚的小气候。冬寒而长，夏热而短，四季分明，年平均气温8.4℃，≥10℃有效积温3 408.3℃，年日照时数为2 871小时，无霜期164天，最长达172天，果实成熟季节昼夜温差大，达12.9℃，有利于葡萄着色和含糖量增加。北镇区域内无工矿企业，土质通透性好，矿质微量元素含量高，为葡萄生长提供了有利的土地环境。

目前，全市葡萄早、中、晚熟品种齐全，主要品种有巨峰、辽峰、香悦、巨玫瑰、醉金香、阳光玫瑰、绿宝等20多个，鲜食、酿酒、榨汁各类品种特色鲜明。

鲜食鲜贮冠全国

北镇市委、市政府始终把葡萄产业作为农业的主导产业。市政府专门成立了葡萄产业发展领导小组，成立了葡萄学会，强化工作领导和业务指导。

2012年，北镇市委、市政府特聘请国内权威的葡萄产业研究机构——天津葡萄研究中心，为北镇精心编制了《北镇市2013—2022年葡萄发展规划》，确定了发展方向、总体目标、区域布局、重点项目和保障措施，明确了“一带、两区、十二个重点项目”，为北镇葡萄产业的发展奠定了坚实的基础。

2013年，北镇葡萄通过了国家地理标识登记。2018年，北镇入围首批中国特色农产品优势区。作为全国首家葡萄“特色农产品特优区”，北镇把推动特优区建设与现代农业示范区建设相结合，同时在贯穿北镇南北的旅游带上，大力发展葡萄观光园、采摘园，使农业与旅游、农业与文化、农业与技术有机结合起来。

目前，北镇市已形成纵贯医巫闾山脚下南北52公里的葡萄经济带，种植面积21万亩，产量36万吨，总产值20亿元，成为东北最大的葡萄生产基地、全国最大的鲜食葡萄生产基地。

全市现建有大小恒温冷库4 700多座，储藏保鲜能力18万吨以上，销售辐射全国近30个省份，成为全国最大的葡萄贮藏保鲜基地。北镇着力打造了大市、常兴两大葡萄冷链市场，成为集葡萄鲜储、包装、销售及相关配套产业的大型物流中心，两大市场年销售能力达20万吨以上。

同时，北镇坚持鲜食和加工并重，大力发展精深加工，构建完整产业链条，使从事果酒、果汁生产的企业得到迅速发展，年加工能力达到5万吨，极大地提高了产后效益。

目前，北镇葡萄产业从育苗、用药、施肥、下架，到果品包装、鲜储、运输、加工以至销售，每个环节都有专业人员和专门的企业负责管理和生产，形成了完整的产业链条。

狠抓质量树品牌

通过严格执行高标准绿色生产技术，加大科技支撑力度，在品种优化、品质提升、品牌创建上下功夫，北镇正在形成品种优良、产品优质、品牌优秀的有利格局，叫响了独具特色的葡萄品牌。

2016年，北镇市成立农产品质量监管局，研发建设投入品监管平台，建成辽宁省第一个县级高标准农产品检测中心，将全市农资经营单位、重点农事企业、生产基地、专业合作经济组织纳入网络监管，构建“从田间到舌尖”的全程质量安全控制体系，确保葡萄产品绿色无公害，实现了葡萄质量安全可追溯和产业提质增效。

北镇市还与国内多家大中院校、科研单位建立技术合作关系，积极引进新品种、新技术。制定了葡萄标准化生产操作规程，实行标准化、规范化管理，重点推广控产、套袋、病虫害统防统治、水肥一体化管理、机械化作业等一系列优质栽培管理技术。探索改进了葡萄鲜储技术，使贮藏保鲜技术从土窖土法保鲜发展到机械恒温贮藏，贮藏保鲜期从60～90天延长至120～210天，损耗率由过去的25%～30%下降到目前的3%以下，并且保证了贮后产品完美如初。在大力推广设施葡萄栽培后，全市设施葡萄面积达1万多亩，品种以着色香为主，亩产量2 000～3 000千克，单价每千克20～30元，果实成熟期为每年4月初至7月末，填补了这一时段东北无鲜食葡萄上市的空白。

北镇市常兴鸿远葡萄生产专业合作社建设的新型智能化温室示范区、高科技避雨栽培技术示范区、露地优质葡萄栽培示范区、检测物流商务功能区、葡萄文化观赏区、休闲体验区六大区域，更是代表着全省乃至我国北方葡萄栽培管理的最高水平。

目前，北镇全市有20万亩巨峰葡萄通过国家和辽宁省绿色无公害食品认证，其中5万亩葡萄通过国家绿色食品中心认证。以“闾山常兴”、“常兴青岩”和“华惠幽香”为代表的北镇绿色葡萄品牌已经打入北京、上海等地的大型超市，并远销港澳和东南亚地区。常兴鸿远合作社生产的“闾山常兴”巨峰葡萄先后荣获第十三届、第十四届中国国际农产品交易会参展农产品金奖。在2017年第十五届中国国际农产品交易会上，“北镇葡萄”被授予“2017中国百强农产品区域公用品牌”称号。2018年，以北镇葡萄品牌为主，北镇市被评为首批中国特色农产品优势区。

芳香四溢南果梨

在世界梨果中，鞍山南果梨是难得的珍稀品种，在我国，南果梨与新疆库尔勒香梨、山西贡梨及原产于日本的水晶梨，并称为梨中珍品，它凭

借自身鲜艳的色泽、细腻的果肉、多汁的口感和沁人的香气，成为有着“梨中之王”美誉的梨果。

属秋子梨品种的鞍山南果梨，每年9月成熟，农户将之采摘下来，经过一两周的贮存，这些果实就会显露出真正的面貌，染上金黄色的光辉，带上浓郁的香味和咬一口就令人难以忘怀的香甜浆汁。从古至今，但凡优质之物必会有不少传说，关于南果梨世上也有众多版本的故事，且各个都颇具传奇色彩。

南果梨的传奇

相传唐朝大将薛仁贵率军远征高句丽，在古道关外扎营，古道关易守难攻，大军与敌方交战数月久攻不下。在军中粮草几近耗竭之时，薛将军于梦中得到神兽朱雀的指引，叫他到沟壑间寻百果仙子遗落在人间的仙果以解危局。醒来后，薛仁贵四处搜寻，被石门沟口飘来的异香吸引，找到了一树树黄金硕果。他命士兵采来食之，果然不只饱腹，更令人神清气爽、斗志昂扬。

最后，将士们凭借高涨的士气大胜高句丽。班师回朝后，薛将军祭拜仙果树，且因感念朱雀相助，以其“神祇南离”为名，奉此树之果为“南果梨”。南果梨的传说或多或少都离不开鸟，另有一个流传甚广的故事，主角不再是朱雀而成了大雁。在一两百年前，鞍山常有大雁南回在千山地区落脚，某天，一只紫褐色大雁从南面飞来，将一颗从那边叼回的梨籽吐在了石门沟的向阳坡上，这过程刚巧被采野果的老汉看见。梨籽落地即生根，很快长成一株新树，不久便结了果实。果实味美，深得百姓喜爱，再加上老汉“梨籽来自南方”的说辞，百姓们便将这梨取名为“南果梨”。

其实，南果梨是实实在在生于北方产于北方的自然杂交实生苗木。据《南果梨祖树碑志》记载，其祖树长于辽宁鞍山市大孤山镇上对桩石村石门沟北坡，是本村老人高永庆在清光绪二十年仲秋某日，因突闻异香而找到的。老人将梨树的果实赠予宾客品尝，大家均称赞有加，后因此果具南方诸果之长，遂名为南果，又因其产于鞍山，也有鞍果之称。到如今，据《中国果树志·第三卷》中记载，南果梨的母株仍生长于此，它是唯一具有南果梨物种原始特征的果树，也是证明南果梨发展物种的活化石。

独特的生态系统

南果梨生长条件极为苛刻，其对气候、土壤、光照、纬度等有诸多要求。而鞍山地处中纬度松辽平原的东南部边缘，因北温带大陆性气候而四季分明，春暖秋爽、夏热冬寒，雨热同期、干冷同季，十分有助于南果梨的生长发育。7 月至 9 月，鞍山地区日平均最高气温在 25.5～30.9℃，是北方落叶果树最适宜的生长温度。此阶段降雨集中，空气湿度较大，相对减少蒸腾消耗，土壤内充足的水分足以满足根系对水的需求；且光照充足，有利于提高光合温度与质量。

更为难得的是，鞍山地区的土壤与水质也极优质。鞍山市地貌东南高西北低，在低山丘陵地带土壤种类主要由棕壤性土、棕壤土和潮棕壤土等比较适合灌木类生长的土壤组成，有机质含量丰实，达到 1.28%～11.60%，全氮含量 0.068%～0.60%，全磷含量 0.0153%～0.36%，全钾含量 1.050%～3.832%，pH6～7，完全是优质南果梨生产所需的特殊土壤条件。并且，鞍山地区地下水以山地、丘陵基岩裂隙水和平原孔隙水为主，富含钾、镁、氢、钠等多种微量元素和对人体有益的矿物质，水质较好，也极适宜南果梨灌溉。

首批农业文化遗产

从清朝到现在，鞍山南果梨的栽培历史已有150余年。百余年的生产栽培经验结合无性繁育技术，使鞍山南果梨栽培面积逐步扩大，如今已达43.2万亩，总产量也达到20万吨。2005年5月鞍山南果梨被标为地理标志产品，2012年5月“辽宁鞍山南果梨栽培系统”则被正式列入首批中国重要农业文化遗产，且名列第三。

同时，经历过每一次规模发展和技术飞跃的鞍山南果梨，给喜爱它依靠它生活的人们带去了宝贵的精神财富，留下了丰厚的文化内涵。其中，南果梨祖树就有着相当浓厚的人文色彩。它的枝干如同图腾，插入土壤，直立于天地，这么多年仍然生长着，似乎有超自然的神灵在守护。而在中秋时节“赏美酒、品梨香、饮美酒”，亦已成为鞍山地区一道风景。鞍山南果梨，用它的芳香在传说中吸引着众人，也在现实世界中，寄托千万游子的思乡情。

◎相关链接

南果梨的食用

要掌握南果梨的3个时期：绿色、黄色、红色和4个状态：硬、脆、软、爽。

刚采摘下来的南果梨大多为绿色，表皮发硬，口感酸涩，香气不明显，不宜多食；将之放置包装盒中存放一周左右，颜色由绿变黄，口感变得甜脆，逐渐有香气溢出，可适量食用；再存放一周以后，颜色鲜红，果汁较多，口感爽滑细腻，香气更加浓郁，是食用的最佳时期。

选购南果梨三要点

一看外观：南果梨应外形光亮，毛孔细小，没有锈斑；颜色半黄半红或通体粉红；果型周正，果梗粗短；萼片残存，间或脱落；手指按压较柔软。

二闻味道：成熟的南果梨，能够散发出浓浓的香气，沁人心脾。

三试口感：肉质绵软，易溶于口，十分甜滑，香溢满口。

梅河大米 “不回生”的东北米

“梅河大米”产自吉林省长白山脚下梅河口市，其米粒晶莹如玉，米饭清香宜人，软硬适口，因特有的“冷饭不回生”深受消费者欢迎。

从一个农户到一个产业

作为国家地理标志农产品，梅河大米的发展历史要追溯到清光绪年间。据《梅河口市志》记载，水稻种植始于光绪二十一年(1895年)，倒木沟有一孙姓朝鲜族农民，利用山间溪水开荒种水田。往后，虽不断有人种植，但发展很慢。民国七年(1918年)4月17日，奉天省发布命令，提倡种植水稻，当时海龙县(梅河口市原名为海龙县)农会会长王昌年编著《水稻利益浅说》劝种水稻。此后，种水稻地区由倒木沟、四马沟发展到十四处。由于水源、土质条件好，柳河县三源浦不少农民逐渐向海龙各地转居，使水稻的种植由山区发展到平原。民国十一年(1922年)，朝鲜族农民郑永宽等60户集资在一统河上修筑拦河坝引水灌溉，使水稻生产进入一个新的历史时期。民国十九年(1930年)，全县水稻种植面积2 910公顷，单位面积产量122千克；1949年，水田种植面积为4 016公顷，单位面积产量166千克。1985年发展到3.5万公顷，平均亩产达454千克。

在长期不断发展过程中，梅河口市广大农民积累了丰富的种稻经验，形成了具有区域特色的水稻栽培模式，先后发明了“草绳种稻”、“三早栽培”、“旱育苗”和“双稀栽培”等先进栽培技术，且水稻栽培在中国北方稻作区一直处于领先地位。梅河口市先后获得国家级商品粮基地县(市)、吉林省水稻主产区等称号。

1995年，经中国绿色食品发展中心批准，“梅河牌”梅河大米取得了绿色食品标志使用权。近年来，“梅河牌”、“梅雪牌”、“胜胜牌”梅河大米频频在国内、国际大型农博会上获奖，先后获得了消费者最满意产品、博览会金奖、吉林名牌、中国名牌等众多殊荣。2017年，梅河大米取得了全国百强农产品区域公用品牌称号。

从原料种植到精深加工

2002年，梅河口市就已开展标准化种植，2005年被批准为国家级绿优水稻标准化示范区，先后制定了《绿优水稻生产工艺规程》、《绿优水稻机械化栽培技术规程》等地方标准。为提高梅河大米质量，近年来，当地采取鸭稻共生立体种养模式，利用鸭子除草、吃虫，不用喷洒农药和化肥，同时鸭群的田间活动有助于植物对土壤营养的吸收。

同时，在大米标准化种植基础上，梅河口市开展大米加工产业，几户大型水稻加工企业普遍采用了世界先进的大米加工设备，均为全自动、全封闭、无尘操作，湿润抛光，真空包装，具有质量上乘的设备保障，开展大米精深加工。

“兴达米业”是梅河大米生产龙头企业之一。这家起步于东北野战军军粮加工厂的粮食企业，经过60多年的发展，如今已经拥有国际先进的大米生产线、铁路专用线、标准储粮仓和恒温储存库等设施，还拥有8 000亩优质水稻生产基地，吸引农民加入生产合作社进行生态种植，实现了产销一体的社会生态产业链，产品远销海内外。

从传统销售到私人订制

为了让消费者更广泛、更直接地了解梅河大米，梅河大米早在2014年便开始在淘宝网的吉林大米馆上销售，开售仅两天就售出2 572件，近 13 吨。梅河大米走上淘宝网舞台，开启了提升吉林大米品牌的新时代。

李珊珊原是深圳华为电子有限公司的一名工作人员，2014 年，她辞去了在深圳的高薪工作，毅然回到家乡，借助电商平台，销售家乡的梅河大米。3 个月的时间，她累计销售精包装大米 3 000 多千克。2018 年，梅河口市积极为农户搭建平台，推出“吉田私人订制”营销模式。曙光农业生产专业合作社的 500 多亩稻田还没收割，就已被一些外地客商抢购一空。

如今，梅河大米通过线上线下渠道开拓大米市场，影响力不断扩大。以梅河牌、梅雪牌、胜胜牌为主的梅河大米畅销北京、上海、广州、深圳、昆明、石家庄等国内 30 多个大中城市，同时销往日本、新加坡、韩国、俄罗斯等十几个国家和地区。

榆树大米　白金名片

丰腴的黑土地，松嫩平原核心区，松花江、拉林河环抱，数不清的河溪泡沼蛛网般密布；日照时间长，昼夜温差大，雨温同季……连续 14 年稳居全国粮食产量第一县的吉林省榆树市，大米好吃闻名遐迩。

榆树位于北纬 44° 30′ ～45° 15′ 的世界黄金水稻种植区，是吉林省产粮大市，也是全国产粮基地，粮食总产量占长春的 1/3，吉林省的 1/10，全国的 1/180。

榆树市农业资源丰富，作为东北粳稻的重要产地，素有“粮豆之乡”“松辽平原第一仓”的美誉。据了解，榆树种稻历史起源于 1830 年，清朝时期为皇室贡米产区。经多年的不断改革，栽培品种最终由稀有品种、优质品种发展到市场流通品种，栽培方式由粗放式发展到规模化、无公害、绿色、有机的栽培模式。

著名演员闫学晶代言吉林大米

榆树大米是榆树市响当当的名片之一。那么，榆树大米缘何成为“白金名片”？作为长春大米的主产区，榆树市在自然资源、品种研发、粮食加工等方面都具备优势。

首先，榆树地处松嫩平原腹地，是东南暖湿气流与西伯利亚寒流的交汇处，昼夜温差大，而昼夜温差大于15℃时有利于干物质的积累，因此独特的气候为榆树水稻生长提供了优越条件；其次，水稻属于长日照作物，榆树年日照2 800小时，水稻的生长关键季节日照每天可达10小时，满足了优质水稻对光照的需求，使稻米中速溶的双链糖积累较多；再次，榆树境内土质肥沃，有黑土、草炭土、沙壤土等，土壤pH6～7，含有机质3%～5%，土壤结构好且透气性强，氧气充分，进入水稻中的养分非常多；最后，水稻种植所采用的灌溉水，源于大面积原始森林，由千万个山泉汇成的松花江、拉林河、卡岔河三大水系，水质甘甜且无任何生活、工业污染，是名副其实的矿泉水种稻。

近年来，榆树全力发展绿色农业、现代农业，认定绿色有机无公害农产品基地130万亩、产品数量48个、“三品一标”企业27家，认证“榆树大米”地理标志商标产品105万亩。榆树市以“三品一标”产地认证为基础，以龙头企业和专业合作社为载体，实行统一品种、统一种植、统一管理、统一收购，水稻种植实现了规模化、标准化、生态化，使水稻的质量安全从种到收都得到保障。围绕优质品种、机械化种植、品牌宣传三个关键环节，全力打造“榆树大米”品牌。

在榆树市大坡镇吉富有机水稻示范园区的吉福米业加工厂内，一垛垛包装成袋的大米正准备运往南方。米业老板称，榆树大米一直畅销，近几年，政府引导绿色种植、加强品牌建设，进一步提高了大米的质量，提升了大米的品牌知名度，形成了质量好、价格优的良性循环。

吉林省奇香飘米业有限公司经过水稻研究人员数年努力，现已培育出榆树七号、吉粳 88 等适宜榆树当地的优质水稻品种。该水稻品种抗性强、产量大、米粒晶莹剔透、外观整体、饭味香甜、胶黏度在 70 左右，软滑适口、饭冷不回生。

榆树人像培育自己的孩子一样种植水稻，生产出“好吃、营养、更安全”的榆树大米，向广大消费者“供奉”这种口感美妙、晶莹如玉的榆树大米，同时向各地传递着榆树绵长的文化、闪亮的精神和高贵的品质。

榆树市坤泰农产品有限公司种植并生产的“乾蕴”牌榆树大米连续 3 年通过国际权威检测机构——通标标准服务有限公司（SGS）的 302 项指标检测及重金属检测，无任何农药、化肥等残留，是榆树大米的标志品牌。

榆树市坤泰农产品有限公司是榆树市大米协会会员企业，经榆树市稻米产业协会批准授权使用榆树大米地理标识。“乾蕴”大米外观好，米粒丰盈，晶莹剔透，蒸煮时饭香浓郁，米饭口感好，清淡略甜，绵软爽口，可谓色香味俱佳，是吉林大米中的极品，因其无任何农药化肥残留的安全特质，更是榆树大米的典范。2017 年被评为神农杯长春优质农产品。

如今，随着哈长城市群战略的全面实施，榆树市作为哈长城市群核心区县级第一人口大市，综合实力持续提升、现代农业快速发展、城乡面貌焕然一新、人民生活显著改善。尤其是在农产品品牌打造上，榆树市开展了“榆树大米”品牌建设。

2017年8月份，国家粮食局、财政部印发《关于“优质粮食工程”实施方案的通知》，根据国家粮食局、吉林省粮食局总体部署和要求，集中打造吉林粮食的“三张名片”，即玉米“黄金名片”、大米“白金名片”、杂粮杂豆“健康名片”，通过标准引领、质量测评、品牌培育、健康宣传和试点示范，推进优质粮油流通体系建设，培育优质粮油产品及品牌。

以此为契机，紧抓品牌机遇，榆树市为引导农民调整优化种植结构，提高绿色优质粮食产品的供给水平，满足城乡居民消费升级需求，加快实现粮食供给从解决“吃得饱”到“吃得好”的转变，满足更多国人“吃出健康米”的需求，结合粮食流通工作实际，制定了榆树市“中国好粮油”行动计划实施方案。

据了解，榆树市计划利用3年时间，完成吉林省“中国好粮油”行动计划下达的“榆树大米”品牌各项建设任务。通过实施“中国好粮油”行动计划，使“榆树大米”品牌建设上升到国家名优大米品牌建设行列。

在品牌进展上，榆树市相关部门建设了“榆树大米”原料基地，申请“榆树大米”国家级地域标识，把“榆树大米”宣传、推介上升到榆树农业经济发展的战略高度。紧接着，设立直销店、利用电商平台、参加展会推介，“榆树大米”正销售到全国各地。榆树大米的“白金品牌”正在全国打响。

双阳梅花鹿　成就鹿中之最

“要想富，就养鹿；一万元，不算富；十万元，一小步；真正富，七位数……”这是20世纪90年代，吉林长春市双阳民间广为流传的顺口溜。1990年，双阳梅花鹿育种项目荣获国家科技进步一等奖，1995年，双阳

被国务院命名为唯一的“中国梅花鹿之乡”。双阳区是全国最大的梅花鹿养殖基地，也是最大的鹿产品生产基地和产销集散地。

鹿乡由来

双阳养鹿历史悠久，距今已有 300 多年。据史料记载，早在清康熙年间，鹿已被作为重要贡品向朝廷交纳，而双阳把梅花鹿作为贡品敬献给朝廷是在清乾隆年间，把梅花鹿进行人工饲养始于 1725 年左右的清雍正初期。

当时在双阳区鹿乡镇盘古屯，有河北保定王姓打牲人迁居到此。常见三三两两的野鹿出没在神鹿川，便在神鹿川附近挖陷阱，搭上木架，盖上树枝野草。野鹿踏上陷阱，四腿悬空。捕获后将其带回家，放于栅栏内，圈养驯化，经数年繁衍，形成鹿群。此后，相继又迁来数户。这原本无名的山谷小屯得名“盘古屯”。“盘古屯”为满语音，译成汉语即“养鹿的地方”。

鹿乡镇位于双阳区西部，辖区面积 273.2 平方公里，近 5 万人口，由汉族、满族、回族、朝鲜族等多民族构成。鹿乡镇因鹿而得名，鹿文化底蕴深厚，被誉为“中国梅花鹿之乡第一乡”。

位于鹿乡镇的鹿茸早市已有上百年历史，这里是全国著名的梅花鹿产品集散中心，也是全国鹿业市场的“晴雨表”。街头两旁有几百家鹿产品经营店，每天早上5点左右，市场上就人头攒动，很多养殖户带着鹿茸来市场交易，来自全国各地的鹿产品采购商、经销商云集于此，采购鹿产品。

双阳鹿业发展大致分三个阶段：一是原始发展阶段(1725—1949年)。当时靠人工围追、饲养引诱等方法抓捕野鹿。据史志记载，1927年双阳鹿存栏有307只，新中国成立前达500只左右。二是传统发展阶段(1949—1978年)。新中国成立后当地政府及农民没收地主财产，其中也包括梅花鹿。1949年在双阳县长岭陈家屯建起第一家国营鹿场，养鹿60只。1959年建起第二家国营鹿场。1962年建起第三家鹿场。梅花鹿由1949年的60只猛增到1962年的2 717只。1969年以后陆续建起了第四鹿场和第五鹿场。到1992年，全县鹿存栏已经达到40 000只，其中国营鹿场存栏7 410只。三是现代发展阶段(1978年至今)。党的十一届三中全会后，农村实行家庭联产承包制，当时的县政府制定政策，鼓励广大农民大力发展养鹿业，全县掀起养鹿高潮。

1989年，当时的双阳县委、县政府提出以国营鹿场为依托，以农户养鹿为主体，积极发展养鹿业，大力加强养鹿基地建设。双阳养鹿业迅速发展，鹿存栏数每年增长20%，个体养鹿户遍布双阳县各个乡镇。同年，双阳县养鹿15 742只。个体养鹿户增至千户，养鹿达9 442只，占双阳县鹿存栏数的59.9%。其中，鹿乡镇养鹿达12 500只。鹿乡镇鹿乡村有90%的农户从事养鹿业，养鹿使这个村人均收入达到3 500元，成为吉林省闻名的富裕村。

到了1994年，双阳县委、县政府为了加强个体养鹿的管理和服务，组建双阳县鹿业开发总公司，出台一系列扶持政策，对购鹿贷款、鹿圈用地以及税收等诸多方面提供方便，支持个体养鹿业的发展。

1995年，双阳被国务院命名为唯一的“中国梅花鹿之乡”。1995年，国务院批准双阳撤县设区。目前，双阳区梅花鹿数量达到24万只，养鹿户1.2万余户，年产鹿茸约200吨。

得天独厚

经过多年发展和不断努力，双阳区在鹿只存栏、鹿茸产量、鹿茸优质品率、出口创汇额等多方面占全国各县（区）之首。

目前，双阳区梅花鹿副产品加工企业50余家，其中规模较大的8家，形成了较为完整的梅花鹿市场营销体系。双阳区各类鹿产品经销网店及企业已达320家，从事鹿业人员近10万人，年交易鹿副产品达5 000吨，年销售额超18亿元，鹿业年产值达22亿元。

2017年，双阳梅花鹿又被第十五届中国国际农产品交易会组委会评为“中国百强农产品区域公用品牌”。鹿业逐渐成为双阳区名副其实的特色经济主导产业，鹿业经济已经成为双阳经济发展的重要组成部分。

双阳区发展梅花鹿产业具有得天独厚的优势。

一是资源优势。双阳梅花鹿是世界首个人工培育的鹿科动物定型品种。目前，双阳梅花鹿存栏量占全国的30%、全省的50%左右。全区鲜鹿茸年产量占全国的25%左右，梅花鹿副产品年产量约占全国的12%。丰富的梅花鹿资源为发展梅花鹿产业提供了坚实基础。

二是品牌优势。双阳梅花鹿以鹿茸优质高产、遗传性稳定、繁殖成活率高等特点，最早荣获全国梅花鹿地理标志证明商标，被评为最具影响力的农产品区域公用品牌之一。双阳梅花鹿品牌获得吉林省著名商标称号，“韩坤牌”鹿茸被评为吉林省名牌。东鳌鹿业、修正药业、长双鹿业、鹤年堂药业等龙头企业，研制出梅花鹿基因营养液、骨生长因子营养液、多肽类基因工程药品、保健品等系列高新产品，市场辐射上海、广东、香港、澳门、台湾以及韩国、日本、东南亚等地区和国家。

三是研发优势。双阳梅花鹿鹿茸、鹿血等鹿副产品的养生、医疗、保健价值已被广泛认可，对增强免疫功能、促进新陈代谢、延缓衰老都有着明显功效。双阳区围绕鹿产品开发应用，先后与韩国建国大学鹿茸研究中心、吉林大学药学院、中国农业科学院等国内外科研院所建立了合作交流关系，共同开展鹿产品研发。目前，区内已有梅花鹿基因工程研究所、东鳌鹿业中韩研究院、虹桥鹿业鹿产品开发中心等科研机构。双阳区梅花鹿科研专家韩坤的梅花鹿育种科研成果填补了世界鹿科动物定型品种的空白，荣获国家科技进步一等奖。

长白精灵一棵参

世界上的人参可分为“四大家族”：产自中国的长白山人参，产自朝鲜、韩国的高丽人参，产自美国、加拿大的西洋参以及产自日本的东洋参。中国是世界上最早发现、应用并用文字记载人参的国家，人参文化底蕴深厚、源远流长。

三千多年前，便有了人类采挖野山参的活动，之后，人参逐渐被列为朝廷贡品。唐代以后长白山人参便成为向中原进贡的珍品。至明清时期，东北人参已经取代了上党人参。据史书记载，明万历年间仅建州女真烂掉的人参达十余万斤之多，可见彼时东北长白山人参资源极其丰富。

“世界人参看中国，中国人参看吉林”

现代著名生药学家、本草学家赵燏黄撰著的《中国新本草图志》记载：今日之人参，大抵产于东三省之东部，而以长白山为其主脉，故称长白山人参，也称东北人参。长白山系，可分五大支：一支沿乌苏里江之西；一支环吉林省永吉县东北；一支亘于永吉之南；一支迤南入于朝鲜北境；一支再

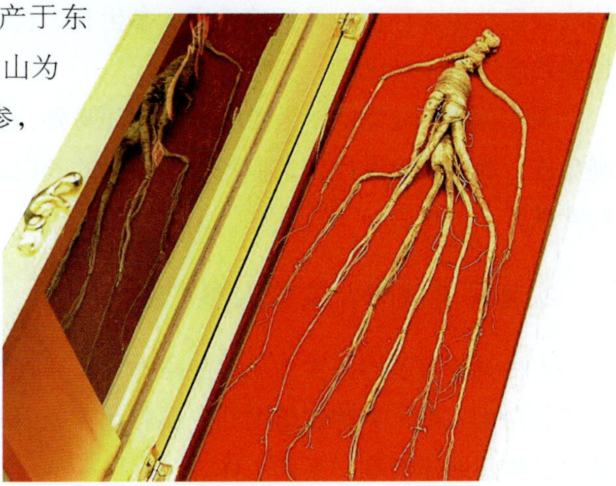

入辽东半岛。辽宁、吉林省中，长白山所过之处颇多。其中以吉林省所产人参最为著名，占我国人参出产量的 80% 左右，占世界人参出产量的 70% 左右。所以有“世界人参看中国，中国人参看吉林”之说。

我国长白山人参主要分布于长白山山脉延伸的北纬 38°～45° 区域，南起辽宁宽甸，北至黑龙江伊春，其中心产区为吉林省的抚松、长白、靖宇、集安、敦化、安图等县（市）。我国的长白山地带及其三江（松花江、图们江和鸭绿江）河（新开河）流域是优质人参的优势产区，吉林长白山人参的栽培面积、单产、总产量均居世界首位。

素有“天下第一参”美誉的长白山人参，是驰名中外的滋补养生珍品，被世人尊为“百草之王”。

长白山人参对生长环境的选择非常苛刻，往大了说，生长地的温度、湿度和纬度因素缺一不可。东北地区西部有大兴安岭，但人参很少，主要就是因为湿度不够；长白山人参分布在北纬 38° 到北纬 45° 之间，海拔 400 米左右，坡度小于 50°。往小了说，长白山人参属于阴性植物，需要阳光却怕强光。伴生乔木以椴树、柞树最佳；中间需要灌木再次遮荫，下面需要草本藤本伴生，如此方能长出优质的长白山人参。另外，长白山人参对土质的要求也非常高，上层为腐殖土，中层为沙土，底层为含石黏土，土壤呈微酸性。满足以上的条件，才能长出优质的长白山人参。最普通的长白山人参都要长到六年才出货，由此可见长白山人参之珍稀。独特的冷湿自然生态环境，最适宜优质人参生长，长白山区也毫无争议的成为世界优质人参主产区。

现代医学研究证明，人参除能滋补强身外，在预防肿瘤、抗衰老及提高免疫力等方面均有疗效，作为人参珍品的长白山人参也越来越受到人们的青睐。

实施品牌战略，发展人参产业

吉林省政府坚持把实施品牌战略作为发展人参产业的重要抓手，开展了“长白山人参”品牌宣传推介、品牌运营能力提升、品牌企业及产品筛选、品牌基地建设等一系列工作。

明确品牌管理方案。一是成立了“长白山人参”品牌管理委员会，负责品牌产品筛选和品牌管理；二是研究制定了“长白山人参”品牌及产品管理实施细则；三是确定了品牌企业、品牌原料来源、品牌产品认证等标准，明确了品牌建设实施步骤；四是确立了品牌特许运营商，2012 年，将吉林省长白山人参有限公司确定为“长白山人参”品牌特许运营商，承担品牌建设工作。

开展品牌运营工作。为了防止品牌被抢注，启动知识产权保护，申请注册了马德里联盟 82 个成员和 10 个特定国的“长白山人参”国际商标。树立品牌形象，完成了中国“驰名商标”、吉林省“著名商标”和长春市“知名商标”的认定。“长白山人参”品牌管理委员会按照品牌发展的实际情况，加强品牌企业认证管理，根据每年对参土和人参原料的检测结果，从中筛选确定品牌原料生产基地和认证品牌产品。运行过程中，对土壤及原料进行定期抽检，实行动态管理。

增强品牌运营能力。一是拓展了“长白山人参”品牌产品销售渠道。按照统一店面形象、统一包装设计、统一经营理念的思路，在省内外征集“长白山人参”品牌加盟商。二是推进品牌产品统一包装。目前已经设计生产出模压红参、人参片、人参皂、人参茶、人参挂面、人参米等“长白山人参”品牌产品，采取多种形式推介给消费者。三是加快“互联网 + 品牌”建设进程。申请设立了“长白山人参”官网，并在淘宝、京东、天猫等电子商务营销网站上开设网店。

全产业链发力，加强质量监管

建设专属生产基地。为了确保“长白山人参”品牌生产企业的优质人参原料供应，吉林省从源头做起，狠抓人参原料生产基地建设。截至 2016 年末，持续建立了 6 个人参良种繁育基地，每年生产良种 5 万千克，保证播种面积 250 万平方米，占吉林省人参新增播种面积的 25% 以上；累计建立了 100 个“长白山人参”品牌产品原料生产示范基地，每年为品牌产品生产企业提供优质人参 300 万千克，可满足全部品牌企业生产用料；建立了 10 个非林地人参种植示范基地，为实现吉林省由伐林种参向非林地种参平稳过渡做好必要准备。

加强质量管控。从 2010 年开始，每年坚持按照不同地区、不同土壤类型、不同栽培模式，重点对拟种植人参地块和待作货地块进行土壤营养成分、农药残留、重金属含量土壤检测，年检测样本 3 000 个，约占每年新增参地面积的 30%；从 2012 年开始，对当年认证的“长白山人参”品牌原料生产基地全部进行检测。将以上检测结果作为下年度参业用地指标和专项资金分配的重要参考依据。同时，筛选出高效低残留农药 47 种，改写了人参种植用药不合法的历史。组织制修订人参国际标准 1 项、国家标准 10 项、地方标准 46 项。

启动产品质量追溯体系建设。组织成立了以抚松县参王植保有限公司为核心的长白山人参种植联盟，依托该公司与参农建立密切联系，从 2017 年秋天开始，构建了互联网平台，建立了联盟成员生产基础档案，对农业投入品使用进行规范管理。2018 年，拟对人参加标二维码，实现人参及其产品种植和加工的全程可追溯。

五常大米：20 年淬炼金字招牌

黑龙江五常市现有水田种植面积 220 万亩，总产 110 万吨，稻米产业在五常市经济中的地位十分重要。一个产业的发展离不开产业所处的时代背景，“五常大米”品牌建设也在这个规律的影响下，经历了一个缓慢、曲折的发展过程。在进入 20 世纪 90 年代后，随着粮食市场的开放，五常水稻种植面积、水稻产量的增加，稻农手里更多的大米开始投放到市场，也使广大消费者有了更多食用五常大米的机会，也就是从那时起五常市稻农才开始真正地认识到一个品牌对于一个产业的重要性。

审时度势，与时俱进

1994 年，五常市提出“百万无公害、十亿精加工、占领大市场、富

裕老百姓”的稻米产业品牌发展战略。从这时开始，五常各界的有识之士才真正地、主动地、有意识地去培养、创建、保护五常大米品牌。但是创建一个品牌，特别是创建一个涉及一百万人口、一百万亩水田、一百家以上企业的一个大产业品牌，谈何容易。当时五常市分布着 450 家大米加工企业，大米加工企业过多、规模大小不一、品牌意识淡薄、发展思路迥异、加工质量混杂。

基于当时的社会背景，从最现实的、最直接、最有利的方式考虑，五常成立了大米协会（以下简称“协会”），旨在由协会来申请注册“五常大米”地理标志证明商标，利用地理标志证明商标受法律保护并能有效开拓市场的特性，作为五常稻米品牌开发、保护、管理的突破口。至此，围绕“五常大米”商标，当地开始了长达 10 余年的“五常大米”品牌建设。

用活商标，规范管理

在大米包装使用上，规范“五常大米”商标管理。在商标使用上，五常大米经历了两个阶段：第一阶段，针对五常大米袋子满天飞的实际，大米协会在工商部门的支持下，商标标识由注册人进行封闭式管理，采取企

相声表演艺术家赵炎代言黑龙江大米

业、包装编码的形式，实行配送制，有效遏制了五常境内大米袋子随意印制、销售的现象。第二阶段，从2004年开始，随着品牌意识的逐渐增强，五常市内企业、合作社及其他经济组织自行申报大米商标日益增多。针对这种现象，协会及时调整工作思路，协会认为这些商标是“五常大米”品牌的重要组成部分，是五常稻米产业的宝贵资源，“五常大米”地理标志证明商标与这些大米注册商标在使用上是相互兼容 、相互促进、协同发展的关系。为此，大米协会对商标开始实行许可制。依照法律规定，和企业签订了《“五常大米”商标使用许可合同》，允许大米加工企业在大米包装上的指定位置印刷“五常大米”商标，但要求企业必须接受协会的管理，企业必须把包装印制企业资质、包装设计样稿、包装印制数量规格、包装印制实物上报协会备案。

从“五常大米”品牌外延上，规范“五常大米”商标管理。首先要求使用“五常大米”商标的大米加工企业必须从源头上保证五常大米的内在品质，支持企业建设绿色、有机食品水稻基地，在生产过程中坚持统一优良品种、统一生产操作过程、统一投入品供应使用、统一田间管理、统一签单回收加工销售的“五统一”标准规程，确保五常大米品质。其次积极推动五常大米品牌整合。“五常大米”品牌整合是五常稻米产业发展到一定阶段的必然要求，也是使“五常大米”在未来市场销售中更具竞争力的要求。在品牌整合上，集中打“五常大米”一个品牌，企业自有品牌统一在“五常大米”品牌下标注。在经过了“五常大米”商标标志实行配送制、许可制两个阶段的整合工作后，目前“五常大米”商标在五常稻米产业覆盖率达到 85%，五常成为黑龙江省农产品品牌整合的先进市县。通过上述措施，协会完成了对“五常大米”商标的使用管理、产品生产流程、产品质量、产品包装等全方位规范，显著提升了“五常大米”的品牌形象，有力促进了五常大米的市场销售。

争创驰名，开拓市场

争创“五常大米”中国驰名商标是五常大米品牌发展的必然选择和必然结果。为了促进五常大米品牌的战略升级，提高市场综合竞争力，促进产业品牌整合，遏制假冒侵权行为，在黑龙江省大力实施商标战略的大背景下，协会启动了争创“五常大米”中国驰名商标工作。

优越的自然条件、独家的品种、先进的种植技术造就了五常大米的独特品质。自然禀赋是不可改变的，品牌软实力是可以人为的。协会变静为动，把品牌的发展看成是自然资源的延伸，“好马我们一定要给它配一副好鞍”。在品牌宣传上，利用每年的“315”“质量月”等活动载体，大张旗鼓地宣传“五常大米”。五常市政府还多次在北京、西安、上海、南昌等地专门召开五常大米新闻发布会、推介会等品牌宣传活动。

加大“五常大米”品牌假冒行为打击和品牌保护力度。随着“五常大米”品牌知名度不断扩大，全国各地大米生产商和经销部假冒“五常大米”的状况日益严重，“五常大米”品牌的声誉受到了直接威胁。为了维护“五常大米”在社会公众中的良好形象，保护“五常大米”的品牌优势，保护大米协会和消费者的合法权益，维护社会正常的经营秩序，大米协会在工商部门的大力支持下，在全国范围内集中开展了打击“五常大米”商标假冒、侵权行为。共查处仿冒厂家 100 余个，查处经销商 200 余户，收缴各种规格侵权大米包装袋共 300 多万条，有力地打击了假冒侵权现象，维护了“五常大米”品牌的形象和社会声誉。

一分耕耘、一分收获，经过近20年的品牌创建、开发、运用、保护、管理，五常大米品牌终于结出美丽的硕果，极大地推动了五常稻米产业的提档升级，为五常市域经济的发展提供了充足的发展后劲。目前，五常市大米加工产业集群已经形成，大米销售渠道得到明显拓宽，市场消费层次呈现高层次化，终端市场销售价格显著提升。农民收入、企业利润、国家税收显著增加。支撑稻米产业持续发展的社会服务体系日益完善。水稻生产标准化建设水平不断提升。基础设施建设不断夯实，综合生产能力不断完善。产业化水平不断提高，实施合作经济组织达到700个，形成了“龙头企业＋基地＋农户”“龙头企业＋合作社＋农户”的产业化发展模式。

“五常大米”已经成为展示五常、展示哈尔滨形象的一张名片，甚至成为黑龙江省的一张优质农产品名片。

庆安大米：集中优势资源　打造主粮品牌

提起东北大米，人们会对“五常大米”竖起大拇指。除了五常大米，黑土地上的庆安大米，也是赫赫有名。

庆安县水稻种植有百年历史，全县现有水稻种植面积155万亩，年产优质水稻85万吨，是黑龙江省百万亩以上水田大县之一，水稻产业发展具有巨大优势。

自然资源禀赋好。庆安县地处松嫩冲积平原，是黑土核心腹地，三面环山，呈U字形，天然形成半封闭的生态区域，空气清新，土质肥沃，有机质含量5%左右，pH 6.5左右。该县跨黑龙江省第二、三、四积温带，属寒温带大陆性季风气候，多年平均降水量577毫米。境内空气、河流、土壤污染少，适合绿色食品水稻开发种植，该县通过国家认证的绿色食品标准水稻面积达 100 万亩。

水资源充足。境内九河汇流，总流程 791 公里，集水面积 5 905 平方公里，多年平均径流量 32.5 亿立方米。全县现有中小型水库 7 座，大小蓄水池 800 多处，总蓄水量已达 6 692 万立方米；地下水资源丰富，总蓄量为 24.49 亿立方米。良好的水资源条件和可开发利用潜力，为庆安县水稻生产发展提供了保证。

栽培模式先进。通过多年的实践，庆安县总结出了“秋翻旱耙、增施农肥、优质品种、高台大棚、机械播种、智能催芽、方田机插、控灌细管”的水稻旱育稀植栽培模式。全县水稻智能浸种催芽车间达 25 处，浸种催芽能力达到 5 000 吨，育苗大棚总数 4.2 万栋，水稻叠盘暗室智能育苗车间一处，为推广水稻高产高效新技术提供了良好的基础设施条件。

加工企业实力雄厚。为了提高水稻加工转化效益，庆安县立足水稻生产的资源优势，大力发展水稻加工龙头企业。经过多年发展，全县大中型水稻加工企业达到 64 家，其中：国家级龙头企业 1 家，省级农业产业化龙头企业 9 家。全县米业加工企业年加工能力可达 240 万吨，实际加工量在 100 万吨左右。

品牌优势明显。全县通过国家认证的绿色、有机、无公害“三品”产品达到 121 个，“三品”生产企业 21 家。庆安县成功注册了“庆安大米”

域名保护商标和“庆安大米”国家地理标志保护产品。在中国大米品牌大会上，庆安大米被评为“中国十大大米区域公用品牌”，庆禾香大米获“中国十大好吃米饭”称号；在第三届中国放心食品大会暨首届放心365杯国际大米擂台赛上，庆禾香牌庆安大米获得擂台赛第二名。庆安大米优秀的品质和较高的品牌知名度、影响力，促使其进入高端市场。

作为老品牌，“庆安大米”经历近30年打造，主要经历了三个发展阶段逐步做大做强。

初步成型。20世纪90年代，庆安县立足大米优秀品质，面向全国做市场。1994年，中国绿色食品发展中心给庆安县“庆泉”牌大米颁发了绿色食品证书，在品牌定位上明确了“绿色”主基调，庆安县也成为全国最早发展绿色食品的县份之一。2004年初，庆安县对大米进行了域名注册，用“庆安大米”这个域名商标来规范庆安大米品牌，组建米业协会，当时38家大米生产会员企业获准使用域名商标，统一使用防伪包装，“庆安大米”品牌初步成形。

品牌扩张。庆安县连续五年举办了中国·庆安绿色食品节，助推庆安绿色食品产业快速发展，绿色食品基地认证面积达到201万亩，绿色食品产品发展到5大类31个品牌。2014年，庆安大米通过了国家工商总局组织的专家评审，成为国家农产品地理标识保护产品。

品牌升级。2016年，庆安县聘请浙江大学品牌研究院对区域公用品牌开展战略规划，为“庆安大米”构建了全新的价值体系、符号体系、产品体系与渠道体系，进一步规划和规范品牌，建设了“庆安大米”品牌的发展战略体系，实现“庆安大米”品牌再次升级。同时，通过参加博览会、推介会、农交会、农业论坛等大型展会，提升了品牌的知名度。特别是成功组织举办了2016黑龙江绥化庆安绿色水稻文化节暨大型O2O订货会，取得了良好的经济效益和社会效益，扩大了庆安大米的知名度、美誉度和认知度。庆安县举办绿色水稻文化节将成为常态化，每年都将以不同主题举办绿色水稻文化节，通过知名度和影响力的不断提升，逐步将绿色水稻文化节打造成为国家级、国际化的重要食品节会，通过节会的举办进一步提升“庆安大米”区域品牌价值。

九三大豆品牌叫响大江南北

这是一张令人惊艳的答卷：

订单农业从 2013 年起步，2017 年达到 213 万亩；

大豆专品种植从 2013 年的零面积，发展到 2017 年的 100 万亩；

经济作物面积由 2013 年的 8.8 万亩，增加到 2017 年的 47.6 万亩；

农产品深加工企业由 2014 年的 13 家，增长到 2017 年的 27 家；

加工转化大豆能力由 2014 年的 3.3 万吨，增长到 2017 年的 10 万吨；

2017 年地区生产总值 87 亿元，提前 3 年实现比 2010 年翻一番的总体目标……

中国旱作农业的排头兵——黑龙江省农垦九三管理局位于小兴安岭南麓向松嫩平原过渡的嫩江东岸丘陵漫岗地带，气候独特、土质肥沃，大豆病原菌及害虫种类少、越冬基数小，大豆病虫害发生量小，给大豆提供了良好的生长条件。1949 年开荒建场当年就种植大豆 141 亩，初期扩大至

每年不足 2 万亩，发展到如今稳定在 237.9 万亩，总产量 46 万吨。

叫响好品牌打开大市场

大豆一直是九三管理局的优势所在。2014 年，时任九三管理局局长的王晓春刚刚到任，在一次去红五月农场的调研中，发现原本种植户手中卖 4 元 / 千克的大豆，经南方客商精选包装，1 千克竟能卖到 20 元钱。这一发现让他增强了信心，也找到了方向。从此，打响九三大豆品牌，提高大豆经济价值、发展大豆产业、延长大豆产业链，成为九三人全力追求的目标。

4 年来，九三管理局每年锁定一个区域，在华北、华南、华中、西南等区域集中推介，在北京、上海召开招商引资推介会。几年来，全局参加各类展销会、博览会、贸易洽谈会 30 多个，成功举办了第五届中国北大荒大豆节。这样火热的场面，“炒”热了九三大豆和“豆都”品牌。福建“达利园”等大企业纷纷与其达成合作协议，开展多种形式的营销活动，有效拓展了九三大豆的市场空间。

参加过 2017 年 6 月在上海举行的推介会之后，2017 年 8 月 23 日，上海豆制品行业协会秘书长携当地豆制品龙头企业祖名豆制品股份有限公司等多家企业专程来到九三考察，当得知 2017 年的大豆都已经大部分被订单销售之后，他们希望来年早早过来下订单，锁定九三好大豆。

从 2014 年起，管理局已被中国绿色食品协会、中国粮油学分会分别授予“中国绿色大豆之都”“中国大豆油之乡”称号，并成为全国非转基因大豆加工产业知名品牌示范区、中国原生大豆种植标准化示范区；2016 年，“九三大豆”成功获得农业部（现农业农村部）农产品地理标志；成功入选“2017 年中国百强农产品区域公用品牌”；现在的九三管理局正向“绿色有机腐竹之都”的目标稳步前行。

招商注活力发展产业链

仅 2017 年，全局招商引资项目 22 项，投资额 3.3 亿元，其中 500 万元以上项目 16 项。

2017 年 10 月 10 日，随着九三管理局荣军农场第一辆送粮车进场，九三管理局的华康公司的秋粮收储工作正式拉开序幕。本年度计划完成粮食收储 30 万吨，拉动就业 170 余人。据公司总经理郭松介绍，2018 年华康物流预计收购大豆 20 万吨，每千克 3.7 元，如按计划完成可为种植户增收 400 万元。

在九三管理局鹤山农场工业园区内，鹤鑫油脂有限公司的笨榨有机大豆油正在进行灌瓶包装。加工后的副产品还可以作为酱油、饲料的生产原材料，销售给相关企业。“这里的大豆太好了！相关部门的支持也大。我已经又上了一套冷榨设备，只等手续获得批准，马上扩大生产。”负责人兴奋地说。

发展大豆产业，延伸大豆深加工产业链，九三管理局收效明显。从 2014 年开始发展，到 2017 年全局腐竹企业已经达到 10 家；豆油加工企业由 2014 年的 3 家，增长到 2017 年的 10 家。以山河农场金露豆制品厂等 7 家企业为代表，新上了多条腐竹和豆油生产线。目前，全局年生产腐竹 1 800 吨，笨榨大豆油及休闲食品 9 万吨，年消化地产非转基因大豆 10 万吨。

为配合产业精细发展，九三管理局从 2014 年开始进行大豆专品种种植，细分出了豆浆豆、蛋白豆、高油豆、豆芽豆、黑大豆、绿大豆等多个品类，发展到 2017 年种植面积已达 100 万亩。大西江农场高蛋白豆浆豆在 2017 年全国农产品交易会上，销售价格达到每千克 50 元。预计到 2020 年，九三管理局大豆种植面积将稳定在 250 万亩以上，总产量达 50 万吨，加工量达 50 万吨，加工转化率 100%。

东宁木耳品牌响当当

在 2017 年的“双十一”网购狂欢节，一家名为运福的黑木耳电商一天卖出 73.8 万元。在淘宝网首页搜索木耳或者黑木耳，排在第一名的品

牌就是运福。作为木耳行业响当当的金字招牌，运福来自于我国最大黑木耳交易集散地黑龙江省东宁市的东宁北域良人山珍食品有限公司。目前，运福品牌的黑木耳在天猫商城和京东商城的销量在同品类中均名列前茅，年销售额达 2 000 万元。

像运福这样销售黑木耳的电商在东宁有几十家，这是东宁市大力发展“互联网 +”黑木耳的一个缩影。党的十九大报告中提出“实施乡村振兴战略”，这为东宁市深化农业供给侧结构性改革，推进农村一二三产业融合发展指明了前进的方向。深入实施“六化”战略，大幅提高产业附加值，推动由“种得好”向“卖得好”转变，东宁市黑木耳正在实现全产业链发展。

政府扶持给力　产量连年翻番

“一个车间可容纳 65 520 个菌袋，这样的车间有 42 个。”在东宁黑尊生物科技有限公司周转车间里，一列列菌袋摞起来足有 20 多米高，发酵成熟的菌袋正通过传送带装到门口货车上转运到成品库。生产厂长冷若冰告诉记者，公司 2014 年建厂，占地 5 万多平方米，每天能生产菌袋八九万袋。“全款的话一个菌袋 1.76 元，平均能出干耳 60 至 75 克。”冷若冰介绍说，每年出货旺季是 3 月初到 4 月底，销售半径可达 800 公里。“一期投产后，菌袋一直供不应求，每到旺季，车队在厂房前不分昼夜排长队等货。2016 年 10 月，开始建设二期项目，二期全部投产后日产能力可达近 40 万袋。”

黑木耳是东宁市最为靓丽的一张名片。2016 年东宁种植黑木耳

12.4亿袋，干品产量5.7万吨，占全国总产量的1/6，产值40亿元，农民人均纯收入21 604元，连续8年全省第一，75%的收入都来自黑木耳。

在东宁市黑木耳产业推广办公室副主任刘敬春看来，黑木耳成为东宁第一富农产业离不开当地政府多年来的大力扶持和引导。为了发展特色产业，东宁市成立由市委市政府主要领导挂帅的黑木耳产业推广办公室，出台优惠政策，每年还安排200万元专项扶持资金，在技术引进、推广、研发上给予支持。市委市政府还拿出15个事业编制招揽高校研究生来东宁开展技术研究。

政府引导扶持给力，东宁市黑木耳产量逐年翻番，2002年6 000万袋，2003年1.2亿袋，2004年2.4亿袋……直到2016年的12.4亿袋。

从源头抓质量　精深加工一条龙

“木耳质量好，才能卖出好价钱。”在位于东宁市绥阳镇的黑龙江佰盛食用菌有限公司的智能温室大棚里，刚采摘下来的黑木耳已被烘干成指甲大小。该公司总经理王坤告诉记者，黑木耳一年一般只能种植两茬，公司利用智能温室栽培技术，智能控制湿度、温度，可12个月不间断生产。“我们自己进口木屑，已经形成菌包生产加工、智能温室栽培、黑木耳精深加工一条龙全产业链发展模式，目前有两个园区，佰盛、珍珠耳、冰天雪地3个品牌，每年产木耳60万千克，大多销往俄罗斯、韩国等地，每千克能卖到240元。”

东宁市农业局副局长王锐表示，目前，东宁市黑木耳种植分工细化，基本实现流水线种植，收集原材料、拌料、接菌、制作菌筐等都有专人来做。东宁市有农村人口10万人，4万多人从事黑木耳种植。100多个行政村，几乎家家种植黑木耳。

“近年来，东宁市深化农业供给侧结构性改革，加快农业产业结构调整，推进农村一二三产业融合发展，提出黑木耳生产标准化、集约化、科技化、工厂化、品牌化和组织化‘六化’战略。”王锐说，当前主要的任务之一是狠抓质量，在种植上坚持标准化，扶持一批像黑尊那样的规模企业，从源头上保护黑木耳质量。

与黑龙江佰盛食用菌有限公司“一墙之隔”的是占地144公顷的雨润绥阳黑木耳山产品批发大市场。“外地人想大批买黑木耳，一定会来这里，不光本地木耳在这里销售，山东等地的木耳也在这里销售，可以说是买全国卖全国。”据王锐介绍，绥阳黑木耳山产品批发大市场是引进全国食品行业500强企业雨润集团建设的，拥有643间门市6.5万平方米交易区，2 000多名经纪人在这里从事黑木耳交易，是全国最大的黑木耳集散中心，2016年交易2亿千克，金额100多亿元。

发展“互联网+”“种得好”更要“卖得好”

“据测算，500克黑木耳经过精深加工之后，其增值比率可达3至5倍甚至更多。雨润集团建设了干品包装、腌渍即食和深度提取三条生产线，全部投产后，年可加工黑木耳2万吨，实现利税1.6亿元。”王锐表示，东宁市积极推进黑木耳工厂化生产、产品精加工、废弃菌料再利用，大幅提高产业附加值。目前，东宁黑木耳深加工产品有黑木耳糖果、饮料、风味即食产品等数十个品种。

与此同时，东宁市大力发展“互联网+”黑木耳，推动“种得好”向“卖得好”转变，实现全产业链发展。

“这款81.98元/千克的黑木耳是我们的爆款产品，利润虽然不高，但对于推广运福品牌很重要，2017年已经卖了10多万千克，平均月销18 570单。”东宁北域良人山珍食品有限公司董事长刘运福告诉记者，“运福”正在申请中国驰名商标。2016年，运福品牌200多个黑木耳品种相继在天猫商城、京东商城上线，仅2017年11月就卖了150万元。吃到网店甜头的刘运福在牡丹江市组建了网络销售团队，线上线下相结合，“运福”在全国有29家加盟专卖店，产品远销韩国、俄罗斯、美国、东南亚等地。

精深加工和“互联网+”使北域良人在黑木耳市场卓立潮头，这也恰是东宁市黑木耳产业发展的方向和未来。

南汇水蜜桃：上海老味道

“老上海”代表一种情怀，“老味道”象征一段记忆。南汇水蜜桃作为上海老品牌，印证了这座城市的时代变迁，延续至今，它依然是上海人心中最熟悉的那个味道。

南汇本是上海的一个区，2009 年之后划归浦东新区。南汇水蜜桃是上海知名特产，早在明朝《群芳谱》中便有记载。临海的水土特性、气候特点以及数百年来的栽培经验，造就了南汇水蜜桃独特的品质，使其区别于其他水蜜桃，也形成了世世代代上海人的群体口味和记忆。

新中国成立前，南汇桃子在原来基础上不断改良提升，新中国成立后，产量逐年递增。2005 年南汇水蜜桃成为上海第一个获得国家原产地域产品保护的农产品。2010 年，南汇水蜜桃地理标志证明商标获国家工

商总局批准，“民牌”成为“名牌”。经过一代代园艺专家和果农的努力，通过提纯复壮，浦东培育出了闻名遐迩的“南汇水蜜桃”，诸多品种中以新凤蜜露、大团蜜露、湖景蜜露最为出名，在全国各项优质桃评比中屡屡摘金夺银，2017 年还以跨境电商形式进入香港市场。

南汇新场镇果园村人世代种桃。1966 年出生的何明芳是南汇新场镇果园村人，土生土长的她先后和南汇水蜜桃、8424 西瓜结下了不解之缘。20 世纪 90 年代初，20 多岁的何明芳仅有 3 亩地，她可以做的，只能是通过口口相传卖给熟人。而今，她从自种自卖南汇水蜜桃起步，发展到拥有 500 亩现代化设施的桃园瓜园。

为了发展壮大，何明芳从 1997 年开始尝试团购推销；1998 年率先推出彩色品牌包装；1999 年注册了“桃咏牌”商标。经过多年的打拼和摸索，已形成了较为成熟的经营模式和销售渠道，成为远近闻名的农产品经销大户。然而，很多桃农由于不重视信用积累，产品标准化不够，连续出现卖难。2005 年针对栽桃容易售桃难的现状，何明芳带领一批“提篮小卖”的果农，成立了上海桃咏桃业专业合作社，建设了 500 多亩现代标准化种植基地，签约农户 760 户，组建 50 多人的营销队伍，初步形成了以“桃咏牌”新凤蜜露桃为主的合作体。

随着南汇水蜜桃生产经营方式的进步，专业合作组织大量涌现，但多数合作社处于“小、弱、散”状态，各种品牌充斥市场。合作社间标准、品质不一，营销服务功能比较薄弱，能开展产品联合销售、品牌销售的并不多，这个局面削弱了南汇水蜜桃品牌的影响力，也阻碍了南汇水蜜桃产业。

为了解决区域品牌之下品质标准化、内部管理、营销渠道以及品牌运营问题，浦东走出了一条以合作社品牌整合为基础、以联销平台为支撑的区域品类品牌打造之路。

在浦东农协会的组织下，2012 年 2 月，南汇水蜜桃品牌合作联社成立，由此开启了浦东 8424 西瓜、翠冠梨等特色产品品牌合作的序幕。合作联社严格实施标准化生产和质量管理，做到统一技术、统一标准、统一质量、统一商标、统一包装标识、统一零售指导价。并制订了生产、管理、采摘、包装、商标、标识、销售、受理投诉等工作细则，成员单位加入品牌合作联社后，在生产、检测、销售方面都必须达到标准。把大团水蜜桃、新场水蜜桃等整合起来，统一打“南汇水蜜桃”的牌子。这样不仅提高了水蜜桃的品质和产量，切实改变了真品牌销售难、假品牌抢市场的状况，“南汇水蜜桃”的品牌效应日益凸现。

更为关键的是，在品牌联合社运作下，浦东品牌瓜果联销平台应运而生，带动了整个南汇水蜜桃“三个经营圈”的规模化经营，即合作社自产自销经营圈、签约订单经营圈、联销平台经营圈。2017 年，南汇水蜜桃被评为“2017 年中国百强农产品区域公用品牌”；2017 年 12 月 6 日，农业部（现农业农村部）向全国公示了第一批中国特色农产品优势区名单，上海市浦东新区凭借知名农产品“南汇水蜜桃”光荣上榜，成为全国唯一以水蜜桃为特色入围的地区，浦东也成为上海唯一上榜的优势区。

如今，桃已成为桃咏合作社产业基地的核心竞争力。尤其是近年来，桃咏通过着力打造品质，不仅在桃栽培技术上不断夯实优势，在桃产品营销管理方面也同样一路领跑，在同行中领衔主角：2014 年率先搭建了电商平台，成立了电商部门，组建了电商团队，相继投入冷库、配送车辆、办公场所；并先后在易趣网、淘宝网、天猫、一号店、苏宁易购、天猫等各大电商平台开设旗舰店，电商年销售额近 800 万元，形成了一套行之有效的“互联网 +”特色农业的创新营销模式。

桃咏产业掌门人何明芳介绍，电子商务作为一种先进的商务模式，能很好地解决农产品贸易中因信息不对称、交易成本高而效率低、受地理限制等引起的种种问题，对规范农产品质量标准、打造农产品质量安全追溯与物流体系、提升售后服务质量等均具有显著促进作用，并在合作社中培养造就了一支能熟练运用电子商务平台的新一代年轻营销团队，组织开展了农民信息技术和电子商务培训互动交流活动，以帮助农民使用和掌握检索网络信息和网上交易的方法与技术，提高农民的信息素质和技术水平，改善农产品电子商务应用的社会基础，实现资源共享。

如今，“南汇水蜜桃”已经蜚声海内外，成为南汇区都市型农业的靓丽名片之一。

未识高邮人 先知高邮蛋

“曾经沧海难为水，他乡咸鸭蛋，我实在瞧不上。”可见，当代作家汪曾祺对家乡江苏省高邮市的鸭蛋情有独钟。

那么，高邮鸭蛋好在哪呢？汪曾祺在《端午的鸭蛋》一文中写道，“鸭蛋的吃法，如袁子才所说，带壳切开，是一种，那是席间待客的办法。平常食用，一般都是敲破‘空头’用筷子挖着吃。筷子头一扎下去，吱——红油就冒出来了。高邮的咸鸭蛋是通红的。苏北有一道名菜，叫作‘朱砂豆腐’，就是用高邮鸭蛋黄炒的豆腐。”就像汪曾祺先生所述，蛋黄“红、沙、油”是高邮鸭蛋的显著特点，此外高邮鸭蛋还有蛋白“鲜、细、嫩”，蛋头大，蛋黄比例大，可有双黄蛋、三黄、四黄的特点。

高邮湖中养鸭

同样是鸭蛋，为何高邮鸭蛋更胜一筹？这要从高邮湖说起，高邮湖是江苏省第三大淡水湖，因水位高于运河而称为悬湖，若干小湖，其中较大的有珠湖、甓社湖、平阿湖等 12 个湖泊，且湖湖贯通，总面积 780 平方公里。高邮湖水域宽阔、水质良好，为各种鱼类、鸟类和水生植物的生长提供了得天独厚的生态环境，同时天然的鱼类、鸟类、水生植物又为生活在高邮湖上的麻鸭提供了天然的饲料。高邮湖经过多年流淌、冲刷、集聚，形成了大片芦苇荡和湿地，这里水退草长，形成了天然的湖滩，芦苇滩是麻鸭重要的栖息地和天然的放鸭场。

在这样独特的芦苇滩上长大的鸭子个头大、毛皮紧、潜水深、觅食力强，多食鱼虾，所生的蛋蛋质细，黄油多，平均每只重 75 克左右，比普通鸭蛋约重 20 克。

高邮鸭蛋有名，但咸鸭蛋更是名声远扬。每年清明节前，当地人便将鸭蛋拿来腌制，一个月后即可取食。由于品质与口感俱佳，高邮鸭蛋历来受到文人墨客的追捧，并成为馈赠的佳品。900多年前，北宋著名词人秦少游就曾以鸭蛋馈赠其师友——时任徐州太守的苏东坡。300多年前，大文学家袁枚到过高邮，品尝过高邮鸭蛋，印象极佳，在他的《随园食单·小菜单》“腌蛋”条留下了记载：“腌蛋以高邮为佳，颜色细而油多，高文端公最喜食之。席间，先夹取以敬客，放盘中。”袁枚还特意强调了食用高邮鸭蛋时需要注意：“总宜切开带壳，黄白兼用；不可存黄去白，使味不全，油亦走散。”

此外，高邮鸭蛋加工厂也起步较早，清光绪三十一年（1905）高邮第一家蛋品企业裕源蛋厂问世。1909年，高邮双黄鸭蛋参加南洋劝业会时，获得国际名产声誉，次年便远销美国、日本、新加坡、马来西亚等10多个国家和地区。

加强品牌管理

时至今日，高邮咸鸭蛋依然是江苏省高邮地区的特色传统名菜。2015年10月29日，高邮咸鸭蛋传统制作工艺入选第四批江苏省非物质文化遗

产名录。

为保护“高邮鸭蛋”品牌，做大做强高邮鸭业经济，2007年，高邮鸭蛋成为国家农产品地理标志产品。高邮双黄鸭蛋在2012年“世界百种美味食品”评比大赛中，位列世界第二名，仅次于西班牙火腿，品牌的国际影响力得到大幅提升。

由此，高邮鸭蛋成为全国鸭蛋行业运用最充分的商标，多达120家企业都在使用，年加工销售蛋品达9.6亿枚，深受消费者喜爱。高邮鸭蛋特有的品质提升了商标的丰富内涵，蛋品加工销售量逐年增加。

为了规范证明商标的使用与维护，确保“高邮鸭蛋”在国内外市场的信誉，高邮市制定《高邮鸭蛋证明商标使用管理规则》，对国家级标识的许可使用程序和规范管理进行明确细化，并严格产品准入机制，对申请使用证明商标的企业，严格审查筛选，并逐个进行实地考察，凡不具备相应生产规模和产品质量达不到标准的企业，一律不予通过初审，更不得擅自增挂国家级品牌标识。

近年来，高邮市已经开发出红太阳、三湖、秦邮等一批获得知名商标和著名商标、绿色食品标志的优质品牌。

积极发展鸭蛋加工

2017年6月，高邮市鸭蛋行业协会成立，这标志着高邮市鸭蛋生产经营向前迈出了重要一步。为进一步扩大“高邮鸭蛋”的影响力，协会帮助高邮市鸭蛋加工企业积极进军全国闻名的大型连锁超市。秦邮、三湖、红太阳蛋品有限公司等企业在省内外大中城市均设立100多个销售窗口，辐射到国内20多个省市，成功地将其产品打进沃尔玛、麦德龙、苏果、大润发等全国大型连锁超市。

与此同时，高邮市鸭蛋行业协会积极组织蛋品加工企业赴国内外参加多场优质农产品展销展示活动，参会量达到每年20余场，并多次荣获中国国际农产品交易会“金奖”“名牌产品”以及“中国消费者信得过产品”“江苏省首届名牌农产品”等称号，将高邮鸭蛋这张名片叫得越来越响亮。与此同时，高邮300多家鸭蛋鸭肉加工企业、100多家鸭绒服饰加工企业应运而生。

为促进高邮鸭业经济做大做强，高邮鸭蛋发展坚持科技创新、校企合作、人才引进，打造亮点品牌，提高鸭蛋的核心竞争力；加强媒体宣传、活动推介、全面覆盖，打造城市名片，实现国内外销售满堂红；加强协会领导、规范管理、同心协力，打造行业特色，带动农民增收。

“未识高邮人，先知高邮蛋”。从古至今，高邮鸭蛋一直是高邮人的一张闪亮名片。而如今，在高邮每年均会举办中国双黄鸭蛋节，还创造发展了丰富多彩的鸭文化。这让高邮鸭蛋更为深入人心。

阳澄一湖水　巴城蟹最肥

大闸蟹是江苏特产，苏北有洪泽湖，苏中有固城湖，苏南丹阳有滆湖，苏州无锡有太湖，但名气都不及阳澄湖的大闸蟹大。

阳澄湖大闸蟹，又名金爪蟹，产于阳澄湖。蟹身不沾泥，俗称清水大闸蟹，体大膘肥。正宗的阳澄湖大闸蟹个不大但单体重，有四大特点：青背，蟹壳呈青灰色，润滑有光泽。白肚，脐腹和爪壳洁白无杂色。黄毛，脚和爪上的毛长而发黄，根根挺拔。金爪，爪色金黄，坚挺有力，在平面玻璃上能脐腹隆起挺立横行。民间常说的“金爪黄毛铁锈背”即指此。

阳澄湖大闸蟹具有独特的优势：一是蟹肉甜。阳澄湖大闸蟹与其他大闸蟹的最大区别就在于蟹肉是甜的，这个特点是阳澄湖大闸蟹所独有的。消费者也可以用此方法来简单判断所购买的大闸蟹是不是正宗的阳澄湖大闸蟹。二是壳易碎。阳澄湖大闸蟹的壳比一般的大闸蟹的壳要薄，所以在吃阳澄湖大闸蟹的时候可以很容易用蟹八件把壳打碎，因为阳澄湖的湖水偏碱性，大闸蟹不需要很厚的壳来抗腐蚀。三是淤泥少。虽然说大闸蟹都是生长在池底的，但是阳澄湖的池底主要以沙为主，所以正宗的阳澄湖大闸蟹身上的淤泥很少，相应的寄生虫也会少一些。

阳澄一湖水，巴城蟹最肥，巴城镇是江苏省历史文化名镇，隶属于江苏省昆山市。巴城阳澄湖大闸蟹为什么肥，这与野生蟹的洄游生殖习性有关。每年秋冬季节螃蟹从江湖游向近海产卵，来年早春，幼蟹趁涨潮涌入长江，爬入内陆在江湖中发育成长。阳澄湖辽阔博大，水质清纯，是它们理想的栖居空间。巴城位于阳澄湖东部，这里水域宽阔，多浅滩，日照足，而且水草丰茂，虫食充足，成了螃蟹的安乐窝。它们在这里蜕壳发育，秋后性腺成熟，才"西风起，蟹脚痒"，顺着江河爬向东，去海中产卵，来年早春，开始又一轮生殖洄游。阳澄湖优越的生态环境成了螃蟹理想成长之地，所以这儿的大闸蟹特别肥。

阳澄湖大闸蟹也因不同地理位置养殖而有区别，但大多以巴城阳澄湖大闸蟹为尊，主要体现在两方面：

从地理上讲，阳澄湖分为：东湖、中湖和西湖。而大闸蟹由于洄游习性，在成熟之后，健康强壮的大闸蟹需往东前往入海口咸水、淡水交汇处繁衍生息，因此，在蟹季，东湖的阳澄湖大闸蟹品质高于另外两湖。而巴城镇坐拥整个东湖岸线，所产出的大闸蟹品质也就相对较高。

从生长环境上来说，阳澄湖大闸蟹生长环境的最宜水深为2米左右，太深或太浅都影响蟹的品质。从阳澄湖的地质和水文特点来分，又可分为西湖(属苏州,4米水深)、东湖(昆山巴城,2米水深)、北湖(常熟,3～5米水深)三处。其中，东湖湖水清澈，阳光充足时可直射湖底，再加上水底淤泥少、土质硬，水生植物茂盛、浮游生物及小鱼种类繁多，成为阳澄湖大闸蟹的天然饵料场，并且，大闸蟹脱壳的时候，身体是软的，水草还能起到很好的保护作用。在养殖户中流传这样的说法：大闸蟹长得好不好，看水草就知道。又因离海岸线相对较近，东湖的大闸蟹从蟹苗起，就有了理想的“水晶宫”，成就了现在的巴城阳澄湖大闸蟹。

近年来，巴城镇依托阳澄湖得天独厚的水资源，进一步做足做深蟹文章，大闸蟹产业已发展成为该镇的一大支柱型农业类型。目前，全镇水产养殖面积34 499亩，其中池塘25 548亩，河沟1 916亩，湖泊围网养殖2 250亩，湖泊修复养殖4 785亩，虾蟹混养特种水产养殖23 261亩，占池塘养殖面积的91%。主要有蟹舫苑、渔家灯火、春秋水城、巴城湖第二蟹交易市场和正仪巴解蟹市场五大蟹市场，有餐船288只、蟹码头510只。2016年大闸蟹年产量达2 000吨，年销售额约25亿元。全镇目前从事大闸蟹养殖经营的农户约3 600户(巴城镇总户数21 870户)，占全镇总户数的16.5%。

巴城镇通过举办活动、创建品牌等途径帮助提升大闸蟹产业的影响力。自1998年以来，每年举办昆山阳澄湖蟹文化旅游节。在政府等多方努力下，蟹舫苑于2014年成为中国特色商业街。“巴城阳澄湖”特色农副产品(大闸蟹)于2015年荣获国家驰名商标，并成为全国第一个水产类中国驰名商标。同时，为推动大闸蟹实现生态化和现代化养殖，该镇在东至新开河、北靠七浦塘、西邻相城区、南依相石路范围内，规划建成了7 800亩的昆山阳澄湖现代渔业产业园。2016年现代渔业产业园水产品总产量约600吨，亩均效益约5 800元。

据估算，全镇2016年销售额超200万元的约168户、占大闸蟹养殖经营总户数的4.7%；年销售额100万～200万元的约300户、占大闸蟹养殖经营总户数的 8.3%；年销售额 50 万～100 万元的约 360 户，占大闸蟹养殖经营总户数的 10%。大闸蟹产业已成为该镇农民增收致富的主要产业。

巴城镇大闸蟹销售方式近年来也呈现多样化趋势，除了传统的实体店销售，利用网络平台销售大闸蟹也成为一个重要的销售渠道。目前全镇共有400多户经营户在京东、天猫、一号店等电商平台开办网店近500余家，经营户占全镇大闸蟹养殖经营总户数的 11.1%；其中，“鱼童”、“澄大”、“八澄”、“一对活宝”、“月色荷塘”、“俏苏阁”等本地养殖经营电商大户占到了全镇蟹农电商总销售额 50% 以上。2016 年，电商平台大闸蟹销售额超 6 亿元，同比增长 7.7%；销售额约占全镇大闸蟹总销售额的 1/4。

在大闸蟹产业发展过程中，巴城镇延伸大闸蟹产业链条，一方面推动大闸蟹产业与其他产业的融合联动发展，研究搭建政府、文创企业和大闸蟹经营户定期沟通交流机制，促进大闸蟹产业与粉墨文创、金蟹动漫等文创产业融合发展，与老街游、乡村游等联动发展，研究推动大闸蟹主题馆、大闸蟹主体餐厅建设，衍生大闸蟹产业发展链条和空间。另一方面做深大闸蟹产业，加强巴城蟹业发展公司与东吴证券合作，稳步推进公司上市；同时，带头推动蟹产品深加工（如熟醉蟹、蟹排、蟹酱等），加工包装生产以蟹为原料的各类食品，打破大闸蟹产业发展的季节性壁垒。

盱眙龙虾：怎么“红”起来的

在 2017 中国百强农产品区域公用品牌的名单中，不只有来自湖北省的潜江龙虾，还有来自江苏省的盱眙龙虾。

盱眙龙虾，产自江苏省淮安市下辖县——盱眙县。龙虾产业是盱眙县的特色产业、支柱产业。目前，盱眙县直接从事龙虾捕捞、收购、贩运、加工、烹饪的人数已达 10 万，每 8 个盱眙人中就有 1 个从事龙虾产业，农民人均纯收入 1/5 来自龙虾产业。盱眙龙虾产业拉动盱眙旅游经济强劲

增长，实现了年游客量从不足30万人到300万人的飞跃。截至2008年5月，盱眙县龙虾池塘规模养殖面积达21万亩，虾稻综合种养面积13.5万亩，年产龙虾6万吨，年交易量将达10万吨（外来龙虾4万吨）。盱眙龙虾加盟店已超过1 500家，遍布全国20多个省市。

以传承保护实现品牌标准化

盱眙人注重“盱眙龙虾”金字招牌的保护和发展。2000年，盱眙县委、县政府举办龙年龙虾节，取得良好社会反响，并迅速在大江南北掀起了红色风暴，之后盱眙龙虾节每年举办一次，到现在已举办了18届。

2002年，盱眙龙虾申请了注册商标，2003年，盱眙活体龙虾被农业部（现农业农村部）绿色食品发展中心认证为“绿色食品”。2004年，盱眙龙虾获批全国第一例动物类原产地证明商标，2006年盱眙龙虾养殖、加工、服务通过ISO9001国际质量管理体系认证。2007年，当地制定了盱眙龙虾地方标准，并经过江苏省质量技术监督局公布实施。2015年2月，又顺利获批第二例盱眙龙虾（非活）地理标志驰名商标，盱眙龙虾品牌体系逐步完善。"盱眙龙虾"先后被授予中国名牌农产品、中国驰名商标、中国名菜、中国生态龙虾第一县、全国唯一龙虾（活体）出口基地等系列殊荣。

当地与相关科研院所紧密合作，以覆盖全产业链为目标，开展盱眙龙虾产业系列标准化研究编制工作，建立健全从养殖到加工、从餐饮到服务、从创业到管理的全程技术标准和管理规范。当地建立盱眙龙虾创业学院，加强师资、教材和实训基地建设，开办学历班和短训班，为龙虾产业发展培养人才，传播盱眙龙虾品牌文化。

以产业延伸推动品牌规模化

产业的多元化带动盱眙龙虾品牌的规模化。在盱眙县，龙虾深加工、养殖饲料、龙虾调料等企业一应俱全。

盱眙龙虾产业外延不断拓展，内涵不断丰富。从养殖、捕捞、贩运、烧制，逐步拓展到以龙虾酱、龙虾旅游纪念品制作等为主的加工业，以调料、龙虾运输为主的物流业，以龙虾垂钓、美食体验为主的乡村旅游业以及以龙虾影视拍摄、动漫创作、主题公园等为主的文化创意产业。当地大力发展龙虾工厂化加工，重点扩大速冻龙虾规模。加强对龙虾烧制调料、龙虾养殖饲料、龙虾工艺品的研究和开发，推动龙虾产业向上下游延展。盱眙县构建了多环节、多系列的大品牌格局，拉动了龙虾从养殖到加工再到系列产品销售的一体化发展。

当地相关负责人介绍，"十三五"时期，盱眙龙虾着力打造"一米一店一企，一站一院一镇"。"一米"就是利用"虾稻共生"绿色生态综合种养模式，加快生态安全的"盱眙龙虾米"打造，推动"盱眙龙虾米"和"盱眙龙虾"价值同步增长，实现"虾稻共生"在富民工作中的"双轮驱动"效应。"一店"就是在建成盱眙龙虾南京旗舰店的同时，加快北京、上海、杭州等地盱眙龙虾旗舰店的建设，形成旗舰店、连锁店、加盟店相互支撑的盱眙龙虾营销网络，为消费者体验盱眙龙虾提供更加方便的消费渠道。"一企"就是以江苏盱眙龙虾产业集团为上市培植目标，聘请高水平上市辅导机构，规划和实施上市路线图、时间表，力争在主板上市。"一站"就是以"虾稻共生"产业发展技术需求为导向，加快盱眙龙虾产业集团扬州大学张洪程院士工作站建设进度，联合攻关“虾稻共生”综合种养水稻生产相关关键技术，促进科技成果转化及产业化。“一院”就是联合中国水产科学研究院淡水渔业研究中心建成盱眙龙虾产业研究院，共同推动盱眙龙虾新品种的选育以及在病害防控、养殖技术等方面的攻关。“一镇”就是建设盱眙龙虾小镇。盱眙龙虾小镇是江苏首批25个特色小镇，预期总投资将达70亿元，占地面积1 660亩，建筑体量约65万平方米，集“龙虾产业发展、文化艺术交流、休闲体验和旅游度假”为一体的国际级品牌特色小镇。

以创新营销引领品牌高端化

近年来，盱眙龙虾开拓创新龙虾市场。2008年，盱眙龙虾正式走出国门，先后在瑞典、澳大利亚、新西兰发展了多家盱眙龙虾海外加盟店，打开了世界感知盱眙、了解盱眙的一扇窗口。

盱眙龙虾实行线上线下结合，在南京、上海、北京、杭州等地设立盱眙龙虾直销窗口，实行同城配送，让更多消费者品尝正宗的盱眙龙虾。当地按照统一标识、统一渠道、统一标准、统一价格、统一包装、统一宣传“六统一”要求，在中心城市设立盱眙龙虾旗舰店，重点城市推出直营连锁店，改进品牌加盟方式，逐步建立盱眙龙虾特许经营体系，将盱眙龙虾打造成中国创造的国际连锁餐饮新典范。

2012年，盱眙龙虾迈开了网上销售第一步，与天猫、阿里巴巴等电商巨头开展全面合作。2015年，盱眙县在淘宝开设了“特色中国盱眙馆”，从鲜活龙虾、调料到龙虾熟品，完善盱眙龙虾网上商城营运机制，实行加盟店全面进驻，提高盱眙龙虾网上信誉度。当地新建线上线下相结合的龙虾交易市场2万平方米，建成1万吨冷库以及相配套的冷链运输系统和1万平方米以上的龙虾产业展览馆。

在发展过程中，盱眙龙虾强化产业资源整合，提升产业发展组织化水平，指导建立多种形式的龙虾养殖协会或养殖合作组织，加快建设盱眙龙虾小镇，促进产业集聚发展。

当地相关负责人表示，“十三五”时期，盱眙龙虾的产业发展有“四大目标”：经济规模突破300亿元，养殖面积80万亩以上，加工业销售突破50亿元；二三产业规模企业突破60家。

吃南京盐水鸭　品六朝风味

“无鸭不成席”、“无鸭不待客”是南京人的重要习俗。南京盐水鸭是南京著名的特产，是金陵菜的代表之一，也称“金陵盐水鸭”。

南京盐水鸭制作历史久远，早在春秋战国时期，南京即有“筑地养鸭”的记载。六朝时期，南京有了鸭馔，而且盐水鸭当时已是南京颇具盛名的食品，被誉为“六朝风味，白门佳品”。历史上，《南史》、《齐春秋》、《食珍录》、《儒林外史》、《金陵物产风土志》等历史文献都有南京盐水鸭相关记载。新中国成立后，特别是改革开放以来，南京的鸭产业得到了较好的传承与发展，表现在加工企业多，个体经营作坊多，经营门店遍及大街小巷，从业者众多，具有广泛的消费群体；既吸引了众多的海内外食客，也吸引了全国各地的鸭产业加工客商云集，使南京成为全国最大的禽产品集散地，为南京鸭产业的繁荣发展提供了无限商机，造就了产业发展史上的诸多辉煌。南京板鸭、盐水鸭制作技艺是江苏省首批省级非物质文化遗产代表性保护项目，目前共有省级代表性传承人1位，市级代表性传承人11人。鸭产业已成为南京的特色经

济，是南京经济建设中不可或缺的重要组成部分。

悠久的制鸭历史造就了南京人独特的制鸭经验。南京人食鸭花样很多，但尤以盐水鸭著名。清代南京方志学家陈作霖《金陵琐志》载称："鸭非金陵所产也，率于邵伯、高邮间取之。么凫稚鹜千百成群，渡江而南，阑池塘以畜之。约以十旬肥美可食……而皆不及'盐水鸭'之为无上品也，淡而旨，肥而不浓。"

正如陈作霖所言，盐水鸭最能体现鸭子的本味。盐水鸭做法返璞归真，滤油腻、驱腥臊、留鲜美、驻肥嫩。皮白肉嫩、肥而不腻、香鲜味美，具有香、酥、嫩的特点。而以中秋前后，桂花盛开季节制作的盐水鸭色味最佳，名为桂花鸭。据南京农业大学专题研究，盐水鸭中有令人愉悦的杏仁香、坚果香等92种香味，这些香味复合起来，成就了盐水鸭的独有风味，也使得盐水鸭成了南京香闻四方的城市名片。

口味独到必有其原因。南京盐水鸭所用的鸭子需要春孵夏长的鸭子散养于山水之间，吃水草螺蚌鱼虾长大，不停地让它们运动，这样的鸭子皮厚肉紧，宰杀前还要用稻谷催肥。盐水鸭制作包括宰杀、腌制、烘干、煮熟等过程，因其腌渍期较短，故需现做现吃。其加工过程中，控制火候为其成败关键。南京名厨所制盐水鸭脯上席时，特讲究鸭块之造型，或为菱花状，或为葵花状。该菜成型皮白油润，肉嫩微红，淡而有咸，香、鲜、嫩三者毕具，令人久食不厌。

如此久负盛名而又美味的南京盐水鸭如今的发展现状如何呢？

据南京鸭业协会工作人员介绍，目前，南京鸭业总体发展情况可以概括为：虽然近年来爆发的H7N9对鸭养殖、加工业造成打击，鸭业发展存在危机与挑战，但是鸭产业链关联度逐渐增强，加工企业结构性重组，资源整合进一步优化，新技术、新工艺、新产品得到普遍应用与推广。

企业投入逐年加大。2012年以来，南京鸭制品加工行业企业加大了生产基地的投入，一批企业先后进行了搬迁新建。如南京桂花鸭(集团)有限公司滨江现代化生产线、南京樱桃鸭业铜井生产基地、江苏三鸿食品有限公司雨花基地、南京九久食品有限公司八卦洲基地等。这些项目的实施得到了各级政府的大力支持，使南京鸭产业的整体实力跨上一个新台阶，打破以往鸭产品生产企业只是放大了的作坊的定式。新项目在厂房设计、工艺布局、功能定位以及后续发展等方面做到科学合理，生产加工能力显著提升。同时，采用新技术、新工艺，在生产、杀菌、包装等方面不断进行技术革新，更能保持鸭产品原有的风味特色。

多渠道销售，“城市名片”效应凸显。盐水鸭是最具南京特色的地方产品之一，是带得走、尝得到的南京“城市名片”，是游客最喜欢购买的特产之一。南京市鸭加工企业在深化品牌影响、丰富鸭馔制品的同时，积极探索新型的产品经营方式，构建了以连锁经营门店和超市、卖场的熟食柜台为主，以夫子庙、中山陵、火车站、机场等旅游窗口地带的鸭产品专营店及网络销售为辅的阶梯式、全渠道营销模式。其中，电子商务、网络营销的比例逐年增长。

产业集群支撑作用明显提升。目前，南京鸭产业已形成了以南京桂花鸭（集团）有限公司为龙头，以南京樱桃鸭业有限公司、南京鸡鸭加工厂有限公司、南京绿柳居清真食品有限公司、南京农大肉类食品有限公司等知名企业集聚的产业集群。随着南京盐水鸭农产品地理标志的推广使用、南京板鸭、盐水鸭制作技艺非物质文化遗产代表性项目的认定，鸭产业优势更加明显，南京已成为全国最大的鸭产品集散地，产销量居全国之冠。

食品安全保障力显著提高。南京鸭业企业积极履行食品安全第一责任人的职责，企业食品安全意识明显增强，严格执行国家规定，贯彻落实《新食品安全法》，加强检验检测能力建设，加强企业食品安全管理人员队伍建设，重点企业设立食品安全师、首席质量官等岗位，食品安全保障能力显著提升。

企业“走出去”有了新的探索。盐水鸭作为南京特产，地域性较强，产品“腿短”，但行业企业一直在探索“走出去”的途径，做了大胆的尝试。2017 年 7 月 27 日，南京桂花鸭集团 5 个品种，共 5 吨桂花鸭制品顺利在香港通关，总价值 11.2 万美元，这是自 2013 年禽流感爆发，南京桂花牌盐水鸭暂停出口香港市场 4 年后，再次登陆香港。南京樱桃鸭业积极参加各类展销会，如香港美食博览会、第四届（济南）非遗展览会等，扩大了盐水鸭的知名度和影响力。

如今，南京鸭产业涵盖了养殖、活禽交易、屠宰加工、深加工企业、个体生产经营者以及从事生熟鸭产品专业营销的门店。据南京鸭业协会初步统计，目前取得食品卫生许可证的深加工企业有55家，产能巨大，门店众多，是鸭产业主力军。其中有全国农业龙头企业1家、省市农业龙头企业5家，拥有全国驰名商标2个、省著名商标6家、名牌产品企业多家。2015年产销量8 145万只，年销售额90.22亿元。2016年基本持平，年销售额90亿元。2017年上半年销量约5 000万只，销售额55余亿元。其中深加工企业实现产销量2 500万只，年销售额18.75亿元，分别占全市产业年销量的31%和年销售额的21%，经营门店1 500家。从事冻禽副产品经营的大型市场3个，经营摊点800余家。

金华两头乌　中华“熊猫猪”

中国有四大名猪，分别是金华猪、太湖猪、宁乡猪、荣昌猪。排在最前面的是金华两头乌，这是金华的骄傲，也是浙江的骄傲。金华两头乌猪，两头黑、中间白，又称“中华熊猫猪”，肉质好，皮薄骨细，肉香浓郁，肥而不腻，百吃不厌，名扬四海，人尽皆知，是首批中欧地理标志互认产品。

在老金华人的记忆中，童年时的农村人家几乎家家户户都饲养过两头乌猪，耳下垂、背微凹、中间白、两头黑，被称为“中国熊猫猪”的两头乌是我国著名的优良猪种。

一头两头乌猪长到可以屠宰的110千克左右，起码要8个月，缓慢的生长周期加上鲜美的肉质口感，使得市场上两头乌猪肉均价在80元/千克左右，是普通猪肉价格的三四倍，但人们并没有因此对它望而却步。

两头乌的肉质颜色鲜红、肥而不腻，尤其适合做腊肉。当然两头乌猪肉最负盛名的用途并不在此，皮薄、骨细、细嫩多汁，肌肉富含肌肉脂肪，闻名中外的金华火腿就是用两头乌猪的腿肉制成，金华火腿皮色黄亮，肉红似火，香烈而清纯，畅销国内外。随着火腿远销，金华猪也随之扬名，越来越多的外地人也嗅到了两头乌猪肉的独特风味儿，来场里采购的顾客络绎不绝。

独特品质获评首批地标示范样板

金华两头乌猪位列我国四大名猪之首，2015 年获评全国首批国家级农产品地理标志示范样板，作为农产品地理标志产品，金华两头乌猪的独特性在哪里？

“金华两头乌”肉质非常鲜美，长像比较独特，能够被评为农产品地理标志产品，主要有两个方面：首先，金华两头乌人文历史底蕴厚。金华养猪的历史最早可追溯到 1600 多年前西晋时期，春节吃“猪福”、丰收“摆祭猪”等重要习俗至今延续。

其次，地域品质特性强。金华“三面环山夹一川，盆地错落涵三江”独特地貌特征以及优质丰富的生态环境资源造就了“金华两头乌”这一国宝级猪种。金华高度重视地理标志公共品牌的宣传，成功注册了“金华两头乌”地理标志证明商标，在华东农交会、浙江省农博会都专门设置了“金华两头乌”主题展馆。

金华市珍其源两头乌食品有限公司负责人吴旭珍说，自2015年起，两头乌猪肉的销量开始提升，目前销售均价达到每千克90～110元，并销往杭州、上海、广州等地。而在2016年的G20杭州峰会上，国宴预选50道菜，其中11道使用了“金华两头乌”生产的金华火腿；招待晚宴上的那道历史名菜“东坡肉”，也是选用“珍其源”提供的两头乌猪肉烹调而成。

产业振兴在行动

1600年的养殖历史，将两头乌淬炼成金华的一张金名片。如何让这张金名片更加熠熠生辉，这些年，政府也确实想了不少办法。

据金华市农业局局长吴国平介绍：“金华两头乌猪生长速度慢，养殖时间长，成本高，脂肪沉积能力强，瘦肉率偏低，不符合现代人的消费习惯，只有改良生长速度，降低脂肪含量，其商业价值才能最大化挖掘出来。这就需要在现有金华两头乌猪品种基础上，培育出适应市场需要的新品系，达到肉质优良、品质安全、肉香四溢，并使之成为战略性产品，成为打造形象与品质的主导产品。目前，我们正在跟国家科研院校合作，进行试验，确定新的品系，技术参数，让两头乌更加符合市场需求。另外，让纯种两头乌更加优化、口感更佳，养殖成本更低，市场竞争力更高。”

为此，金华市政府下发了振兴行动计划，明确按照“特色、优质、绿色、创新”要求，实施“1265”行动计划，突出种质资源品质提升和全程标准化体系建设两个重点，实施种质资源保护、科技创新利用、品质提升示范、加工营销增值、品牌文化提升、服务体系建设六大工程，构筑育种供种、研发创新、文化展示、营销服务、检验检测五大平台。

两头乌猪产业将实现“三个转变”和“三个提升”：“生产方式”实现转变，由传统养殖方式向规模化、设施化、生态化、集约化、标准化、信息化、智能化养殖转变，由以单一养殖为主的生产方式向以产、加、销一条龙及以合作共赢为主的生产方式转变；“营销模式”实现转变，由传统的实体销售转变为实体营销和网上营销双轮驱动；“产品结构”实现转变，由过去的初级加工向精深加工转变，并趋于多样化和多层次。

“品牌价值”实现提升，在金华两头乌猪和金华火腿的悠久历史及灿烂文化传承下，影响力和竞争力不断提高，品牌附加值大幅提升；“产品质量”实现提升，全程标准化生产，冷链系统完善，质量可追溯；“创新能力”实现提升，掌握一大批核心技术和关键技术，拥有更多自主知识产权，为产业健康发展提供强大科技支撑。

金华市畜牧局的数据显示：目前，全市有两头乌猪养殖场 1 300 多家，年出栏量为 7.5 万～8 万头，母猪存栏量为 5 000 多头，只占到金华地区年生猪出栏量的 3%～4%。为了振兴两头乌猪产业，金华市在积极推进这一产业的转型升级，在保种、标准化设施等方面给予技术支持。金华市里还设立了金华两头乌猪产业专项资金，扶持力度逐年增加。

奉化水蜜桃　长“在那桃花盛开的地方”

每当三月桃花盛开、七月满山桃熟，奉化人聚谈的话题自然会引到奉化水蜜桃。

奉化水蜜桃的前世今生

据介绍，奉化水蜜桃栽培已有 2 000 多年历史，品种资源丰富。据奉化史志记载，奉化传统名果“玉露”水蜜桃，是 1883 年清光绪年间从上海西门黄泥墙引进的上海龙华水蜜桃，经嫁接繁育和几十年的品种筛选，选育出的适应奉化当地土壤和气候环境条件的水蜜桃品种。因其品质优异，经过 100 多年的栽培，已成为奉化的传统名果，也是中国四大传统名优桃之一。正如广告语中所说“此果只应天上有，人间惟有奉化栽”。在 1980 年农业出版社出版的《落叶果林分类学》一书中，奉化水蜜桃被称

为“我国水蜜桃中最有名的品种”；国内外桃子专家也一致认为：“奉化水蜜桃品质为全国之最，堪称中国第一桃。”

自奉化被国务院发展研究中心等部门联合命名为“中国水蜜桃之乡”以来，在上级有关部门的支持和奉化区委、区政府的大力扶持下，特别是在奉化撤市设区的两年时间里，奉化水蜜桃产业得到了持续、稳定、倍速的发展。截至2018年，奉化水蜜桃栽培面积达5.3万亩，总产量超5万吨，总产值近6亿元，已成为奉化农业十大主导产业之首，也是奉化促进农村增绿、农业增收、农民致富的支柱产业。

强化技术保障　健全产业服务体系

宁波市奉化区水蜜桃研究所先后与浙江大学、浙江万里学院等有关院校合作，开展了水蜜桃育种项目、高品质桃栽培技术项目的试验研究，引进国内外水蜜桃品种120余个，经过省农作物审定和林木良种审定的品种有5个。建立水蜜桃种质资源圃15亩，保存水蜜桃品种资源150多个，涵盖水蜜桃、油桃、蟠桃、观赏桃等，同时建立杂交试验园10余亩，保存自主杂交后代株系420余个，形成了以“玉露”桃为主，早、中、晚熟不同成熟期相配套的30个主要栽培品种体系，同时创新出一套“一轻（轻剪长放）、二重（重视土壤改良、重视夏季修剪）、三疏（疏花、疏枝与疏果）、四套（专用袋套袋）、五防（病虫害综合防治）”栽培技术体系，并制定了有关省、市技术规程和地方标准。

此外，以宁波市奉化区水蜜桃研究所为依托，当地积极开展引进国外智力项目工作，先后引进“白凤”、“白丽”、“清水白桃”等国外水蜜桃品种56个，引进桃高品质栽培技术、保护地栽培技术、省力化栽培技术和老桃园障碍病防治技术等国际上先进的水蜜桃栽培技术和管理经验12项，同时为加深奉化与国外农林科技领域的交流合作，组织赴国外果树技术考察代表团，派遣赴日研修生4批5人次。研究所被评为国家引进国外智力成果示范推广基地，2015年建立院士工作站，成为宁波、奉化对外技术交流活动的窗口。

为推行标准化生产、规范化管理，奉化市设立了农技推广责任制。每年举办多形式、多层次的技术培训活动，针对不同生产季节，不定期地开展整形修剪、施肥、疏花疏果、病虫害防治、产品销售等产前、产中、产后服务工作，并首次实现了宁波范围内的水蜜桃病虫害统防统治技术，截至目前，已有2 070多亩水蜜桃纳入该项技术。近几年还加强了保险公司的农业政策保险工作，目前已有5 000多亩水蜜桃纳入农业政策保险，针对台风、连续阴雨、倒春寒等自然灾害气候，对水蜜桃树体及果实做好保险保障。成立奉化水蜜桃专业服务队5支，每年为全区桃农进行现场技术指导，举办技术培训，为推行全区水蜜桃标准化生产、规范化管理、品牌化发展提供技术保障。

三产融合创新　打造水蜜桃金名片

近年来，按照水蜜桃产业规划，通过基地建设、品牌创立、市场拓展、提高科技含量等手段，奉化市在溪口镇、萧王庙街道、锦屏街道建成了6个面积5 000亩以上的水蜜桃现代示范园区，发展了新建、林家、西圃等11个面积1 000亩以上的水蜜桃专业村，在奉化水蜜桃栽培主产区，水蜜桃收入占农户总收入的80%以上。2001年实施了浙江省级林业特色基地建设，2002年建设了宁波绿色农产品基地，2004年被列为浙江省无公害农产品基地和国家绿色农产品基地，2006—2017年实施了两次宁波市级产业化示范区建设，初步形成了区域化布局、专业化生产、品牌化运作、现代化设施及先进科技相配套的现代农业生产经营新格局。

为创立品牌，提升产品档次，1998 年，奉化申请了“锦屏山”牌奉化水蜜桃商标，这是奉化唯一政府主导的品牌，多次获得省、市农产品金奖和名牌产品等称号，已连续五届被认定为省农业名牌产品。奉化水蜜桃先后荣获中国国际农业博览会金奖、国家原产地标记保护注册农产品、国家绿色 A 级农产品、中国十佳农产品品牌和全国早熟桃金奖等荣誉称号。2008 年取得了“奉化水蜜桃”证明商标，2009 年获得了“中国驰名商标”称号,2010 年被农业部 (现农业农村部) 审定为农产品地理标志登记产品，2017 年被授予“2017 百强农产品区域公用品牌”称号。

一系列荣誉的获得，大大提升了奉化水蜜桃在国内外市场的知名度和美誉度，为进一步拓展市场打下了良好基础。

奉化水蜜桃鲜桃供应时间从 5 月中旬一直持续到 9 月中旬，长达 120 多天。为拓展市场、促进流通、增加桃农收益，近年来，奉化市政府和有关乡镇 (街道) 连续在上海、杭州、宁波等城市举办水蜜桃促销活动，建立了奉化水蜜桃直销窗口。近年来培育出 100 亩以上本地龙头水蜜桃企业 10 余家，各企业均打造出自己特有的品牌，并形成了子母品牌共同发展的良好局面。

通过水蜜桃文化节的带动，奉化市水蜜桃不断扩大规模。家乡奉化一直是词作家邬大为魂牵梦萦的地方，小时候，家乡的美丽给他留下了深刻印象。《在那桃花盛开的地方》，唱的就是奉化。在接受采访时，邬大为谈起歌曲《在那桃花盛开的地方》的创作背景，他说，当年是来自奉化的小战士激发了他的创作灵感，他在创作歌词时想的就是家乡和家乡的桃花。

此外，当地成功塑造出奉化“桃花之城”的品牌形象，做火了全区的赏花经济和乡村旅游。特别是在桃花盛开的 3—4 月，通过桃园赶集、桃花马拉松等大型活动，进一步扩大了奉化水蜜桃的品牌影响力。区政府还看中电子商务这块飞速发展的领域，开设电子商务、邮政、快件等网络销售模式，把奉化水蜜桃销往全国近 30 个省份，还通过顺丰优选及出口备案基地远销香港。近几年还衍生出果汁、果脯、果酒以及桃胶等产品。

舟山带鱼 “世界上最好吃的带鱼”

舟山渔场，与苏联的千岛渔场、加拿大的纽芬兰渔场、秘鲁的秘鲁渔场齐名，是世界四大渔场之一，也是中国最大的渔场。舟山渔场海域范围在北纬29° 30’～31° 00’，东经125°以西，四季分明，冬无严寒，夏无酷暑，年陆地平均气温16.4℃，海洋平均水温18℃，为北半球黄金分割线气候地带。这里处于长江、钱塘江、甬江三江入海口，为江水与海水的交汇口和江浙沿岸、台湾海峡暖流与黄海寒流的交汇之处，系我国沿海低盐海域，海水的年平均盐度为20.56‰。舟山群岛拥有1 339个岛屿，为中国沿海第一大群岛。岛海间水流急缓相交，水域浑浊，饵料丰富，海底平坦，海床宽阔。海水深度一般在20～40米，太阳光可直射海底，生物的光合作用强。优质的条件让这里盛产多种渔业资源，又以大黄鱼、小黄鱼、带鱼和墨鱼（乌贼）四大经济鱼类为主要渔产，今天我们就来看看舟山渔场四大经济鱼类之一的舟山带鱼。

舟山带鱼是全国首批海鲜类国家地理标志商标拥有者，以其肉厚而油、味鲜为特点，誉满海内外，红烧、清蒸、咸制、风干等多种吃法各有特色。新鲜的

舟山带鱼拿来清蒸，鲜而不腥，且无其他地方带鱼的大骨粒异物感，在海内外备受欢迎，被称为“世界上最好吃的带鱼”。诸多的优点让舟山带鱼名扬海内外的同时，也让其比其他带鱼有了更高的市场价值，因此不少商贩拿其他地方带鱼冒充舟山带鱼牟利，这就需要我们擦亮眼睛，认清带鱼的身份，下面就一起看看舟山带鱼有别于其他带鱼的显著特征吧。

舟山带鱼是冷水带鱼，个头小，肉薄细腻，有咬滞，个头一般在一米以下，脊背无石骨，口感更加好。而热水带鱼，以常见的南海带鱼为例，地处热带，南海带鱼生长快、肌肉松、个体大，热水带鱼大的有一米多长，吃起来肉感粗糙、松懈，无咬滞，有大骨粒。

从外形看，舟山带鱼小而窄，身宽多在4～7厘米，南海带鱼比较大，身宽多在6～10厘米。1996年3月中旬浙江有一渔民曾捕到一条长2.1米、重7.8千克的特大个体舟山带鱼，这条“带鱼王”后来被温岭市石塘镇小学的生物博物馆收藏。当然，这样的大个头是非常罕见的个例。其次看背鳍，舟山带鱼较小，南海带鱼较大。另外还可以通过眼睛的颜色来辨别，舟山带鱼通常是黑色，南海带鱼一般呈绿色。

另外，舟山带鱼骨小体肥，背脊上无凸骨，鳞片容易脱落。人们常常误认为鳞片不易脱落的带鱼才好，导致很多商贩在带鱼外表刷鳞片等添加物，其实是种误区。舟山带鱼鳞片易脱落，正宗的舟山带鱼，鳞片完整程度只跟捕捞方式有关——钓带和网带。钓带外形整顿，好看；网带外形有些散，鳞片不整齐有脱落。

带鱼是一种只能在深海生存的鱼类，都是远洋拖网打捞上来的。带鱼对水压等生存条件要求比较高，所以被打捞上来时鱼都已经死亡。而且，鱼鳔因为压力原因会破裂，这就是为什么市民在购买带鱼时经常发现带鱼腹部破裂的原因，所以平常我们在市面上不可能买到鲜活带鱼，但也说明带鱼都是野生的。最后要提醒大家的是，舟山渔场属东海海域，东海有休渔期，一般9月以后开禁，而舟山带鱼有夏冬两季作业，冬季带鱼品质最佳。

三门青蟹　横行世界

三门县，隶属于浙江省台州市，位于台州市东北部沿海，素有“小海鲜乡城”、“青蟹之乡”的美誉。2017 年，央视纪录片《一只蟹 · 一座城》首映式在这里举行，这部片子用生动的镜头记录了三门青蟹在不同季节、不同场景、不同人群中建构的不同故事。能让央视为其专门拍摄一部纪录片，三门青蟹自然有其过人之处。

三门青蟹，从名字我们就可以看出，它是三门县的特产，2006 年，三门青蟹拿到一张非常有含金量的名片——全国首个海水养殖产品地理标志证明商标。发展至今，三门青蟹养殖面积已经近 10 万亩，产值 6 亿多元，青蟹产量占全国 1/9，全省 1/3。在三门，青蟹养殖户超过 3 万户，从事相关产业达 10 多万人，说“一只蟹，成就了一座城”，一点不夸张。

说起三门青蟹的养殖历史，还要追溯到清朝乾隆年间，早在二三百年前，三门县泗淋乡岳井村已开始养殖青蟹。到了 20 世纪五六十年代，三门县渔民开始采用空酒坛养殖和石板舱养殖，即把青蟹放在酒坛内进行养殖和在滩涂上挖坑，再盖上石板供青蟹蜕壳。20 世纪 80 年代初期，三门开始进行围塘养殖。

1997 年的 11 号台风，给三门带来了灾难性打

击，但自然灾害却没有毁灭青蟹产业，反而掀起了青蟹养殖热潮。台风过后，位于花鼓漫岛的涛头村靠海吃海，率先进行产业结构调整，实施种改养，养殖青蟹，效益比耕种旱地高出 5 ~ 8 倍。如今，涛头村全村有养殖塘 5 000 多亩。“在三门，青蟹最早是放养的，后来出现了人工养殖，再是混养。”三门县青蟹办产业科负责人苏以鹏介绍，如今还涌现出室内养殖、越冬养殖等新技术。“养殖户们也开始追求品质提升。”如今，不少养殖户走出三门，将青蟹养殖拓展到了其他省份，更有一些养殖户走出了国门，到马来西亚、莫桑比克等国从事青蟹生意。“三门青蟹，横行世界”，这一经典广告语成了现实。

三门青蟹能“横行世界”，自然还要归功于其美味和营养。三门青蟹色泽光亮呈青蓝色，壳较薄且大螯较大，整体看来饱满，食用时味香浓郁。其肉质丰满结实、味美鲜甜、口感好，形成了“青背、黄肚、金爪、绯钳”的特色外观，是集耐寒性、广盐性、广温性于一身的优良品种。三门青蟹富含 18 种氨基酸，蛋白质和钙、磷、铁、维生素 A 等微量元素丰富。六七月份出产的青蟹重约 150 ~ 350 克，食用时有一股独特的清香。三门青蟹具有很好的药用价值，肉和内脏对治疥癣、皮炎、清疮、湿热、产后血闭等有一定作用，长期食用具有利水消肿、滋阴壮阳之功效，是优良美容保健食品。

如此优良的品种，与三门独特的地理环境不无关系。三门县境内水系发达，从北向南有旗门港、海游港、健跳港、浦坝港、洞港港湾深嵌内陆，沿岸有清溪、珠游溪、亭旁溪、白溪、山场溪等八大溪流，雨季夹带着大量养分入海，致使近海水质肥沃，盐度适中，饵料生物丰富，有利于海水生物的繁殖生长。据全国海水普查，三门湾每升水体含硝酸盐 15.8 微克，磷酸盐 1.0 微克，硝酸盐 25.7 微克，每立方米海水有浮游生物 668 克。港湾退潮流速大于涨潮流速，泥沙很少沉积，使港湾稳定，盐度适中，饵料生物丰富，近海无工业污染，水质清晰。湾内海水符合一、二类海水标准，非常适宜养殖青蟹。

来到三门，在曲折的海岸边看着风平浪静、清澈迷人的港湾，一品青蟹美味，实乃人生一大享受。

砀山酥梨　有名有品

砀山酥梨因砀山而得名，砀山又因砀山酥梨而闻名中外。砀山酥梨的栽培史最早可以追溯到春秋战国时期，明清时期开始大面积栽培。明万历、清乾隆年间均被列为贡品。

砀山酥梨　落到地上找不着

砀山酥梨以果大核小、黄亮型美、皮薄多汁、酥脆甘甜而驰名中外。砀山酥梨属白梨品系，是白梨和沙梨的天然杂交品种，9 月上中旬成熟。果实近圆柱形，顶部平截稍宽，平均单果重 250 克，大者可达 1 000 克以上。果肉洁白如玉，酥脆爽口，浓甜如蜜，更兼皮薄多汁，弹指即破，

入口即酥，落地无渣等特点。自古盛传："砀山梨，皮儿薄，落到地上找不着"。

砀山酥梨营养丰富，含多种人体必需的氨基酸、维生素、矿物质，含糖量平均在 13% 左右。常食之，对身心健康很有裨益。砀山酥梨具有很高的医疗价值，《本草纲目》中记载"梨品甚多，俱为上品，可以治病"。并明确指出梨可"润肺凉心，消痰降火，解疮毒醉酒"。

多措并举　夯实品牌基础

砀山年产酥梨 7.5 亿千克左右，是全国水果生产十强县，近年来，砀山县大力发展酥梨产业，多措并举，不断提升果品品质，筑牢品牌根基。

以市场为导向，提高砀山酥梨品质。不断提高酥梨含糖量，增加可溶性固形物，改善外观色泽、果型，逐步减少农药、化肥使用量，以适应国内外市场的需求。建立砀山酥梨出口基地，标准化果园等，实行规模化生产、集约化经营。优质酥梨生产区域主要分布在沿黄河故道的果园场、园艺场以及良梨、李庄、唐寨、玄庙、官庄等乡镇。

加强科技攻关，增加科研投入。加快开发新品种、新技术和新工艺，为梨产业发展提供技术储备；加大科技成果的推广力度，促进科技成果的转化；加强技术培训和指导，提高果农的综合素质及果园管理和产后处理及营销的技术水平。支持国内农业院校、科研单位围绕酥梨产业发展规划，开展良种选育、引进；加强水果采后商品化处理、水果贮藏、水果深加工以及形象设计、宣传、促销等。加强水果生产技术推广体系建设，加大科技培训力度，全面提高基层干部和农民的科技素质。

加大投入力度，增强发展动力。开辟投资渠道，拓宽资金来源，建立多层次、多形式、多元化的果业投入机制，争取各级政府、财政部门增加对果业的投入，设立砀山酥梨产业专项发展基金，主要用于果业标准化基地建设、信息网络建设、技术培训、实用技术推广、良种苗木繁育引进、示范园建设和培育中介服务组织，扶持果业发展。协调金融部门逐步把果业项目作为扶持重点，充分研究、探索对果业项目的投资办法和方式，调整信贷结构和投向，重点加大对龙头企业和基地建设的贷款规模。着力改善果业基础条件、加强产业薄弱环节、支持结构调整。

建立社会化服务网络，化解小生产与大市场矛盾。加快砀山县梨产业发展服务中心、水果协会、砀园果业集团以及其他涉农组织的职能转化，建立适宜水果产业化发展的社会化服务网络，从信息咨询、技术承包、科技培训、订单农业、期货贸易、产品入股、合伙经营等入手，充分发挥专业合作社的组织、协调功能，规范合同、契约与服务之间的关系，有效解决小生产和大市场之间的矛盾，形成政府扶持市场、市场引导龙头、龙头建立基地、基地吸引农户的社会化市场服务网络。

电商加持　助力品牌营销

为拓宽酥梨销售渠道，砀山县大力发展电子商务。目前已拥有电商企业 1 211 家，网店、微店超 1.5 万家，10 万余人从事电商及相关产业，实现了全县扶贫村电商扶贫驿站全覆盖，带动 1.3 万户果农摆脱贫困。

如今，砀山的街巷村寨，能看到许多上了年纪的老人骑着电动三轮车赶早去快递点送货，也会看到二三十岁的返乡青年坐在家里忙着回复客户发来的信息。电商的出现，就像一缕春风，一泓清泉，承载起人们创富的梦想。2016 年，砀山县网上农产品销售额达 31.6 亿元，成为全国县级农产品电商销售大县，并荣获“2016 年中国十大农村电商合作探索奖”。2017 年，砀山县网上交易额超 40 亿元，以优秀等次顺利通过商务部对该县创建国家级电子商务进农村示范项目绩效评价，名列全省第一，走出了一条“产业＋基地＋电商＋贫困户”扶贫模式，成为全国电商精准扶贫的“砀山模式”。

产业融合　提升品牌知名度

砀山县积极抢抓国家全域旅游示范区创建试点机遇，借助拥有近百里黄河故道这一独特的生态资源优势，依托一年一度的梨花节和采梨节，探索形成了“生态旅游＋休闲运动”相结合的发展模式。2017 年以来，砀山县先后成功举办了春秋两季梨园国际马拉松、国际马术一星级耐力赛、国际马术二星级耐力赛、2017 中国砀山马术高峰论坛暨企业名家马术耐力赛、“健康安徽”环江淮万人骑行等体育赛事，荣获中华民族大赛马•传统耐力赛最佳赛道奖和推动奖两项大奖，被评为“健康安徽”环江淮万人骑行大赛最美公路赛道。其中国际二星级马术耐力赛为国内首次举办，开创了国内马术发展史上的先河。砀山县依托黄河故道打造的世界顶级马术赛道，被中国马业协会称为全国“十大黄金赛道”之首，受到国内外骑手的广泛好评，主流媒体广泛宣传报道。

2017 年，“酥梨小镇”获评宿州市首家省级特色小镇，“梨都马术运动小镇”入选全省首批体育特色小镇，来砀游客 358 万人次。梨花节和采梨节期间，每天去砀山旅游的人数都保持在两万人以上。

霍山石斛　中华瑰宝

石斛有很多种，霍山石斛则是石斛中的极品。道家经典《道藏》曾把霍山石斛誉为“中华九大仙草之首”。独特的自然环境、悠久的种植历史，成就了霍山石斛的独特。近年来，在相关产业政策的引导下，霍山石斛产业又迎来了新的发展机遇。

独特地域孕育珍稀药材

霍山县位于安徽西部、大别山北麓，面积 2 043 平方公里，属北亚热带温湿季风区，四季分明，气候湿润，雨量充沛，植被丰富，物种众多，森林覆盖率达 75.1%，生物物种多达 6 500 余种，是一个生态系统相对完备、森林植被垂直分布、珍稀物种丰富的天然基因宝库，为众多中药材的繁衍生息提供了良好的自然条件。这里有丰富的矿产、药材、茶叶、蚕桑、毛竹、水电、板栗、森林等自然资源，素有“金山药岭名茶地，竹海桑园水电乡”的美誉。

霍山石斛是霍山独有的名贵中药材，是我国濒临灭绝的珍稀保护物种。

霍山石斛历史悠久，优质的药用功效千百年来被医家所证明，《神农本草经》《本草纲目》《名医别录》《本草纲目拾遗》《百草镜》等历史医学名著中，对霍山石斛均有明确记载，对其习性、特征、环境、功效等作了明确阐述。石斛属多年生附生草本植物，全世界约有 1 500 种，我国分布有 76 种（包括 2 个变种）。霍山石斛属未进化的气生兰科植物，大多生长在云雾缭绕的悬崖峭壁崖石缝隙间和参天古树上。由于其生长条件极为苛刻和长期无节制采集，产量很少，市场根本无法买到。20 世纪 50 年代以来，由于滥采滥挖，加上霍山石斛自身的自然繁殖能力低下，这种名贵中药材每年的收获量只有 5～10 千克，20 世纪 80 年代每千克售价高达 3 600 美元。1987 年后，药用石斛列入《国家重点保护野生药材物种名录》《中华人民共和国珍稀濒危植物名录》《濒危野生动植物种国际贸易公约 CITES》等名单中。

之所以说霍山石斛是霍山独有的资源，主要原因是：

霍山生长环境极其优越。霍山石斛独特的内在品质主要取决于其特定的生长环境和优良的种源特征。霍山是我国石斛生长的最北端，到了极限生长区域。具体讲，霍山属亚热带季风气候区，季风显著、四季分明、雨量充沛、冷热适中，气候资源丰富。气温、降水、温度、霜期和众多的河流、宽阔的水域孕育了霍山石斛特有的小气候环境，就是在这特定的小气候环境里，才能使霍山石斛有效成分得到积累。

1700 年悠久历史，孕育珍稀药材。公元 3 世纪出版的《名医别录》即有霍山石斛的记载："石斛生于六安山谷水旁石上"，此后历代本草均沿用上说。可见，六安产石斛为古代最早的品种之一。霍山石斛应用历史悠久。"霍山石斛"一名，最早的记载出于清代赵学敏所著《本草纲目拾遗》，书中载："霍石斛，出江南霍山，形较钗斛细小，色黄，而形曲不直，有成毬者。彼土人以代茶茗，云极解暑，醒脾，止渴利水，益人气力，或取熬膏饷客，初未有行之者，近年江南北盛行之，有不给。"又有清代赵学楷的《百草镜》载："石斛，近时有一种形短只寸许，细如灯芯，色青黄，嚼之味甘，微有滑涎，系出六安州及颍州府霍山县，名霍山石斛，最佳。"由此可见霍山石斛与霍山有着深远的渊源关系。

同时，也取决于历史悠久的地方品种。新中国成立后，在党和政府的大力支持下，霍山石斛得到了发掘和保护。国家组织中药材专家深入药材区，会同药农共同研究、反复实验，于 1983 年，野生变家种获得成功；后经多次制作过程的对比和修改论证，使霍山石斛制作工艺日臻完善，色、质、形进一步提高，形成了独特的"黏齿、味甘、微咸、形缩"特有品质风格。

石斛药用保健价值显著。中医记载霍山石斛主要有九大功效。清末周岩著的《本草纲目思辨录》也认为"石斛为肾药、为肺药、为胃肠药"。现代研究表明，霍山石斛含有多糖、生物碱、蛋白质和 20 多种氨基酸、萜类以及多种微量元素，而这些有效成分含量远远高于其他石斛，具有生津益明、清热养阴、消炎止痛、清音明目功能及抗癌、防癌、抗衰老、抗辐射和增强免疫力的功效。因此，霍山石斛的药用保健价值早被历史所认识，也被现代医学所佐证。

石斛特色产业风生水起

霍山县委、县政府高度重视霍山石斛产业发展，特别是自 2009 年 10 月以来，县委、县政府出台了一系列的奖励扶持政策，极大地调动了各方面发展石斛产业的积极性，加之霍山石斛市场前景广阔产生的强大拉动作用，吸引了众多客商来霍山投资开发，霍山石斛产业迎来了难得的发展机遇。

据了解，霍山石斛的公共产品也得到了大力开发，其“国家地理标志产品保护”得到认可。近年，霍山石斛被国家技术监督局评审认证为地理标志保护产品。目前，已有多家霍山石斛开发公司获得霍山石斛地理标志保护产品使用许可。2010 年 12 月，霍山县被中国野生植物保护协会授予“中国石斛之乡”称号，这是全国唯一的称号。2010 年 11 月，“国家地理标志证明商标”由国家工商总局正式批准。

据资料显示，近年来霍山县内外对石斛产业的投资不断增多，2010 年至今，已有 10 多家县外企业来该县投资，发展霍山石斛。在市场拉动和政府的推动下，全县石斛基地的发展速度较快，但目前产量远远不能满足市场的需求，大量投资者投入发展石斛产业。县内企业长冲中药材公司和五峰山石斛开发有限公司多年从事霍山石斛开发和销售，近几年规模不断扩大，种源基地和生产基地快速发展，先后在太平畈建成了百亩石斛基地，并与科研机构合作，进行石斛产品开发研究和建立霍山石斛组培室；顾本堂石斛开发有限公司虽然是近几年才投入石斛行业，但起步高，发展快，在大沙埂生态园租用土地和山场，现已建成近百亩的基地，并租赁山场上千亩，打造以霍山石斛为龙头的中药材种植基地；鑫土地石斛开发有限公司是多年从事霍山石斛销售的企业，随着公司市场的进一步拓展，产品供不应求，建立基地达 50 亩。

此外，霍山县抓住发展契机，积极打造规模以上种植基地。目前，霍山石斛产业基地建设势头良好，已逐步形成从零星栽培到连片栽培，从常规粗放栽培到大棚科学栽培，从封闭式独户发展到招商引资规模开发。

一是基地发展较快。基地面积由 2008 年的 3 万平方米，发展到目前 60 万平方米，占地面积达 1 500 多亩。基地种植范围也由太平畈、衡山镇、大化坪、下符桥 4 个乡镇，扩展到现在的太平畈、黑石渡、诸佛庵、大化坪、与儿街、衡山镇、东西溪、磨子潭、上土市、下符桥 11 个乡镇和县经济开发区，种植户由 2008 年的 30 多户发展到 150 多户。

二是引进了现代化栽培技术。霍山石斛多年来一直采用传统式野生栽培，产量不高；为提高石斛产量，扩大生产规模，促进霍山石斛产业的发展，霍山县在保护霍山石斛品牌前提下，精心吸取外界成功经验，积极引进高新栽培技术，目前引进的栽培技术实验获得成功，外来投资的大企业和本地栽培大户建立了先进的大棚基地。

三是建立多家组培企业。一直以来，霍山石斛受种苗供应的限制，发展速度缓慢。2009 年来，长江精工安徽圣农公司、安徽中升公司和花城园林公司等多家企业建立霍山石斛组培室，种苗组培已显现规模。2012 年共组培种苗 200 万瓶，年出苗 1 亿株。

琯溪蜜柚：承载平和人 500 年光荣梦想

一年美景最秋色，又是蜜柚飘香时。金秋时节，柚果飘香、叠翠流金。琯溪蜜柚产自福建省平和县，这里盛产的琯溪蜜柚，以果大皮薄、瓤肉无籽、洁白如玉、汁多柔软、不留残渣、滋味隽永被列为柚类之冠。

平和县位于闽南金三角漳州市的西南部，介于厦门和汕头两个经济特区之间，与闽粤两省八县毗邻，素有“八县通衢”和“五江之源”之称。

平和，是农业大县，这一片土地钟灵毓秀，闽南第一高峰大芹山常年云雾缭绕，花山溪畔四季花果飘香。这里拥有蜜柚、茶叶、香蕉、蔬菜、青枣等绿色

品牌，先后被命名为“中国琯溪蜜柚之乡”“中国白芽奇兰之乡”和“中国坂仔香蕉之乡”。琯溪蜜柚是平和经济发展的支柱产业，全县 90% 的家庭种植琯溪蜜柚。

有分量的蜜柚

平和是全国最大的柚类生产基地县和出口基地县，是当之无愧的“世界柚乡、中国柚都”。全县蜜柚种植面积 70 万亩，产量超 120 万吨，产值 50 亿元，涉柚产值超百亿元，年出口 15 万吨，创下全国县级柚类品牌、种植面积、产量、产值、市场份额、出口量、品种、柚企登陆国内资本市场等八个全国第一；平和琯溪蜜柚先后被认定为“福建省著名商标”“中国驰名商标”“中国名牌农产品”“中华名果”“原产地地理标记认证”“国家绿色食品认证产品”，品牌评估价值达到 27.47 亿元。地理标志证明商标分别在 17 个国家和地区进行国际商标注册，被推荐为与欧盟交换保护的十大地理标志产品之一。平和琯溪蜜柚，正从单一产业品种的粗放型农业，逐渐形成多品种、有知识、有市场、有活力的蜜柚产业链。一颗蜜柚富了一方人，成为县域经济绿色发展的成功范本。

有营养的蜜柚

平和琯溪蜜柚营养丰富，果肉中含有 10 多种人体必需的微量元素；药用价值明显，柚子含有的生物活性物质皮甙，可降低血液黏稠度，减少血栓形成风险；柚子果肉含有类胰岛素成分，有助于降低血糖，是糖尿病患者的理想果品。

有知识的蜜柚

在发展蜜柚产业的过程中，平和县坚持科学生态农业发展方向，坚持测土配方施肥，严格禁止使用高毒高农残农药化肥。2009 年，《琯溪蜜柚》国家标准在北京通过专家审查组审定，500 多年栽培历史的琯溪蜜柚产业首次有了一本“国”字号教科书；2011 年，农业部（现农业农村部）授予平和县《国家级柑橘产业技术综合试验站》牌匾，为蜜柚产业建立装备先

配音演员李扬代言福建平和琯溪蜜柚

进试验平台，提供现代农业产业技术系统服务，加快推进平和蜜柚产业可持续发展；2013 年，琯溪蜜柚产业发展院士专家工作站在平和揭牌。一系列举措，使琯溪蜜柚独具“科技含量”，成为智慧金果。

有色彩的蜜柚

为降低单一品种带来的风险，也为更好地把平和琯溪蜜柚推向多元化消费市场，平和积极与科研单位配合，进行技术攻关。1998 年至今，先后成功培育出红肉蜜柚、三红蜜柚、黄金蜜柚、红绵万寿柚等新品种，加上原来的白肉蜜柚，一同被人们赞誉为“五棵金果”。一系列科技攻关，使平和蜜柚更加可观、可感、可品，相继培育成功的蜜柚新品种不断成为市场新宠。

有文化的蜜柚

平和琯溪蜜柚有着 500 多年的种植栽培历史，最早种植可追溯到明嘉靖年间，至清乾隆年间即被列为朝廷贡品，同治皇帝还专门赐给“西圃信记”印章和青龙旗一面作为商标。清人施鸿葆撰写《闽杂记》时将古时名列闽中三大名果之一的“平和抛”——平和蜜柚称为“果中侠客”。多年来，平和以柚为媒，主打蜜柚品牌，融合平和特有的文化和生态，推进中国（平和）蜜柚博览园建设，先后推出蜜柚赏花游、柚海观光游、蜜柚采摘游等多条旅游精品路线；通过举办山地汽车越野赛、蜜柚农家乐、车友会等活动，推广全新的文化生态旅游模式，让中外游客走进果香四溢的柚园，感受平和之美，体验田园乐趣。

有内涵的蜜柚

不仅果肉可以食用，柚皮等也可开发利用，蜜柚全身是宝已成为市场共识。多年来，平和积极组织重大关键技术难题攻关，进行科技创新和科技成果转化，福建南海集团、福建国农、福建天醇等多家本土企业积极带头与高校科研项目“结亲”，先后研发出蜜柚汁、蜜柚酒、蜜柚茶、蜜柚果脯、果胶、香精、O尼柚等系列深加工产品40多种。这些产品一经投放市场，就深受消费者追捧。蜜柚深加工的发展，不仅延伸了产业链和产品线，拓宽了市场，还大大提高了附加值，使全县农企、农民广为受益。

有市场的蜜柚

平和琯溪蜜柚不仅口感良好、功效独特，而且具有保鲜期长、耐储藏、便于运输的特点，被称为“天然水果罐头”。多年来，平和县通过各种途径宣传平和琯溪蜜柚，连续举办平和琯溪蜜柚节，多管齐下，平和琯溪蜜柚深受市场欢迎，持续保持产销两旺的态势。在国外，出口量逐年增加，出口40多个国家和地区，年出口量达15万吨以上。特别是2003年开始出口欧盟市场，是我国第一个走进欧盟高端市场的柑橘类水果。在国内，平和琯溪蜜柚更是畅销大江南北，从1992年注册“琯溪”第一枚原产地商标以来，目前平和已成立蜜柚产业联合会，建立50多个琯溪蜜柚批发市场，建起2万多人的营销队伍及70多家蜜柚出口企业，在全国各地设立300多个直销点和配送中心，与境内外10多家水果营销大公司建立长期伙伴关系，使柚果直接进入全国千余家超市，每年为全国各地超市配送的蜜柚超过 20 万吨。

琯溪蜜柚这粒小小的“黄金果”，承载了太多的光荣与梦想，寄托着平和人民的“小康梦”、平和发展的“振兴梦”。我们期待“致富果”更优质，继续念好“山”字经，种好“摇钱树”；继续坚持“绿水青山就是金山银山”的理念，将“生态 +”理念融入产业发展、城乡建设的全过程，着力发挥生态优势，谋求绿色转型，精心做好观光、休闲、体验、有机的文章，努力实现保护生态与加快发展同频共振，“百姓富”与“生态美”相得益彰，把平和打造成潜力凸显的开放热土、机遇凸显的创业沃土、环境凸显的投资净土。

归侨“修正果” 金黄甜四方

永春，古称“桃源”，地处福建省泉州市东南部，晋江东溪上游，县内生态环境优美、人文资源丰富、旅游风光独特，素有“万紫千红花不谢，冬暖夏凉四序春”之美誉。永春县还是出口芦柑的国家级出口食品农产品质量安全示范区。目前，永春县有芦柑果园面积约 10 万亩，年产量约 18.5 万吨，产值 14 亿元以上。

侨领引种结硕果

芦柑原产于热带、亚热带雨林区，因而形成了喜温暖潮湿的特点。永春县地处南亚热带与中亚热带过渡的湿润季风气候区，境内山多田少，各类自然环境包括温度、日照、降水量等均十分适合芦柑的生产发育。永春芦柑基本种植在南亚热带北段红壤山地上，红壤土层深厚，地下水位低，为芦柑的栽培创造了绝佳的自然生长环境。得天独厚的自然条件也造就了永春芦柑的优异品质：果形硕大端正，色泽橙黄，果皮薄，果肉汁多香甜，风味独特。

查考史书，永春县并没有柑橘栽培记载。明清县志仅记有与柑橘同科的果树，如风柑、佛手柑、橙等。1932 年，漳州有一批柑橘苗木进入永春栽种，但成活率很低。直到 1953 年，印度尼西亚老华侨尤扬祖先生回到永春县达埔乡老家，不久在达埔猛虎山独资开辟柑园，引种芦柑名种，办起了华侨垦殖场，仅三四十年间，它已经成为一种遍植于千家万户、载誉海内外的名优产品。

1952 年，印度尼西亚华侨尤扬祖回国参加国庆观礼，并回到阔别 39 年的故土，他用双脚丈量着家乡的山山水水，深感永春山地土壤好，心想“若开发荒山，种植柑橘，该是一条理想的致富之路”。1953 年秋，年逾古稀的尤扬祖带回子女，并率领乡亲们上山开垦荒地，创办猛虎山华侨垦殖场，并试种了 240 株芦柑苗木，即为目前福建树龄最老的成片柑橘园。从此，蜚声海内外的优质柑橘在永春扎根落户。令人欣慰的是，尤扬祖亲手种下的那 240 株芦柑树，到现在仍硕果累累。

60 多年来，从外来品到享誉世界的名牌产品，永春芦柑走出了自己的特色发展之路，农民每年从中获得纯收入 2 亿～3 亿元，芦柑的发展还带动了运输业、包装业、农产品加工业、服务业等相关产业，成为了永春农村经济的支柱产业。

永春芦柑满枝头

近年来，永春县充分发挥生态优势，着力发展健康生态产业，按照高产、优质、高效、生态、安全的要求，开展海峡两岸农业合作，改进芦柑生产技术，实施芦柑生产技术标准化，建设无公害农产品产地和全国绿色食品原料标准化生产基地，极大地提高了芦柑生产科技水平和产品质量安全水平，为不断开拓国外市场，长期出口欧盟等地区打下了坚实基础，其出口量连续10年居全国首位。

自举办首届芦柑节以来，永春芦柑的名声开始远播，吸引了海内外众多的客商云集，不再“藏在深山人不识”了。每年一到芦柑采摘季，很多人慕名来到永春，只为尝一口地道的永春芦柑。在永春县外山、岵山等乡镇的芦柑园里，一颗颗黄澄澄、沉甸甸的芦柑挂满枝头，吸引了游客前来体验采摘。作为全国首批“国家全域旅游示范区”创建单位，永春依托良好的生态、资源和人文优势，加快旅游产业发展，积极打造生态旅游、乡村旅游品牌，取得了显著成效。

随着永春芦柑知名度的不断提升，果农种果的积极性空前高涨，永春再一次掀起发展芦柑的热潮。当地政府以此为新的契机，加大引导果农从分散经营模式向规模化、集约化模式转变，引导果农种植无病毒苗木，推广标准化生产技术，扩大永春芦柑的种植面积，提高单位面积产量和果实品质，帮助拓展电商、微商销售渠道，推动果农增收致富。

目前，永春已引进了国际最先进的宽皮芦柑生产线，一些原来乏人问津的“小果”进入工厂，加工成了味美价高的芦柑浓缩汁，芦柑榨汁后的果皮渣开发成果皮油、香精、干果皮等产品，年产皮油60吨、干果皮2 000多吨，拉长了产业链，实现了芦柑效益最大化。

此外，永春还建设了网室无病毒柑橘苗木培育基地，可以使芦柑的树体寿命增长到35 ~ 40年，产量提高20%~30%。

2017年11月26日，福建省永春县聚富果品有限公司一批44吨、货值5.34万美元的芦柑，经泉州检验检疫局检验检疫合格出口菲律宾。至此，11月15日启动芦柑出口新产季以来，永春共出口芦柑3 823.8吨、货值485.6万美元。业内人士预计，本产季将持续到2018年5月份，出口量将超过3.5万吨。

近年来，泉州检验检疫局持续推进永春出口柑橘质量安全示范区建设，从源头保障出口农产品质量安全。从2017年11月1日起，永春芦柑出境检验检疫流程大幅简化，约80%的芦柑通过审单合格评定后可直接通关放行，大大缩短了企业检验检疫通关时间，促进芦柑扩大出口。

如今，永春芦柑的身影总是在水果店显眼的位置出现，其优良的品质不但给人们以口福，其独具特色的柑橘文化更诗意了人们的生活。永春，留给外人的不仅是对芦柑的回味，更有永春人开放意识与创业精神给人的深深启迪。

一条地瓜富半县

提起福建连城，人们立刻会想到它的红心地瓜干，地瓜干几乎成为连城的代名词。史料记载，连城县盛产地瓜，农家土法晒制地瓜干，已有300年历史，这种地瓜干保留着自然的色泽和品质，颜色黄中透红，味道清香甜美，质地松软耐嚼。早在100多年前，宫廷御厨就曾把连城地瓜干制成宫廷宴席上的上乘名点——“金如片”。目前，全县从事地瓜种植、地瓜干加工、销售的从业人口达13万人。全县种植地瓜面积10万亩，年产值8亿。民间流传着“十万农民种地瓜，两万农民搞加工，百支队伍闯市场，一条地瓜富半县”的说法。

寻找市场上规模

近年来，为了把资源优势转为商品优势，搞好特色农业，打响地瓜干这张牌，连城县委、县政府把红心地瓜干当作农业产业化支柱产业来抓，作为增加农民收入的重要途径，并提出“要把连城建设成‘地瓜县’”。县里在发展地瓜生产中头一招是，鼓励农民闯市场、找销路。在各种优惠政策驱动下，连城县一大批农民跑市场，连城红心地瓜干的叫卖声，响遍大江南北、长城内外。全县上千名地瓜干推销员走遍全国 20 多个省、市，红心地瓜干的订单像雪片一样飞到连城。通过闯市场，连城人看到，连城红心地瓜干放在大市场中，本县几万亩地瓜产量太少了，就是几十万亩的红心地瓜干也满足不了全国市场的需求。县委、县政府因势利导，引导农民大力调整农业种植结构，多种地瓜。连城红心地瓜干名声大振，农民兄弟看在眼里，喜在心上，他们觉得种一亩地瓜，至少比种植水稻收入高一倍，何乐而不为。于是，全县迅速形成大种红心地瓜的热潮，全县红心地瓜种植面积达 10 万亩。

依靠科技求效益

地瓜干市场一天天在拓展，地瓜需求量一天天在上升。在一片惊喜中，新的问题又摆在刚尝到发展地瓜干产业甜头的连城人面前。如何提高地瓜产品的品质？如何生产多品种的地瓜干以适应全国不同人群的需求呢？如何降低成本，适应市场竞争，获得最佳效益呢？答案只有一个——依靠科技。这些年，连城县大兴“科技兴薯”攻坚战。县里成立地瓜研究会，并发展农民会员 1 000 多人，建立了四大地瓜新技术、新品种科技示范基地和地瓜套种等科技示范点。县财政每年拨出专款，用于地瓜栽培品种的研究和新技术推广，还组织一批土肥专家精心研究出一种“地瓜肥”，同时聘请了龙岩市农科所的高级农艺师，长年深入农家田头，选育出高产优质的地瓜新品种——连旱优 8 号、商丘 52-7 等优质地瓜品种，亩产比原来提高 30%～40%。同时，县农业局还要求 100 多名农技人员按照技术监督部门制定的地瓜栽培标准化模式，指导农民种植地瓜，为农民种地瓜增产增收提供可靠的科技保证。

地瓜干有了一定国内市场后，连城县紧紧抓住国际上兴起的绿色食品热这一有利时机，把眼光放到了更广阔的国际市场。为了千方百计打入国际市场，连城县坚持推进国内先进水平进行地瓜干标准化生产，大力发展地瓜干精深加工和工厂化生产，提高地瓜产品附加值，推动地瓜干由休闲食品向主食转变。全县建了两条蒸气烘干地瓜干生产线，利用太阳能远红外线干燥装置、蜜饯连续浸渍、真空包装等地瓜干制作新技术、新工艺，成功开发出了蜜饯型、代糖型、保健型、香酥型等 9 大系列 100 多个品种的地瓜干产品。这样，无论是把地瓜当主食还是当零食，无论是家里吃，还是旅游吃，无论男女老少，都可以各取所需，大饱口福。其中“蜜饯型”地瓜干系列，先后荣获中国首届食品博览会铜奖、全国“星火计划”银奖、省优产品称号。地瓜干产品远销日本及我国香港，价格也翻了一番。

创立名牌占市场

在地瓜产业有力带动下，连城地瓜干加工企业也如雨后春笋般发展，全县中型地瓜干加工企业 20 家，小型企业达 80 多家。地瓜产业大发展的同时也带来了问题。地瓜干品牌纷繁多样，仅红心地瓜干集团就有十几个品牌。同时，也给冒牌货提供了可乘之机，在一些市场还出现了一大批添加红色素的白地瓜干，损害了消费者利益和红心地瓜干的名誉，极大地冲击了连城地瓜干产业。

早在地瓜干发展的初期，连城的经纪人就以“乡情”为商标，通过一番艰辛努力，打开了北京市场，月销量一度达 5 个集装箱。但由于商标没有注册，被别人冒用，地瓜干销量降至不足 1 个集装箱。此事发生后，连城地瓜干经纪人纷纷注册了商标。为进入超市，他们纷纷申请了条形码。为保护自己，他们又申请包装袋设计专利。仅连城地瓜干包装袋申请专利就超过 30 个。虽然在一定时间内对地瓜干产业的发展起了作用，但如何在新的市场经济形势下迎接挑战，顶住来自市场的更大冲击？这就要转变意识，以大家的共同利益来统一牌子。在县委、县政府的指导下，百余位地瓜干加工、营销大户组成了连城红心地瓜干协会，县里还组建了红心地瓜干集团，推进全县地瓜干生产向商标、标准、包装、市场“四统一”的方向发展，不仅有效地扼住了假冒地瓜干产品伸向市场的黑手，而且有效地提高红心地瓜干产品的市场占有率。

连城县委、县政府全力打造地瓜干品牌，认真实施品牌战略。一是通过召开新闻发布会、电视广告、户外广告、车体广告、互联网广告、报纸宣传、印制日历、张贴标语、印发资料、举办培训班、参加“6·18”福建省项目成果交易会、“9·8”贸洽会及中国农业国际博览会展销会、推介会等多形式、多层次、多角度的宣传，抓好“连城红心地瓜干”系列品牌的包装推介，提高产品知名度。目前，全县有地瓜干加工的骨干企业34家，其中省级农业产业化重点龙头企业8家，市级农业产业化重点龙头企业10家。自主品牌有冠豸、连冠、金土地、薯师傅、乐地、星派等。连城县被农业部(现农业农村部) 授予“中国红心地瓜干之乡”称号，“连城红心地瓜干”集体商标获得国家地理标志产品登记保护、中国驰名商标等称号。2017年6月荣获“消费者最喜爱的中国农产品区域公用品牌”称号，在2017年第十五届中国国际农产品交易会“我为家乡农产品代言”大型公益活动上，连城红心地瓜干品牌被农交会组委会授予“2017中国百强农产品区域公用品牌”称号。二是连城县委、县政府专门成立了红心地瓜干集团领导小组，严格产品质量；红心地瓜干集团特意邀请省技术监督局专业技术人员到连城县技术监督局指导成立地瓜干质量检测中心，进一步把好质量关。此外，在日本公司专业人员的现场指导下，在地瓜干的生产上，从去皮、蒸煮到烘烤、包装等方面自加压力，严把卫生关，使连城地瓜干产品各项指标均高于国际规定的标准。

“百尺竿头更进一步”，勤劳、智慧的连城人民不满足于现状。2018年，连城县委、县政府仍然把发展地瓜产业作为调整农业产业结构的重头戏，作为增加农民收入的重要措施，让地瓜为连城人民创造更大的财富。

宁德大黄鱼 “畅游”全世界

中国人认为靠山吃山、靠海吃海是顺应自然的生存之道。福建宁德市，东临东海，与台湾隔海相望，南接省会福州市，北接浙江，是福建离“长三角”和日本、韩国最近的中心城市。土地面积1.34万平方公里，直接相邻的海域面积4.46万平方公里，海岸线长达878千米，占福建省的

1/3，沿海岸线从北到南有 20 多个港湾，拥有世界级天然深水港三都澳。港口优势突出，水产资源丰富，丰富的海洋自然资源成为宁德经济发展的命脉。生活在这里的人们享受着大海的馈赠，收获着各式各样的鲜活美味。

宁德是我国大黄鱼产业的发源地与最大规模的养殖基地，得天独厚的自然条件，孕育出繁盛的水产养殖业。“宁德大黄鱼”作为福建宁德地理标志产品，同时也是宁德最具区域特色的海水养殖品种，全国 80% 以上的大黄鱼产自宁德，年产值超过 60 亿元。2017 年获得“中国百强农产品区域公用品牌”称号，是宁德大黄鱼继 2016 年被评为中国驰名商标、最具影响力水产品区域公共品牌后的又一项殊荣。2018 年在第二届中国国际现代渔业暨渔业科技博览会上，宁德市蕉城区继续被中国渔业协会授予“中国大黄鱼之乡”称号。近年来，福建宁德市通过推进出口大黄鱼质量安全示范区建设，“宁德大黄鱼”品牌越来越响。

大黄鱼俗称“黄花鱼”，也称“黄瓜鱼”，是我国沿海传统“四大海产”（大黄鱼、小黄鱼、带鱼、乌贼）之一。大黄鱼为暖温性近海集群洄游鱼类，主要栖息于80米以内的沿岸和近海水域的中下层。宁德属于亚热带季风性气候，夏季高温多雨，冬季温和少雨，降水丰富，该气候为大黄鱼的繁殖生长，提供了得天独厚的条件。由于宁德大黄鱼体色金黄、肉质细嫩、味道鲜美、具有很高的经济价值，在香港、澳门、台湾还被誉为“黄花小姐”。

20世纪80年代，宁德有关部门重视野生大黄鱼种群的恢复，开辟“官井洋大黄鱼保护区”，积极组织科技人员研究大黄鱼人工育苗和养殖。1985年，人工繁育大黄鱼获得成功，当黄花鱼人工养殖获得成功的消息传出后，立刻引来了全国各地的水产养殖高手，他们大规模地进行海水网箱养殖大黄鱼。1991年，大黄鱼人工养殖在宁德三都澳获得成功。

如今，大黄鱼已成为我国最大规模的海水网箱养殖鱼类和八大优势出口养殖水产品之一，帮助宁德沿海几十万群众摆脱贫困，过上小康生活。2017年，宁德市蕉城区大黄鱼养殖企业50多家，养殖个体户8 000多户，网箱养殖23.90万口，年产量5.46万吨，产值16.40亿元；大黄鱼产品加工企业45家，加工大黄鱼产量7.70万吨，加工总产值55.60亿元；出口大黄鱼2.10万吨，出口创汇8.19亿美元，大黄鱼养殖规模、产量及产值均居全国第一位。

在三都澳的茫茫海域上，海上渔排网箱养殖区渔户相连，海风吹过或船只驶过，渔排随波荡漾。“三都澳大黄鱼养殖户有几千户，每户网箱养殖规模从几十框到几百框，甚至上千框不等，大多是家庭式的小规模传统养殖，养得好时，每个家庭年收入达100多万元，最高甚至可以达到1 000万元。”三都澳港口村第一个全程投喂大黄鱼饲料成功的养殖户曾成爱说，宁德大黄鱼带动了三都澳海域村庄的经济，随着大黄鱼数量日益增加，带来了大量用工需求，也对产业分工提出了要求。大黄鱼产业链开始逐渐细化，延伸出许多配套产业——产业链下游产生了加工、包装、运输等产业；产业链上游产生了制冰、泡沫箱制作、冰鲜鱼销售等产业。

一条属于大黄鱼的产业链不断完善，实现了从“畅游”到“上岸”的过程。曾成爱养殖大黄鱼十多年，深刻感受到这条“鱼”对一个地方的带动作用，为养殖、捕捞、加工、运输等招收用工创造了大量就业机会。据宁德政府不完全统计，三都澳城南镇从事大黄鱼相关行业的人员达2 000

多人，月均支付工资约233万元。一方面，这些村为企业提供了劳动力，节省了企业用工成本；另一方面，企业也为当地群众提供了灵活就业的机会。

目前，宁德市大黄鱼人工养殖已发展到40万箱，年产值达100亿元，成为全国最大的大黄鱼商品鱼生产、苗种繁育和产品出口基地，同时带动了饲料加工、运输等相关行业的发展，帮助30多万沿海农民实现了小康梦。出口市场遍布欧洲、美洲、东南亚、澳洲、非洲等28个国家和地区，宁德大黄鱼“畅游”全世界。

赣南脐橙：从一棵树到一个产业集群

赣州市，位于江西省南部，又称赣南，现辖4区1市14县和3个国家级经济技术开发区，总人口954万，总面积3.94万平方公里，是江西省行政区域范围最大、人口最多的城市。

赣州有山地面积4 560万亩，其中有1/10适宜种植果树，约450万亩。赣州气候温和，雨量充沛，光照充足，昼夜温差大，无霜期长，土壤肥沃，属典型亚热带丘陵山区湿润季风气候，具有种植柑橘特别是脐橙的优越气候和土壤条件，是我国橙类适宜区和柑橘优势带。近年来，赣南脐橙经历了从无到有，从小到大，从一个单纯的种植业发展成为一个集种植生产、仓储物流、精深加工于一体的发展过程，形成产业集群，将脐橙种植资源优势转化为产业优势。

在刚刚结束的2017百强农产品区域公用品牌的评选上，“赣南脐橙”名列其中，那么，“赣南脐橙”是如何发展起来的呢？当地相关负责人表示，一是由于赣南得天独厚的自然资源优势，生产的脐橙品质优良，风味浓郁，富有香气，深受市场欢迎和广大消费者青睐，久而久之，消费者把产自赣南的脐橙习惯上称之为“赣南脐橙”；二是经销企业在销售推介时为了把赣南产的脐橙与其他地方的脐橙区别开来，也习惯使用“赣南脐橙”的商品名称；三是广大果农在生产过程中，为使产品作为商品进入大市场，参与国际国内市场竞争，自觉地将产自赣州本地的脐橙起名为“赣南脐橙”。那么，赣南脐橙的发展经历了一个怎样的过程呢？

一棵脐橙树，相当三头猪

赣南脐橙的发展要追溯到1971年，当时，赣州市信丰县安西园艺场从湖南邵阳引种156棵“华盛顿脐橙”，三年后开始结果，并于1975年3月参展中国进出口商品交易会，得到外贸界、香港商界的高度评价。当年，赣南脐橙在香港的试销价格达到每千克36港元，这个价格对于安西园艺场的每一位工作人员来说，都是一份惊喜，因为赣南脐橙的价格要高于当时美国产的脐橙。因此，当时，“一棵脐橙树，相当三头猪”成为流传在赣南百姓中的佳话。

此后，包括寻乌县园艺场在内的8个县的10个单位均先后引进、试种了华盛顿脐橙，赣南还建立了信丰安西、大余青龙、宁都田头三个外贸脐橙出口基地。

20世纪80年代，赣南脐橙开启了果树品种以柑橘为主的大调整，拉开了赣南脐橙发展的序幕。据当地相关负责人介绍，1990 年 11 月，赣州科技部门组织专家对项目进行验收和成果鉴定，现场测产达到亩产 2 964.18 千克，为当时国内同类研究的最好成绩。在这种情况下，我国柑橘学科奠基人之一的章文才教授指出，这是全国第一个脐橙新品种试种成功的典型，他向江西省和赣州地区领导建议大力发展脐橙生产。当年，赣州当地政府做出优先发展 30 万亩脐橙的决定，赣南柑橘生产自此有了自己的当家品种。

1993 年，赣州地区把发展脐橙作为调整农业结构、促进农民脱贫致富的突破口和着力点，实施“兴果富民”战略。经过连年开发，赣南脐橙面积初具规模。1997 年赣南果业股份有限公司在深交所上市，赣南果业开始实行资本化运作。

随着赣南脐橙产业的发展壮大，赣州市委、市政府开始调整工作重心，从注重开发向注重管理、注重营销转变；从注重数量向注重质量、效益转变；从抓单一种植业向抓关联配套产业、抓产业集群转变；努力把赣南脐橙产业培植打造成产值超 100 亿元的优势产业集群。赣南脐橙产业相继带动养殖、农资、采后处理、包装、贮藏、物流运输、机械制造、旅游休闲等关联配套产业发展。

优化品种，完善市场体系

在赣南脐橙产业的发展过程中，政府部门重视起关键作用，赣州市委、市政府非常重视赣南脐橙的发展，并对脐橙品种进行优化，发展科技，完善市场营销体系，加强产品保护。

当地政府始终将赣南脐橙产业发展列入赣州市委、市政府总体工作部署，并列入农业第一大产业进行单列考核。市政府每年安排专项果业发展资金，制定一系列产业扶持政策，出台一系列配套措施，强力推进产业发展。当地制定明确产业发展目标：到 2020 年，赣南脐橙种植面积稳定在 200 万亩左右，产量稳定达到 200 万吨左右，果园标准化覆盖率达到 80% 以上，贮藏能力达到总产量的 60% 以上，鲜果商品化处理率达到 80% 以上，精深加工能力达到总产量的 20% 以上，赣南脐橙成为中国果品第一品牌、世界知名品牌，建成世界最大、具有国际影响力和市场话语权的优质脐橙产业基地。

当地重点发展早熟、晚熟品种，适度发展中熟品种，形成了以脐橙等橙类鲜果为主、其他特色水果为辅的品种格局。同时，重点改造提升果园，完善配套设施建设，每年改造提升面积10万亩以上，并适度推动脐橙种植向最优区集聚，使赣南脐橙品种结构不断优化，单位面积脐橙产量稳步提升，为产业可持续发展奠定基础。

赣州市坚持科技为先，大力整合资源，加快建设国内一流、国际互认的产业科技支撑平台——国家脐橙工程技术研究中心。依托华中农业大学、中国柑橘研究所等科研院校的技术优势，聘请国内一流专家组成产业专家顾问团，实时把脉产业发展。建立一支覆盖产区的技术推广服务队伍，全市每年举办各类培训班2 000多期，培训果农15万人次，发放技术资料60多万份，让每位果农每年至少接受1次以上的技术更新教育培训。推进标准化果园建设，示范推广高品质栽培，建立市、县、乡、村（基地）四级果树植保网络，健全危险性病虫害监测与防控机制。积极培育壮大龙头企业，着力扶持发展年销售果品4万吨以上企业。

赣南脐橙在发展过程中，不断完善市场营销体系。划分区域实现市场对接，采取划分目标市场办法，将全国318个30万以上人口的城市市场开拓任务分解落实到18个县（市、区），各地集中力量主攻目标城市，做到批发市场有赣南脐橙专销区，超市有销售专柜。畅通渠道促进供销对接，目前全国已有150多个城市建立了赣南脐橙供销对接。“超市+基地+农户”搞活超市对接，积极探索新的果品流通方式，已有沃尔玛、家乐福、乐购、联华等国内大型超市在赣州设立赣南脐橙直采基地。

壮大品牌，致富百姓

为促进赣南脐橙产业的长远发展，当地政府努力打造“赣南脐橙”品牌，从丰富产业品牌文化内涵和外延入手，搭建宣传平台、搞活推介形式，提升品牌影响力和美誉度。从2001年起，赣州举办了多届脐橙节，2004年，赣南脐橙被国家质检总局批准列入原产地域保护产品（地理标志保护产品），2007 年，赣南脐橙被评为中国农产品“十佳区域公用品牌”，2011 年，赣南脐橙地理标志证明商标被国家工商总局商标局认定为中国驰名商标。

赣南脐橙是我国地理标志保护产品，为赣南脐橙打击假冒伪劣行为提供了依据。当地统一赣南脐橙品牌，实行“五统一、四区分、三不准”：即统一开采时间、统一包装设计、统一宣传口径、统一产品形象、统一“赣南脐橙”商品名称；区分不同品种、区分各自商标、区分果品等级、区分不同产地（企业）；不准染色、不准假冒、不准以次充好。

近年来，生鲜电商越来越成为各地推介和销售农产品的平台，赣南脐橙也趁机充分利用生鲜电商平台，并且给消费者带来了深刻的影响。2013 年率先构建赣南脐橙数字化品牌宣传与网络交易平台体系，帮助 169 家赣南脐橙本地加工营销企业（合作社）与淘宝网（含天猫和聚划算）、京东商城第三方电商平台对接，开展赣南脐橙电子商务销售，采取“线上＋线下”一体化营销，按照各主销城市经销商就近配送原则，实现线上销售、线下物流配送的销售联盟。2016 年 4 月 12 日，在阿里巴巴集团举办的首届中国农产品电子商务峰会上，赣南脐橙入选中国农产品区域公用品牌网络声誉 50 强。

经过几十年的精心培育和发展，赣南脐橙有了明显的发展成效，而且增加了当地百姓的收入。2016 年，当地脐橙种植面积达到 155 万亩，产量 108 万吨，销售覆盖全国大中城市市场，而且远销东南亚、中东以及俄罗斯、蒙古、印度等 25 个国家和地区，脐橙产业集群总产值 226.8 亿元，其中鲜果收入 90.72 亿元，带动了当地 25 万种植户、70 万果农增收致富。

宁都黄鸡：在品种资源上培育品牌

江西省宁都县的宁都黄鸡以外貌靓丽、肉质细嫩、味道鲜美、营养丰富等特点，受到广大消费者青睐。宁都黄鸡是江西省著名的小鲜型优良地

方肉用鸡种，原产于江西省宁都县黄石、对坊等南部乡镇，已有 1 500 多年的饲养历史，但“宁都黄鸡”这个名字是后来才有的。1997 年开始，江西农业大学和宁都县畜牧兽医技术服务中心（现更名为宁都县畜牧兽医局）合作对宁都黄鸡进行了连续五年的科学选育，形成了黄鸡“三黄（喙、胫、羽）、五红（冠、髯、脸、眼圈、耳叶）”鲜明的外貌特征。2002 年，宁都黄鸡通过了江西省畜禽品种审定委员会的品种审定，获畜禽品种证书，正式定名为“宁都黄鸡”。

优质的养殖环境

宁都县总面积 4 053 平方公里，现辖 24 个乡镇，总人口 82 万，耕地面积 76 万亩，山地面积 440 万亩，全县森林覆盖率达 71.3%，是全国首批 100 个生态环境建设示范县之一。果园面积几十万亩，还有丰富的茶叶林、油茶林。宁都黄鸡生产是由农户将鸡放在山地、林间、果园、田间、农家院落进行放养，这里有充足的青草、虫子、微量物质，鸡在优质的生态环境中生存，宽阔的场所中栖息、觅食，获得丰富的营养物质，使得宁都黄鸡产品外观靓丽、肉质鲜嫩营养。

近年来，宁都县建立自然保种区，加大宁都黄鸡原种场保种力度，完善繁育体系建设，形成了由原种场提供种苗→扩繁场提供种蛋→孵化厂生产商品鸡苗的良种繁育体系。当地现有宁都黄鸡自然保种区 1 个，宁都黄鸡原种场 1 个 (种鸡规模 1.2 万套)，宁都黄鸡一级扩繁场 2 个，宁都黄鸡二级扩繁场 3 个，种鸡存笼 65 万套，孵化厂 (坊)42 个，有箱体式孵化机 180 台，全智能巷道式孵化机 10 台，容蛋量 500 余万枚。年可生产供应宁都黄鸡鸡苗 6 500 万羽。

四级防疫体系

2005 年，宁都县制定了宁都黄鸡生产技术标准、宁都黄鸡肉鸡生产技术规程、宁都黄鸡育雏技术规程、宁都黄鸡饲养环境标准、宁都黄鸡选种标准、宁都黄鸡饲养兽医防疫准则、宁都黄鸡饲养饲料使用准则、宁都黄鸡饲养管理准则等 7 个技术标准及规程，实现宁都黄鸡的标准化养殖。

宁都县还设立 8 个区域中心动物防疫检疫站，各乡镇设立分站，每个乡镇分配 2～4 名动物防疫检疫员。每个行政村配备 1 名村级动物防疫协防员，每个养殖场有 1 名防疫技术人员挂点，建立了完善的县、乡 (镇)、村、场 (户) 四级防疫体系，确保了有机构、有队伍、有能力做好重大动物疫病防控各项工作。围绕重大动物疫病防控，县级财政在保证县乡 (镇) 两级动物防疫人员经费纳入财政预算的同时，每年在预算中安排防重工作经费及动物强制扑杀补助基金，各乡镇视人口数量安排防重工作经费，形成了以政府公共财政投入为主的资金供给渠道，建立健全了经费供给、物资保障的长效机制，使防控工作经费得到有效保障。

品牌化发展

2008 年，宁都“三杯鸡”入选北京奥运会主菜单，现已编选入《中国名菜词典》。经过 20 多年的发展，宁都全县注册成立宁都黄鸡生产经营企业 21 家，黄鸡专业合作社 54 家。企业 (合作社) 采取“公司 + 基地 + 养殖户”、“合作社 + 基地 + 养殖户”、“公司 + 合作社 + 基地 + 养殖户”

的生产经营模式，全面推行“七个一”生产发展方式，即一户农户、选一片山地、加盟一个合作社(公司)、建一个黄鸡养殖场、管护一片林(果)木、实现100万元产值、获得10万元利润，在全县24个乡镇联结规模养殖户3 160户，其中万羽以上规模养殖户1506户，产业就业人员达到15 000多人。2016年实现宁都黄鸡出栏5 200万羽，产值12.63亿元。

在市场销售上，宁都黄鸡主要销往广东省的广州、河源等地，福建省的宁化、龙岩、漳州等地及本省市场。为了促进宁都黄鸡销售，宁都还在广东、福建及江西部分地区设立了25个宁都黄鸡直销档口。

近年来，品牌化发展理念逐渐深入人心，宁都黄鸡的发展也一直走在品牌化发展的道路上。2008年，宁都黄鸡被认定为无公害农产品。2009年，被评为江西省著名商标、赣州市知名商标。2010年，宁都黄鸡通过农业部（现农业农村部）农产品地理标志登记保护。2012年、2016年，宁都黄鸡分别被评为中国驰名商标、国家生态原产地产品保护认定。

“白凤仙子”泰和乌鸡

泰和乌鸡是江西省泰和县特产，原产于泰和县武山北麓，根据产地又称武山鸡，因具有丛冠、缨头、绿耳、胡须、丝毛、毛脚、五爪、乌皮、乌肉、乌骨十大特征以及较高的营养价值和药用价值而闻名世界。

保护乌鸡品种，确保性能稳定

在泰和县，泰和乌鸡又被称作“白凤仙子”。在泰和，民间流传着这样一个神奇而美丽的传说。

世传，恰逢重阳佳节，武山处处丹桂飘香、金菊怒放，一派祥和景象，仙人吕洞宾等“八仙”便乘兴登临武山，饮酒论道，赏景赋诗。武山的风景使“八仙”深深陶醉，“八仙”便相约500年后的重阳节再游武山。

殊不知，500 年后“八仙”故地重游，但见武山一带瘟疫流行、民不聊生、颓废不堪。吕洞宾遂与诸仙商定，择武山武叠峰北岩开坛炼丹，以济苍生。经过七七四十九天的修炼，丹药炼成，正待出炉，忽然天昏地暗，妖风大作。“八仙”一面合力与妖魔斗法，一面急向王母娘娘求援。王母娘娘速派身边的侍女——两位白凤仙子携带瑶池琼浆玉液置于炼丹炉中，“八仙”顿时功力大增，将妖魔降除。两位仙女却被妖风卷入炼丹池，忍受烈焰锻炼，皮肉、内脏、骨头俱被烧得焦黑。丹药出炉后，两位仙女化成了一对白凤乌鸡，为防止妖魔再次兴风作浪，白凤仙子便留在了人间，为百姓祛病驱邪，造福天下。这就是“白凤仙子”泰和乌鸡的传说。

据《泰和县志》记载，泰和乌鸡始于唐宋，兴于康乾，盛于当代，至今已有 1 000 多年的历史，1567 年，泰和乌鸡的药用功效还被载入李时珍的《本草纲目》。泰和乌鸡是中国特有的禽类种质资源，除西藏自治区外，各地都有一定规模的饲养。泰和乌鸡性情温顺、体躯短矮、骨骼纤细、头长且小、颈短，具有显著而独特的外貌特征，极易与其他品种区别。但是由于泰和乌鸡质弱体轻，胆小怕惊，喜走善动，就巢性强，繁殖能力较低，因此，离开原产地饲养，便易产生变异、退化。

然而，20世纪中叶，为了提高泰和乌鸡的产量，一些地区出现盲目杂交的现象，导致泰和乌鸡品质下降，丢失了许多优良特性。

为还乌鸡本来面目，20世纪80年代，泰和乌鸡保护工作被国家列入农业系统的星火计划，设立了专门的原种乌鸡种鸡场，开展了长期的乌鸡品种保护工作。1999年10月，泰和建立了第一个乌骨鸡生态保护区，开始了原种乌鸡的“提纯复壮”工作，接着，泰和县政府注册了“泰和乌鸡”商标，为泰和乌鸡领到了合法的“身份证”。

在此过程中，泰和乌鸡也获得了越来越多的荣誉和关注。早在1915年，泰和乌鸡在巴拿马太平洋万国博览会上就荣获“观赏鸡种”金奖。2000年，原农业部将泰和乌鸡定为首批国家级畜禽保护品种。2002年，泰和乌鸡蛋搭乘“神舟三号”宇宙飞船进行了太空生命科学试验。2004年，泰和乌鸡还成了国家地理标志登记保护产品，对原产地进行了界定，获得了原产地保护。2007年6月，泰和乌鸡参加世界地理标志大会展览被列入世界地理标志产品名录，受世界知识产权组织保护。2016年，泰和县“泰和乌鸡养殖系统”成为农业部（现农业农村部）公布的中国重要农业文化遗产。

2016年，泰和县印发《关于加快泰和乌鸡产业发展的实施方案》的通知，通知中重点工作的第一项便是抓好种源保护，确保性能稳定。按照国家制定的泰和乌鸡原种场和扩繁场建设标准和质量标准，明确各级保种繁育场业务范围和职责要求，建立层次分明、分工明确、衔接紧密的“保种场——一级扩繁场—二级扩繁场—商品场”的四级保种繁育体系。对现有原种场、扩繁场进行调查摸底，建立品种分布、数量和性能表现等数据库资料。在此基础上，协调各级繁育场，建立全县统一的泰和乌鸡子代系谱，按照“统一供种、分散饲养”的原则，对现有的泰和乌鸡种鸡场和商品场进行规范管理与科学布局。

两种方式提升育种水平。一是抓好泰和鸡原种场育种队伍建设，多渠道引进专业育种人才与管理人才。二是采取以科研成果和科研人才入股等方式，由保种企业与科研单位、高等院校或龙头企业联合组建专业化的泰和乌鸡育种公司，深入开展泰和乌鸡保种繁育体系的现代化管理、生产工艺、监测体系和信息网络建设等方面的研究，根据市场需求，有计划、有步骤、有重点地开发和利用好泰和乌鸡品种遗传资源，走“科研、培育、生产”一体化的路子，推进泰和乌鸡品种资源综合开发利用，实现产业化开发。

实施标准化养殖，壮大产业龙头

泰和县有着悠久的乌鸡饲养传统和较高的生产管理水平。1992 年，该县质监部门与泰和乌鸡原种场科技人员共同制定了《泰和乌鸡》省级地方标准，有效推进了泰和乌鸡产业的发展。到 21 世纪初，泰和乌鸡已成为当地人民致富的重要产业。

2007 年 9 月，泰和乌鸡国家标准发布，并于当年 10 月 1 日起实施，这为泰和乌鸡产业的发展奠定了重要基础。

泰和县以泰和乌鸡发源地武山为中心，澄江、塘洲、冠朝、马市、南溪、沿溪等乡镇为重点，规划建立泰和乌鸡标准化示范区，培育壮大汪陂途都市农场、汉君雄、西昌凤翔、和太乐、榕泰养殖场、禽仙子等一批泰和乌鸡规模化养殖企业，其他乡镇各建设一个以上具有一定规模的标准化养殖示范基地，实现泰和乌鸡养殖由零散型向集约型转变。

当地按照区域规划，在重点乡镇培育发展泰和乌鸡专业合作社、专业养殖大户，并借鉴海南文昌鸡产业发展经验，引导加工和销售龙头企业采取“公司 + 基地 + 新型经营主体 + 农户 (贫困户)”的模式，实行订单生产，统一原料供应、统一技术服务、统一质量标准、统一品牌销售、统一资金结算。使之既有利于规范化管理、推行标准化生产、提高品种质量、减少饲养成本，又能降低泰和乌鸡养殖和加工的市场风险和自然风险，实现各经营主体间的共赢。

除此之外，泰和乌鸡在养殖上追赶时代潮流，加快智能养殖，在全县泰和乌鸡规模养殖企业建立物联网，建立集环境信息采集、无线传输、自动控制、视频监控和信息管理等功能为一体的智慧农业系统，实现对鸡舍内光照、温湿度、饲料添加、疫病防控等功能的控制，并通过软件系统实现专家远程协助和消费者远程查询功能。通过试点，引导泰和乌鸡养殖由传统型向智能化转变。

泰和乌鸡在发展中，借鉴山东东阿县“把驴当药材养”的成功范例，鼓励加工龙头企业开展泰和乌鸡研发工作，与科研院校合作，引进科研技术和人才，充分挖掘泰和乌鸡滋补等功效，研究泰和乌鸡加工新工艺、新技术，重点开发泰和乌鸡药品、食品、乌鸡酒、高端营养保健品、美容产品等系列主导产品，提升泰和乌鸡产品附加值。

当地欲建立泰和乌鸡产业园，引导全县泰和乌鸡加工企业入园，并在资金、技术、用水、用电以及税费减免等方面给予优先扶持，鼓励企业自主创新，更新设备，改进工艺，使其上规模、上档次。同时，积极争取国家工商总局的支持，加强与国内重点加工龙头企业的联系洽谈，力争引进一批年加工泰和乌鸡 300 万羽以上、年产值超亿元的省级以上龙头企业，开发泰和乌鸡系列产品，打开国内国际市场。

借鉴中储粮、东阿集团的成功经验，当地欲引进国内外大型食品加工企业参与泰和乌鸡产品研发生产，或依托现有泰和乌鸡加工企业“半边天”药业等龙头企业实施兼并重组，组建集团公司或产业联盟，打造集泰和乌鸡种源培育、饲料加工、规模化养殖、精深加工、物流销售、文化创意、休闲旅游等为一体、上下游结合、产业链打通、可持续发展的“全产业链”，提升泰和乌鸡产业整体发展水平，带动农民增收致富。

在泰和乌鸡加工开发力度上，江西生物谷食品科技等企业陆续开发了白凤春酒、白凤仙酒、白凤乌鸡口服液等 18 种新产品，以泰和乌鸡入药的中成药有几十种。乌鸡系列产品共有 8 大类 130 多个品种。

泰和乌鸡与旅游有着天生融合的“姻缘”，其食购、赏娱、文创、养生、研学等产品特性，非常适宜“旅游＋休闲农业、旅游＋文化创意、旅游＋健康养生、旅游＋食品工业”等多产业整合、多途径发展，提升泰和乌鸡产业附加值，实现产业间互融共生。

树好品牌形象，加大品牌宣传

“好酒也怕巷子深”。品牌是泰和乌鸡能够走出去并实现长远发展的关键。

在发展泰和乌鸡品牌上，当地首先做好基础性工作——规范泰和乌鸡品牌标志标识。对泰和乌鸡统一品牌名称、标志、造型、标准字、标准色、标准图片、卡通图案、宣传用语等，做到风格统一，强化视觉冲击，在广告宣传、产品包装、店面装修、陈列展示以及印刷出版等领域广泛应用，助推泰和乌鸡品牌成长，累积品牌资产。

第二，统一共享泰和乌鸡品牌资源。制定泰和乌鸡品牌共享准入规则，凡符合准入条件，经核实批准的泰和乌鸡养殖、加工、销售企业，都可申请使用“泰和乌鸡”商标品牌、二维码标识和科研成果。同时，规范“泰和乌鸡”商标的使用和建立严格的“泰和乌鸡”品牌监管保护措施及“四统一”运行机制，即统一商标名称，采取母子商标制，企业在统一证明商标下加注自有商标；统一质量标准，按泰和乌鸡国家质量标准开展养殖加工和产品检测；统一标志标识，企业按照泰和乌鸡 VI 设计规范使用商标标识，根据泰和乌鸡产品质量追溯系统管理办法使用二维码标识，做到商标标识和二维码标识标准、形象、美观。

第三，加大品牌宣传，建立政府主导、企业参与、部门协作的联动机制，实行统一策划、协同推进。在宣传内容上，突出泰和乌鸡的“原产性”“正宗性”和“生态性”，充分发挥泰和乌鸡深厚的历史文化底蕴和全国首例活体原产地域保护产品优势。此外，为扩大泰和乌鸡品牌影响力，当地举办泰和乌鸡文化节，每年确定一个产业融合主题，采取“泰和乌鸡＋乡村旅游节”、“泰和乌鸡＋美食文化节”、“泰和乌鸡＋摄影采风节”、“泰和乌鸡＋电商特惠节”、“泰和乌鸡＋创意文化节”等形式，有重点、有节奏地开展泰和乌鸡品牌宣传。

烟台苹果　果业之王

烟台是我国两大苹果优势产业带之一，是中国西洋苹果栽培最早的地方。140 多年来，经过几代人的辛勤培育，烟台苹果以“果形端正、色泽

艳丽、果肉甜脆、香气浓郁”享誉国内外。烟台地处山东半岛东部北纬36.2°，三面环海，丘陵地貌，通风透光性强，土壤富含矿物质。受海洋调节，昼夜温差适中，具有“春迟、夏凉、秋爽、冬不寒”的特点。这些优越的自然禀赋，构成的“小环境”“小气候”，是苹果生长发育及其品质养成的最佳选择。

近年来，烟台围绕农业供给侧结构性改革，以现代矮砧集约栽培苹果园建设为切入点，推行省力化、机械化、自动化现代苹果生产模式，大力推动传统产业转型升级，加快新旧动能转换，取得显著成效。2016年，全市苹果栽培面积282万亩，产量500多万吨，全市拥有果品贮藏加工企业2 000余家，销售收入过亿元的果品龙头企业48家，果品贮藏库1 348座，库容能力达407万吨，苹果实现周年供应。全市取得“三品一标”认证的果品企业116个，认证面积85万亩，近20家果品企业通过了GAP认证。在全国全省果品质量安全监督抽查中，烟台市苹果监测合格率均达到100%。

建立苹果产业发展政策体系。烟台先后出台《关于加快推进苹果产业发展的意见》《烟台市水果产业振兴计划》《烟台市苹果产业发展规划

(2012—2020 年)》《烟台市苹果产业提质升级的意见》《烟台市种子种苗产业发展规划（2014—2020 年)》等系列文件。同时，市财政每年安排专项资金，支持矮砧集约栽培苹果园建设、精品苹果示范基地、新品种新技术展示园等一批项目实施，带动产业发展水平全面提升。

构建科技创新支持体系。依托 4 个国家级果品工程技术中心（实验室)、国家苹果产业技术体系烟台综合试验站、烟台市苹果创新团队，开展协同创新，在抗病中早熟苹果新品种选育、抗轮纹病砧木选育、良种良砧脱毒与苗木培育等方面居全国领先水平，市农科院运用“苹果恒定高温热处理结合二次茎尖培养脱毒技术”对苹果品种及砧木进行脱毒处理，获得了烟富 3 号、红将军、M9T337 等 11 个苹果脱毒品种及砧木；选育的“烟富 1–10 号”“烟嘎 1–3 号”为我国推广面积最大的苹果新品种。累计获得省、市科技进步奖 11 项，省农牧渔业丰收奖 3 项，国家农牧渔业丰收奖 1 项。

完善绿色发展体系。先后引进国内外优良品种 8 个、优良砧木 100 多个，建成国家级苹果苗木繁育基地 4 个、市级优质种苗繁育基地 7 个、年出圃苹果苗木 10 万株以上的基地 15 家、年繁育苹果种苗 2 600 万株以上，烟台市被农业部（现农业农村部）认定为第一批区域性良种繁育基地（苹果)。大力推广矮化集约建园模式和现代生产技术规程，建成矮砧示范园 275 处，总面积 13 万亩，水肥一体化实现全覆盖，示范基地土壤有机质含量达 1.5% 以上，有效提高了苹果产量和优质果率。实施化肥农药“双控”工程，建设“畜—沼—果”生态循环农业示范果园 60 万亩，病虫害统防统治面积 170 万亩，高效、低毒、低残留农药覆盖率 90% 以上，生物防控面积 3 万亩，物理防控面积 40 万亩，降低农药用量 10% 以上。

构建融合发展产业体系。建成全球第一家大型专业果品拍卖市场——栖霞果品拍卖中心有限公司，建成国内苹果行业第一个垂直电商平台——烟台苹果网。先后投入 1 亿元，支持发展果品专业合作社 2 329 家，其中国家级 6 家、省级 28 家，社员 50 人以上的合作社 1 024 家。合作社带动果农 41.3 万人，入社果园 115.3 万亩，占全市果园的 1/4。持续加大对果品贮藏、加工企业的支持力度，全市建成果品贮藏加工企业 1 000 余家，其中销售收入过亿元的果品龙头企业 48 家。建设水果贮藏库 1 384 座、库容327万吨，洗果打蜡生产线1 044条、年加工能力122万吨，果汁加工生产线24条、年产量217万吨，罐头加工厂24个、年产量8.7万吨，果干蜜饯等加工企业37个、年产量8.8万吨。

构建知名品牌文化体系。烟台先后出台《推进农业品牌化建设的意见》《烟台名牌农产品认定管理办法》《烟台苹果品牌战略规划》《烟台苹果品牌使用办法》等系列文件，全力推介“烟台苹果”品牌，扩大品牌影响。其中，《烟台苹果品牌战略规划》通过烟台苹果的历史、技术、品质、产业、品牌等重新凝练、挖掘，找到了烟台苹果的五个核心价值支撑链，提出了崭新的品牌口号：中国第一个苹果，烟台苹果；并以此为基础，设计出了烟台苹果的形象Logo、品牌价值支撑图形、品牌价值辅助图形和“拇指哥”品牌卡通等一系列品牌形象，大气、大方、活泼，易于传播。一经发布，立即得到了社会各界的广泛好评和果品企业的高度认可与积极应用。据评估，2016年“烟台苹果”品牌价值达126.01亿元，连续8年蝉联中国水果第一品牌。

滕州马铃薯：中国菜用马铃薯第一品牌

山东省滕州市农业生产条件优越，马铃薯种植已有100多年历史，被称为“中国马铃薯之乡”。近年来，滕州市抓住国家马铃薯主粮化战略机遇，按照“内强品质、外塑品牌”的要求，以标准化、规模化、组织化生产为基础，以品牌化建设为重点，全方位、多层面、多角度塑造滕州马铃薯品牌形象，积极打造全国菜用马铃薯行业的“风向标”。

据了解，2016年全市春秋两季马铃薯稳定在65万亩，总产量200余万吨，总产值60余亿元，亩均效益8 000元以上，是全国二季作区单产最高、效益最好的县（市），占全省面积的1/4、产量的1/3，出口量占到全国的1/3。滕州马铃薯以其优良的品质先后被评为“中国农产品区域公

用品牌价值百强”“最受消费者喜爱的中国农产品区域公用品牌”和“最具影响力中国农产品区域公用品牌”，2016 年被评为山东省首批知名农产品区域公用品牌，成功入选 CCTV 农科频道展播品牌农产品，滕州马铃薯品牌价值达到 136.21 亿元，成为中国菜用马铃薯第一品牌。

标准化生产打造马铃薯品牌发展载体

为了保证滕州马铃薯的标准化生产，滕州市制定了《滕州市早春拱棚马铃薯高产栽培技术规程》《滕州市马铃薯绿色防控技术规程》，出口春、秋马铃薯良好农业规范（GAP）等马铃薯标准化技术规程 8 个。成功创建了 20 万亩全国绿色食品原料马铃薯标准化生产基地，创建省级马铃薯标准化种植基地 2 个，建设了 13 处马铃薯 GAP 生产示范基地，示范推广 17 万亩。

农业产业化经营培育马铃薯生产主体

积极扶持和培育具有较强辐射带动能力的农业龙头企业、农民合作社、家庭农场等新型农业经营主体，提高马铃薯品牌化发展意识。突出产品特色、精加工和深加工产品，增加马铃薯附加值，增强市场竞争力。目前，全市马铃薯生产、加工、销售主体已发展到 300 余家，通过“龙头企业＋基地＋农户”“农民专业合作社＋农户”等多种模式，引导企业与农户之间建立稳定的联系，扩大了滕州马铃薯生产规模和品牌知名度，增加农民马铃薯种植收益2.9亿元以上。

质量认证提高马铃薯产品质量

按照区域公用品牌与企业自主品牌协同发展的原则，滕州市完成马铃薯“有机”“绿色”和“无公害”产品认证27个，建设绿色原料基地20万亩，“滕州马铃薯”获国家地理标志认证，提升了“滕州马铃薯”的品牌优势，滕州马铃薯比同类产品价格提升15%以上，真正成为全国马铃薯的“第一品牌”。

质量安全监管夯实品牌马铃薯发展基础

马铃薯产业是滕州市的支柱性产业，也是农民增收致富的主要途径。如今，消费者对农产品质量安全的要求越来越高，2018年，滕州市围绕做大做强、做优、做靓特色马铃薯产业为目标，通过宣传引导、狠抓农资监管、提升种植水平等措施，全面提升春季马铃薯质量安全水平，力争年内有机马铃薯种植面积发展到5 000亩、绿色马铃薯种植面积达到3万亩，全力打造全国最大的绿色马铃薯标准化生产示范基地。此外，滕州市还加强对马铃薯从农业投入品销售使用、田间生产到采收上市的全程监管。完善了农业投入品购进使用、技术规范、生产档案、质量检测、包装销售等方面管理，逐步实现马铃薯生产基地化、规模化、标准化。加强马铃薯质量监测，各马铃薯专业镇年抽检马铃薯样品1 500个以上。滕州马铃薯在部、省、市例次质量监督抽检中合格率达100%，为发展品牌奠定良好基础。

拓展销售渠道推进马铃薯市场销售

积极打造马铃薯产销服务网络，建成以滕州蔬菜果品批发市场为龙头，专业批发市场、产地批发市场为依托，季节性临时批发市场为补充的马铃薯市场体系。现有全市农贸市场168处，恒温库100余座、库存能力20万吨，马铃薯产销专业合作组织256家，从业人员1万多人。与上海跨国采购中心签订合作协议，协议销售马铃薯2万吨，销售额5 000万元，实现滕州马铃薯优先进入上海江桥、广州江南、北京新发地等批发市场。建成滕州马铃薯综合信息服务平台，让滕州农民实现“土里淘金，网上淘宝”。

宣传推介提高品牌影响力

通过电视、报纸、网络等宣传平台，宣传马铃薯品牌、展示产品，扩大市场销售范围。滕州市连续举办八届中国（滕州）马铃薯节，每年聚集全国各地马铃薯产销大户500余家，来滕开展马铃薯购销，积极组织马铃薯生产、加工企业和产品参加“中国绿色食品博览会”“农交会”等农产品推介展销会，促进品牌与市场的融合，提高滕州马铃薯的知名度和美誉度，让滕州马铃薯走出山东，走向全国，享誉国外。据统计，滕州市累计参加展会40次，提供销售信息服务10万余条次，达成销售意向1.6亿元。

金乡大蒜　蒜中珍品

金乡县是驰名中外的“大蒜之乡”，素有“世界大蒜看中国，中国大蒜看金乡”的美誉。金乡大蒜种植面积常年维持在60多万亩，带动周边种植区域超过200万亩，大蒜冷藏能力230万吨，拥有700多家大蒜储存加工企业，产品出口170多个国家和地区，出口量占全国出口量的70%以上，基本实现了大蒜从调味品、到食品、保健品、再到医药的全产业链发展格局。

“蒜乡”历史由来已久

山东省济宁市金乡县已有2 000多年的大蒜种植历史，早在东汉初年，就有种植大蒜的记载。相传，金乡大蒜还为东汉开国皇帝刘秀的称帝立下了汗马功劳呢。

东汉建武元年（公元25年），刘秀率军西征，路经爰戚（现为金乡县），适逢疫病流行，许多兵士高烧、头晕、呕吐、昏迷，司隶校尉鲁恭病亡，葬于山南。军队人心惶惶，战斗力大减，刘秀只得驻兵治疗。随军医生束手无策，疫情在军中迅速蔓延。刘秀愁肠百结，坐卧不安，仰天长叹：“天灭我也！”正置危难之际，忽闻一鹤发童颜老者来献医方。真是喜从天降，刘秀急忙召见。礼让毕，急不可待地说：“请仙翁赐方！”老者笑而答道：“将军不闻本地百姓多种大蒜吗？可高价收取，把它捣碎，取其液，命士兵用以滴鼻，可防此病蔓延；同时将大蒜分与士兵就食，不几日即可痊愈。”刘秀立即遵嘱办理，果然病除。再循老者，不知去向。刘秀对天长揖：“天助我也！”遂发兵攻取洛阳，称光武帝。

金香大蒜经过长期的培育发展，加上本地独特的水土气候条件和中国农业科学院、山东省农业科学院、山东农业大学等高等院校、科研机构的大蒜研究专家、学者的联合攻关，使金乡白皮大蒜的品级大大提高，形成了金乡大蒜这个享誉国内外的特色产品。

名气大源于价值高

金乡大蒜具有蒜头个大、汁鲜味浓、辣味纯正、香脆可口，不散瓣、抗霉变、抗腐烂、耐贮藏等明显优点；金乡大蒜营养价值极高，据科研部门测定，金乡大蒜含人体所需的蛋白质、尼克酸、脂肪、镁、磷、铁、钾等营养元素20多种，被专家称为最好的天然抗生素食品和保健食品，其药用价值已引起国家有关科研部门的关注。金乡大蒜不仅能生食，而且还能加工成蒜茸、蒜片、蒜粉、蒜油、蒜素等产品，广泛应用于食品、饮料、日用化工、化妆品、保健医药等领域。

金乡大蒜具有较高的药用价值。据中科院组织专家对全国不同产区的大蒜进行主要成分的化验测定，金乡大蒜含有防癌和抑制肿瘤作用的二烯丙基、硫化物等药用成分。据调查，金乡县癌症发病率明显低于全国平均水平，而人均寿命比全国平均水平高 5 岁。

金乡大蒜具有较高的营养价值。据国家科研部门测定，金乡大蒜 1 千克鲜蒜头可实用部分中含蛋白质 4.4 克、脂肪 2 克、热量 1130 千卡、尼克酸 9 毫克、维生素 B12.4 毫克、钙 50 毫克、磷 440 毫克、钾 1 300 毫克、钠 87 毫克、镁 83 毫克。

企业抱团共闯市场

金乡县委、县政府为了加快大蒜产业发展，以市场化手段博得行业龙头地位，组织金乡华光集团等 16 家龙头企业参股组建了山东金乡大蒜产业（集团）股份有限公司，力争利用金乡大蒜产业入选“中国县域产业集群竞争力 100 强”这一强大优势和“金乡大蒜”这一最具竞争力的品牌资源，尽快建成国内知名大蒜食品产业基地，打造年销售收入千亿元的产业集群。

金乡县当前拥有大小恒温库 2 300 余座，储藏能力达到 150 万吨，规模的大蒜初、深加工企业 100 余家，其中规模企业 62 家产品出口到 140 多个国家和地区，单一农副产品出口创汇额居全省首位。虽然金乡大蒜产业体系日臻完善、集群效应初步显现，但仍存在着企业实力不够强、人才科技力量薄弱、品牌打造不力等问题。为此，金乡积极借鉴浙江柳氏集团、寿光蔬菜产业集团整合关联产业、抱团发展做大做强的先进模式，通过实施工业项目“百日攻坚”行动对大蒜产业进行大力整合，力推大蒜产业实现集团化发展，打造产业航母。

据了解，金乡对大蒜产业集团公司在商标使用、获取市场份额、使用新技术、信贷融资等方面制定了一系列优惠政策，特别是在向上争取方面，进行重点倾斜，确保优先享受中央、省市县项目资金和各种优惠政策；同时扶持集团公司逐步建立起高端管理人才和研发人才引进机制，并积极打造高端产品研发中心、大蒜产业检测检验平台、大蒜现货和电子交易平台，筹建村镇银行。该（集团）公司成立后，逐步按紧密型管理模式规范运作，各分公司投入市场的产品均以集团总公司名义出现，并实施资本、技术、组织结构、营销体系等方面的全方位组合，形成规范的大蒜产业集团公司。

保险减轻蒜农风险

再大的产业也有市场风险，为了保证蒜农的利益，金乡县积极推动保险价值机制的落地。

据了解，金乡大蒜目标价格保险险种为2017年种植、2018年收获的生长和管理正常、在保险期间均衡上市的金乡大蒜；大蒜目标价格保险金额为2 000元/亩，目标价格为干蒜3.4元/千克，保费率为7%，保费为140元/亩，保费由投保农户承担56元/亩，由各级政府承担84元/亩。保险理赔计算公式是：赔偿金额=每亩保险金额(元/亩)×保险面积(亩)×{[目标价格(元/千克)-实际价格(元/千克)]/目标价格(元/千克)}。理赔资金于12月底前拨付到投保蒜民“惠农一卡通”账户。

这样，每年的6到8月份，由当地监管部门监测大蒜价格，当平均价格低于目标价格时，视为保险事故发生，保险公司对跌幅部分进行相应赔付，高于目标价格时不发生赔付。

金乡有90万亩耕地，大蒜种植面积稳定在60万亩以上，是农民的主要收入来源。但是近年来，因大蒜价格波动较大，在不少年份给蒜农带来较大损失，也严重影响了金乡大蒜产业的健康发展。为了化解风险，减少蒜农损失，金乡于2015年率先开展大蒜目标价格保险，对增强蒜农抵御市场风险的能力，促进农民增产增收和大蒜价格稳定发挥了重要作用。

2018年，山东省委、省政府发出了《关于推进价格机制改革的实施意见》，出台了《山东省特色农产品目标价格保险工作实施方案》，将大蒜列入其中。金乡因势利导，建立完善了“政府补得起、农民拿得起、公司担得起”的保费补贴制度，并于2017年实现了大蒜全覆盖。2018年，根据省物价部门批复，金乡大蒜享受到价格政策性保险的参保面积为30万亩。

保障蒜农收益，除了价格保险这一招，金乡还有“组合拳”。近年来，立足雄厚的产业基础，金乡推进了大蒜产业加工园区建设，已培育规模以上大蒜加工企业128家，其中深加工企业76家，年加工大蒜能力达80万吨，农产品加工转化率达91%，产值65亿元，是一产产值的2.77倍。金乡推广的“龙头企业+基地+合作社+农户”模式，以合作社为纽带，一头连企业，一头连农户，共同建立大蒜标准化种植基地。合作社代表农户，与企业签订协议，组织农民按照企业需求进行种植，企业按约定保护价收购合作社大蒜产品。

一只海参的强市之路

众所周知，目前国内海参产地主要分为三大板块，分别是以威海、烟台、青岛为核心的山东海参，以大连为核心的辽宁海参，以福建为核心的南方海参。在这“三分天下”的格局之中，“威海刺参”脱颖而出，既与威海的自然环境禀赋有关，也与威海市全力培植壮大海参产业息息相关。

量质并行　规模与品牌价值领先

据悉，山东是海参养殖最主要的省份之一，海参产量占全国的50%以上。2015年，威海市海参养殖面积发展到36万亩，年鲜参总产量达4.4万吨，约占全省的1/2，全国的1/4；全国现代渔业海参种业示范场2处，国家级海参良种场2处；海参育苗、养殖、加工、销售企业和业户达到4 000多家，直接吸纳就业4万多人，仅海参养殖业就实现产值87亿多元，

约占全市渔业经济总产值的7.3%，海水养殖总产值的40%。全市已获得海参生产许可证的加工企业有50多家，区域内海参经销门店600多家。

产品质量是产业生存之本、品牌支撑。威海市在切实抓好扩规模、增产量的同时，正确处理快速发展与质量安全的关系，将质量安全作为发展海参产业的根本和保障，把质量安全工作放到重要位置来抓。通过健全长效监管机制、强化源头监管措施、提升标准生产水平、加强宣传教育培训等措施，切实保障水产品质量，确保公众舌尖上的安全。

除了政府强力监管之外，威海当地海参企业也积极行动起来，把好质量关。好当家集团是威海从事海参生产加工的龙头企业，该集团的做法便是一个缩影。为了保证每一只海参的品质，好当家实行最严格的质量管理，育苗养殖过程建立档案管理制度，苗种来源、饲料投喂、水质变化等全部信息记录存档。为把握好海参产品上市前的最后一道关卡，集团投资数千万元建设了通过国家实验室资格认可的高标准食品检测中心，可进行700多项农残、兽残、重金属、微生物的检测。

随着产业规模持续扩大和品质的不断提升，威海刺参区域品牌成为山东省著名品牌、2017中国百强农产品区域公用品牌，威海刺参成为中国海参的典型代表。

环境异禀　环境与资源优势突出

一是自然条件优势。威海市三面环海，海岸线长986公里，占山东省的1/3、全国的1/18，拥有较大海湾30多处、优质沙滩40多处、大小海岛168个，其中500平方米以上海岛98个。近岸海域1.1万多平方公里，适合刺参生长的−15米等深线以内海域面积达330万亩。

二是水质环境优势。威海沿岸没有大的工业企业，远离大江大河入海口，水质清澈。2015年，全市近岸海域符合第一、二类海水水质标准的海域面积占99.6%，其中符合第一类海水水质标准的海域面积占88.7%。根据国家海洋局监测结果，威海近海是全国近海环境质量最好的地区之一。

三是生物资源优势。威海市周围浅海年均温度10～15℃，年均盐度在3%左右。近海海底比较平缓，大多为礁石或泥沙石混合地质，藻类资源品种多，浮游生物丰富，为海参生长提供了充足的饵料。

为了保护好海参生长的这片优渥碧海，威海人不遗余力。首先坚持陆源污染排放总量和排放标准“双控”制度，以容量定排量。其次，培育河道及入海口湿地12万亩，严把海岸带项目审批关，严守生态红线和“产业红线”，先后拒绝了总投资280多亿元的投资项目。威海目前自然岸线保有率达60%，远高于全国平均水平，近海海域水质达标率100%，是全国海水水质最好的区域之一。

独特的地理位置、优越的自然条件和严格的环境保护，使得威海刺参个体肥大、突棘粗大、肉质肥厚、鲜嫩可口。

政府护航　规划与政策引领扶持

据介绍，近年来为加快促进海参产业持续健康发展，威海市政府做了大量的工作。一方面，明确发展规划，加强组织领导。威海市制定了海参产业发展规划，明确了海参产业发展的思路、目标和具体措施，重点建设一批规模化的海参标准化养殖园区，打造一批实力较强的海参产业龙头企业，培植一批有较高知名度的海参品牌，形成结构合理、规范有序、集约经营、富有活力的海参产业体系。同时，各有关部门也把加快海参产业健康发展作为一项重点工作，列入重要议事日程，积极做好各项工作，及时协调解决海参产业发展中遇到的问题。

另一方面，出台了一系列政策，对海参产业发展、品牌创建、市场营销进行扶持，推动海参产业标准化、规模化、产业化和现代化发展。2010年11月，出台了《关于进一步促进海参产业健康发展的意见》，明确了促进海参产业发展的指导思想，提出了加快海参产业发展的具体措施。2014年4月，出台了《威海市海参苗种产业发展奖励办法》，进一步加大对刺参良种繁育、健康养殖技术、模式研究及成果推广、“威海刺参”品牌直营专卖店等项目的资金扶持。

科技支撑　创新促进产业进步

首先，加强产学研结合。威海市积极与山东省内高等院校、科研院所加强合作，联手共建海参产业发展教学研究机构，充分发挥政府部门的职能作用和高校科研机构在理论研究和人才智力方面的资源优势，通过广泛开展科学技术研究，加大高层次人才引进和培养力度，为威海市海参产业发展提供理论支持、人才保障、技术支撑和交流平台。先后突破了海参立体养殖等多项养殖技术，探索出高密度池塘养殖、潮间带围堰养殖等养殖方式，并配套推广池水增氧技术。其次，强化技术推广普及。为了提高海参养殖技术水平，增强海参产业核心竞争力，威海定期举办海参健康养殖技术培训班，加大技术推广普及力度，提高海参从业人员素质，加速科技成果转化。

2011 年，好当家集团领衔国内 26 家优势科研单位和海参骨干企业，成立了海参产业技术创新战略联盟，集成和共享海参企业、科研院所和高等院校等技术创新资源，构建起以企业为主体、市场为导向、产学研相结合的产业技术创新平台，重点突破海参产业的共性和关键技术瓶颈。2015 年联合培育出刺参“崆峒岛 1 号”新品种，是全国首个通过杂交选育形成的刺参新品种。

未来，威海市将以产业促品牌，以品牌带产业，提高威海刺参产业核心竞争力和综合实力。第一，区域品牌与企业品牌并重，提高品牌价值。第二，技术创新和产品创新并举，提高产品含金量。第三，产业规划和项目建设并行，推动行业健康发展。

花开世界　深耕正阳

河南省正阳县被称为“中国花生之都”。一个农业大县是如何专心种植一粒花生，成为“中国花生之都”的呢？

正阳县很早就培育出了小白沙、“远杂 9102”和“远杂 9307”等系列品种。该县连续 18 年被评为全国花生种植第一大县，但大而不强、多而

不优的问题一直困扰着正阳花生产业的发展。近年来，正阳县按照“布局区域化、经营规模化、生产标准化、发展产业化”的思路，推广新品种，拉长产业链，实现新突破。

研发新品种，打造新基地。为了让花生产业发展更好，该县从改进花生品质入手，与河南省农科院合作，试种推广高油酸“豫花37”新品种，这个品种把花生的贮存时间延长至3年，使正阳县的花生种植面积由过去的150万亩扩大到2018年的172万亩，其中高油酸花生种植面积达到8万亩。该县集中打造高标准花生种植基地，整合项目资金，迁出区域内村庄，使田成块、路相通、渠相连、林成网。引进先进的现代农业生产手段，建设烘干车间，统一供种、统一机械服务、统一病虫害防治、统一质量标准、统一产品销售，引领全国花生种植。正阳花生常年保持在170万亩左右，单产达到300千克，总产量50万吨。正阳花生连续两届被评为“河南省名牌农产品”，被国家质检总局批准为国家地理标志保护产品。

延长产业链，提高附加值。正阳县大力发展花生精深加工业和全资源化利用，不断做大做强花生产业。该县积极做好花生秸秆、花生壳的综合利用，牧原集团的饲料生产、天润农业的湖羊养殖、绿源专业合作社的食用菌种植等，通过经纪人收储花生秸秆，或自用或调出或养殖，使花生秸秆、花生壳得到了充分利用，花生的各个部位基本上被充分利用。引进的君乐宝乳业以花生秸秆为原料，建立 4A 级旅游景区的乐源万头奶牛养殖基地，打造华中地区的君乐宝乳制品、花生奶生产基地。目前，每天乳制品产量达到 200 多吨，花生奶生产项目 7 月投产。如今在正阳县，花生全身都是宝，就连过去没人要的花生秧、花生壳，也成了养殖户眼中的“抢手货”。全县围绕花生精深加工发展花生油、花生蛋白、花生炒货等系列产品加工企业 23 家，围绕“吃干榨净”目标，正阳县把小花生做成了富民强县的大产业。

打造基地，引进企业。正阳县优质的花生资源，吸引了国内众多食品加工企业的目光。围绕花生产业做大做强出台优惠政策，以花生休闲食品、花生油脂、花生饮料、花生保健食品为主攻方向，坚持外引内培，打造全国重要的花生制品精深加工基地。君乐宝乳业、维维集团、牧原集团等知名上市企业相继在正阳县投资建厂。维维粮油（正阳）有限公司浓香花生油项目日处理花生仁 550 吨，调和油生产线年生产能力 3 万吨以上。正阳温州特色食品产业园已入驻温州乡巴佬等企业 26 家，研制花生休闲产品，使花生的加工多样化、品牌化。正花食品产业园集花生产品研发、

央视主播海霞代言河南正阳花生

花生食品深加工、出口贸易、电子商务、仓储冷链物流于一体，致力打造中国最大的花生食品深加工基地。

建立产业园，争创先行区。2018 年 8 月 10 日，正阳县通过了农业农村部和财政部的审批，成为河南省唯一一家创建国家现代农业产业园区县，也是全国唯一的一家花生国家现代农业产业园。如今，正阳县将以创建国家现代农业产业园为载体，着力打造高起点、高标准的现代农业发展先行区。借助创建国家现代农业产业园的优势，该县积极申请在正阳建立国家级花生检测中心，严密监测花生农药残留、重金属含量、黄曲霉毒素污染等质量指标，确保质量安全。加快制定正阳花生生产各项标准和操作规范，力争成为全省乃至全国的花生标准。在组建河南省花生产业技术体系正阳县综合试验站的基础上，申报加入国家级花生产业技术体系。

增强软实力，全方位宣传。该县注重花生文化发展，支持君乐宝旅游观光牧场、天润农业等发展都市生态农业，建设花生小镇，发展田园游、休闲游。推行“互联网 +”花生模式，办好每年的“互联网 +”花生产业高峰论坛。与京东、阿里巴巴等知名电商携手，进一步助推正阳花生的一二三产深度融合。正阳县先后建设成了花生食品产业园、农业机械制造产业园，正在建设正阳国际花生城。该县还拿出 130 亩公共用地建设花生主题公园，在公园里建设花生博物馆。

新乡小麦　量大质优

关于小麦，有这样一句话，“世界小麦看中国，中国小麦看河南”，如果用数据来说话，这句话一点都不假，中国小麦平均亩产量和总产量都居世界第一。而河南小麦的种植面积、平均亩产和总产量同样多年傲居全国第一。多年来，河南产出了中国将近三成的小麦，为维护我国粮食安全提供了重要力量。

除了产量高，河南小麦的品质也十分出众，尤其对面粉加工行业来说，河南小麦是他们绕不开的最佳选择。统计数据显示，2017 年，河南省全省优质专用小麦种植面积达到 5 208 万亩，占麦播总面积的 66.5%，比上年增加 308 万亩。优质专用小麦种植面积继续占据全国第一位。

那么河南小麦又看哪里呢？在河南这片广阔的中原大地上，新乡市脱颖而出，2017 年小麦生产总规模稳定在 375 万亩，年产量达到 195 万吨，位居全国地级市之首。新乡地处中原，占尽天时地利，农业发达。常年粮食播种面积 1 100 万亩，是全国优质农产品主产区和粮食核心区，是国家商品粮基地、全国优质小麦生产基地市和优质专用小麦种子繁育基地市、全国粮食生产先进市。

2008 年，新乡市委、市政府提出“品牌农业”发展战略，率先在全省开始了“品牌农业”探索与实践。2011 年，新乡又提出了“整合资源，组建新乡小麦产业集团，将新乡小麦打造为‘中国第一麦’”的战略目标任务，顶层设计目标清晰，全市上下贯彻落实，建成全国优质强筋小麦生产加工基地，初步形成了河南“南有漯河肉类加工，北有新乡粮食加工”的格局。2014 年底，“新乡小麦”获得国家农产品地理标志，成为中国第一个以强筋小麦为登记内容的小麦产品，也是中国第一个以地市为登记范围的小麦产品，更是河南省第一个小麦登记产品，意义重大而深远。“中国第一麦”瓜熟蒂落，花落新乡，成为新乡走向世界的一张崭新名片。

而在新乡市，延津县的小麦则更是颇有口碑，“优质麦经济”、“延津模式”享誉海内。近年来，延津县委、县政府始终把唱响“小麦经济”放在发展县域经济的战略位置。2002 年，延津“金粒”牌小麦代表中国磨粉小麦出口东南亚，实现了我国磨粉小麦出口“零”的突破，创下了中国小麦出口第一单。

2010 年，新乡市延津县成为河南首个全国绿色食品原料（小麦）标准化生产基地。

“延津小麦发展到目前，一直在优质小麦、种子基地这个水平徘徊，市委、市政府把新乡小麦打造成‘中国第一麦’的思路，使我们豁然开朗，只有把品牌做大做强，才能实现价格的大幅度提升，只有走产业化道路，我们‘小麦经济’才能搞出名堂。我们有这个基础，有这个条件。把小麦经济作为一个产业做大做强，从而推动农业现代化发展，推动延津经济发展。”延津县委书记常冀剀说。

近年来，延津县小麦产业化经营势头强劲。有关部门在抓好小麦基地建设的同时，努力打造生产、收储、加工、销售产业化链条，提高小麦生产附加值，拓展利润空间。目前，延津县已有农业产业化龙头企业 19 家，其中，国家级龙头企业 2 家、省级 4 家、市级 13 家，各类农民专业合作经济组织达到 185 个，土地流转面积 12 万亩。全县拥有包括中储粮直属库在内的粮食收储企业 18 家，42 个延伸收储库点，总仓储量达 80 万吨，是全县小麦产量的 1 倍多。全县面粉加工业日处理小麦达到 0.15 万吨，年加工小麦能力 70 万吨。小麦专用粉产品达 40 多个，年产高档挂面 40 万吨，速冻食品 25 万吨。

每年春夏之际，在小麦收割前来到新乡的郊区，到处都洋溢着麦香，除了生产出优质的小麦，这里如今已成为一片世人眼中的“世外桃源”，很多骑行爱好者和摄影爱好者都慕名而来，很多农田成为“游园”，带动着当地的休闲旅游产业。新乡小麦正发挥着多种功能带动着当地的乡村振兴。

正宗黄河鲤鱼出郑州

黄河作为中华民族的母亲河，孕育了灿烂的中华文明，还孕育了驰名中外的黄河鲤鱼。黄河鲤鱼以其金鳞赤尾、梭长健硕的优美外形和“甘、鲜、肥、嫩”的独特风味，被列为中国“四大名鱼”之首。

鲤鱼是淡水鱼中品种最多、分布最广、养殖历史最悠久、技术最成熟、产量最高的鱼类。北到黑龙江、南至珠江流域都产鲤鱼，为什么唯独黄河鲤鱼最出名？黄河流经的宁夏、内蒙古、山西、陕西、河南、山东都出产黄河鲤鱼，哪里产的黄河鲤鱼最正宗、品质最优呢？

黄河鲤鱼名声响，源自水质较优良

《清稗类钞》中“宁夏人食鲤”条目记载：“宁夏之鲤，隆冬渔师凿冰，取以致远。然肉粗味劣，与南中产者无殊，非若豫省黄河中所产者，甘鲜肥嫩，可称珍品也”。“南中”泛指淮河以南的华中、华南地区，该地区水域面积大，水产品丰富，鲤鱼很多。但是由于水底淤泥厚，鲤鱼有喜欢在泥中寻找食物的习性，故泥腥味重，当地人多不喜食。宁夏处黄河上游，然而受气候、水质条件所限，出产的黄河鲤鱼品质并不高，甚至“肉粗味劣，与南中产者无殊”。所以说，并非黄河里的鲤鱼都好，只有河南产的黄河鲤鱼“甘鲜肥嫩，可称珍品也”。

您要问为什么，秘密就在这黄河水中。黄河上下游各段的水质是不同的。黄河流经晋陕黄土高原的过程中，冲刷携带两岸黄土，形成了世界上著名的多泥沙河流。黄河自河南孟津以下冲出峡谷进入平原，河床展宽，流速趋缓，河水沉淀掉粗泥沙后，泥沙成分主要为细颗粒物，形成了弱碱性、高钙、界面效应强、自净作用强的特有水质，只有在这一段(郑州段)黄河里生长的黄河鲤鱼才是正宗的。

根据 1973—1975 年当时的河南省水利局、新乡师范学院生物系组织的黄河鲤鱼调查，河南境内自孟津到范县的河段中，唯一的一处固定产量场位于郑州市巩县（现巩义市）伊洛河黄河入口处。从伊洛河口的七里铺到南河渡、龙尾和黑石关一带，水位较稳定，水深 1 米左右的浅滩较多，水清透明，流速缓慢，底质为软泥，有大量适于鱼卵附着的眼子菜、莎草、苔草、柳根等，每逢 4—5 月份的生殖季节，大量的成熟黄河鲤鱼上溯到此处产卵。在巩县河段捕获的鲤鱼成熟个体比例最高（雌占 70.7%，雄占 93.5%），正说明成熟个体从别处游来产卵。自黄河铁桥至兰考东坝头河段为典型游荡型河道，河道与水流变化不定，只有少数临时产卵场。长垣以下河段，河道较稳定，河床窄，流速快，浅滩少，不易形成产卵场。所以在该河段中捕获的未成熟个体特别多，而成熟个体特别少。2007 年国家在黄河郑州段划定了黄河鲤鱼国家级水产种质资源保护区，2012 年又颁发了黄河鲤鱼地理标志，所以说“正宗黄河鲤鱼出郑州”一点都不为过。

黄河鲤鱼天下扬，豫菜名吃助推广

黄河鲤鱼之所以扬名天下，还得益于一道豫菜的推广，这就是豫菜十大名菜之首——糖醋软熘黄河鲤鱼焙面。河南得黄河中下游之利，金色鲤鱼，历代珍品。宋时曾有“不惜百金持与归”之语，可见其珍。但原料再珍，不得其法，亦非珍品。豫菜的熘，以活汁而闻名。所谓活汁，历来二解，一是熘鱼之汁，需达到泛出泡花的程度，称作汁要烘活；二是取方言中和、活之谐音；糖、醋、油三物，甜、咸、酸三味，要在高温下，在搅拌中，充分融合，各物各味俱在，但均不出头，你中有我，我中有你，不见油，不见糖，不见醋，甜中透酸，酸中微咸。此汁使鱼肉肥嫩爽口而不腻。鱼肉食完而汁不尽，再上火回汁，下入精细的焙面，汁热面酥，入口的感觉真是美妙之极。

此菜以黄河鲤鱼1尾（约重750克）做主料，配以葱花、蒜末，调以精盐、白糖、醋、料酒、姜汁，辅以湿淀粉、清汤、白面粉制作而成。将鱼洗净扩一下，两面解成瓦垄形花纹，入六成热油锅炸制并顿火几次，待鱼浸透后，再上火；油温升高后，捞出滗油，再入以各种配料对成汁的锅中，旺火边熘边推，边撩汁在鱼上；待鱼两面吃透味，勾入流水芡，汁收浓时，下入热油，把汁烘活装盘。成菜色泽柿红透亮，油重而融和，利口而不腻，甜中透酸，酸中微咸，鱼肉鲜嫩。

黄河鲤鱼名在外，为首当推郑州响

自古以来，我国人民就喜食鲤鱼。烹调鲤鱼的技艺更是五花八门，豫菜用鲤鱼制作的品种有上百种。红烧、清炖、清蒸、糖醋等食法，无不脍炙人口。李时珍曾说：“诸鱼唯此最佳，故为食品上味”。郑州花园口一带的黄河鲤鱼金光闪闪、背青尾红，肉质肥嫩，营养丰富，全国驰名。能制作出成桌的全鱼席或烹制个鱼，可红烧、干炸，亦可清蒸、软溜。以郑州黄河鲤鱼为原料烹饪的各式名菜，更是驰名中外。如“糖醋鲤鱼”“姜葱鲤鱼”“清蒸鲤鱼”“红烧鲤鱼”等。特别是郑州的传统名肴“糖醋鲤鱼”，更具代表性，该菜“糖醋汁挤眼泛泡，肉嫩如脑，甜、酸、咸三味俱全，互不夺味”，成为流传最为广泛，各地餐馆酒店竞相仿制，经久不衰的名菜。

与其他几地鲤鱼相比，郑州黄河鲤鱼其肌肉中具有较高的蛋白质含量和较低的脂肪含量，其蛋白质的利用率高达90%以上，且鱼肉松软，易于消化吸收和利用。所以，郑州黄河鲤鱼很适宜儿童、产妇、孕妇及年老、体虚弱者食用。郑州黄河鲤鱼的脂肪大部分是由不饱和脂肪酸组成，其脂肪呈液态。凡到郑州旅游的人，都想品尝一下它的美味而一饱口福。

南阳黄牛　悠久驰名

南阳黄牛是我国五大良种黄牛之一，有体躯高大、力强持久、肉质细、香味浓、大理石花纹明显、皮质优良等特点，役用性能、肉用性能及适应性能俱佳。

南阳黄牛与“五羖大夫”

南阳农民历来有养牛习惯，远在春秋时代，南阳黄牛已进入了舍饲、圈养阶段。生于斯长于斯的秦国名相百里奚就善于养牛，在他大半生的落魄生涯中，于南阳城西麒麟岗养牛成为他谋生的主要手段。关于百里奚和南阳黄牛之间还有十分有趣的故事。

百里奚壮年时离开南阳，先后游历宋国、齐国和周都洛阳，因为朝堂里无人，都没有得到录用。后来百里奚来到虞国，被国君任

命为大夫，但不久之后虞国就被晋国“假途灭虢”的途中灭国，没当多久大夫，百里奚就成了奴隶。百里奚被俘不久，晋国人要把公主穆姬嫁给秦穆公，百里奚被当作陪嫁的奴隶送往秦国。深感奇耻大辱的百里奚在去秦国的途中，设法逃走，回到故乡楚国宛邑。这时他的家人已经无处寻觅，好在年老的百里奚还有一技之长——善于养牛，于是就在南阳的麒麟岗一带以帮人养牛为生。

刚当上秦国国君的秦穆公，是一位胸有大志的国君，查收陪嫁物品，发现什么也不少，单单少了个叫做百里奚的奴隶。大臣中有了解百里奚的，就回答说这可是个难得的人才。秦穆公于是让人查找其下落，打听到这人在楚国放牛。秦穆公开始想用重金赎回百里奚，但谋臣公子縶劝住了他，认为楚国人一定是不知道百里奚的才能，才让百里奚养牛，若用重金赎他，那不就等于告诉人家百里奚是千载难遇的人才，那他们怎么会放手？公子縶说，可以贵物贱买，用一个奴隶的市价，也就是五张黑公羊皮来换百里奚，那样楚人就一定不会怀疑了。

就这样，百里奚被秦国用五张黑公羊皮换了过来。秦穆公解除了他的奴隶身份，并向他讨教国家大事。两人一谈就是三天，言无不合。秦穆公十分高兴，拜其为上大夫，号“五羖大夫”，把秦国的军政大权都交给了他。同姜子牙钓鱼、诸葛亮种地一样，百里奚养牛也流传下来不少的故事。他成名之后，这些故事令人们津津乐道。在百里奚的辅佐下，秦穆公三立晋君、称霸诸侯，并征服西戎、拓地千里，为秦国一统天下奠定基础。后世的诗人李白感慨：“秦穆五羊皮，买死百里奚，洗拂青云上，当时贱如泥……”

特殊条件孕育出的好牛

说起南阳黄牛优良的品质，还在于当地的自然条件。南阳盆地特定的土壤和气候条件，是“南阳黄牛”这一特有品种形成的基本因素。南阳地处亚热带和暖温带的过渡带，四季分明，光照充足，雨量适中，无霜期长。尤其是占南阳盆地面积70%以上的唐、白河流域，岗峦、河谷相间，平原面积广阔，土地肥沃，人口稠密。历史上，大面积的山岗荒地和河谷湿地为“南阳黄牛”的生长提供了充足的牧草，肥沃平原的大面积耕作既需役使大批耕牛，又为饲养“南阳黄牛”提供了秸秆等饲料。在这些条件的作用下，经过千百年的培育，南阳黄牛逐渐成为体躯大、耐粗饲、品质优、数量多、役肉兼用的优秀地方品牌。

前文中我们提到，远在春秋时代，南阳黄牛已进入了舍饲、圈养阶段，到了明清时代，南阳黄牛已遍布于唐、白河流域。悠久的养牛历史，孕育了南阳盆地千家万户养牛的民风；南阳农民普遍具有养牛习惯和技能。

新中国成立初期，南阳市建立了全国第一个黄牛繁育专门机构，开展对南阳黄牛的系统选育。20 世纪 70 年代，南阳率先在国内推广普及牛的冷配技术，实现了黄牛育种史上的一次历史性跨越。20 世纪 80 年代，国家制订并颁布实施南阳牛国家标准，同时把品系繁育技术应用于南阳黄牛育种工作中。20 世纪 90 年代，科技人员首次把胚胎移植技术引入南阳黄牛育种工作中，又明确提出了把南阳黄牛培育成为我国一个专门肉牛品种的目标，以填补我国肉牛品种的空白。

除了在当地大规模饲养，南阳黄牛在我国的很多省区都被大量用于改良当地黄牛。南阳地区多年来向全国提供种牛 17 000 多头。在纯种选育和本身的改良上有向早熟肉用方向和兼用方向发展的趋势。如与利木赞牛、夏洛莱牛、皮尔蒙特、契安尼娜、西门塔尔牛、鲁西黄牛等牛杂交，可提高产肉、产奶性能和经济效益。

悠久的黄牛养殖历史，优越的自然条件，几十年来的科技创新和标准化建设，有力促进了南阳黄牛的育种，南阳黄牛品质得到大幅度提高。南阳黄牛已成为国内外专家学者认同、在国内外市场叫得响的优秀地方品牌。

潜江龙虾：来自水乡泽国的财富故事

提起小龙虾很少有人不知道，“小龙虾”是中国人给它取的一个俗名。它的学名应该叫“克氏原螯虾”，又称红色沼泽螯虾或克氏螯虾，原产于

墨西哥北部和美国南部，属甲壳纲，十足目，螯虾科，原螯虾属。最初是作为养殖牛蛙的饲料引进日本。20 世纪 20 年代末传入中国江苏南京一带，由于它适应性很强，食性广泛，缺乏天敌，且有在水面下打洞穴居的习性，对湖泊、水库和江河的堤坝安全构成威胁，被列入《外来入侵有害物种》名单。一直到 20 世纪末，少数人开始尝试着食用小龙虾，个别餐馆有了这道菜后，竟一发不可收拾地成为餐桌不可多得的美味。

湖北潜江地处江汉平原腹地，属亚热带季风性气候，气候温和，雨量充沛，河流纵横，水资源十分丰富，由于潜江独特的气候条件形成了潜江水草资源丰富、天然饵料充足的自然条件，是潜江龙虾生长繁殖的理想之地。孕育了潜江龙虾优良的品质：腮丝洁白，无异味，外形肥大，腹部清洁透明，出肉率高；两只前螯粗大，外壳呈深红色，有光泽。种虾怀卵量大，孵化率以及幼虾成活率高。

作为小龙虾野生寄养模式的发源地，“潜江龙虾”以其个大肉肥受到欧美及日本、韩国等国家和地区客商的青睐。目前，潜江已建成小龙虾繁育养殖、科技示范和加工研发三大中心，是中国最大的淡水小龙虾加工出口基地。

产业由来

潜江小龙虾一路“长大”并不容易。刚开始，没有人知道养殖小龙虾的效益如何，也没人愿意冒险。潜江市委推动基层党组织、党员率先养，冒着风险做示范。于是，熊口镇赵脑村支部5个很有眼光的人带头养虾，很快地获得了成功，有了这个示范，农民看到了效益纷纷效仿，养殖小龙虾的农户越来越多，慢慢形成了现在的产业，也让曾经的“穷窝子”潜江变成了现在的“金袋子”。现在的赵脑村全村人都在养殖小龙虾，每个家庭年收入近3万美元。近几年，潜江的养殖规模不断扩大。小龙虾产业从无到有、从小到大，小龙虾产业综合产值有望达到每年200亿元以上。目前，全市小龙虾养殖面积达到50万亩，产品远销欧、美、日等20多个国家和地区，每年出口额3亿美元，吸纳10万人就业。

现在的潜江成为“中国小龙虾加工出口第一市”，每年吸引100多万人到潜江吃小龙虾。在小龙虾产业发展之初，潜江也遇到了很多困难。过去，农民养虾缺少资金，市里无偿给予养虾农民每亩40元的支持，帮助联系金融机构给予贷款支持，创新设立了虾苗保险、龙虾养殖保险等金融保险产品，如果在养殖过程中出现意外，养殖户能够获得相应的保险赔付，将小龙虾养殖的风险降到最低。

发展之初，潜江只养殖小龙虾，而现在的潜江却建成了集种苗选育繁育、养殖、加工、餐饮、物流、市场交易、节庆文化、教育培训等全产业链条，壮大了产业集群，小龙虾产业具有更强的综合竞争力。现在，全市一年可以提供30亿尾的小龙虾种苗，加工30万吨的小龙虾，在全国各大城市开了3 000多家餐饮店，培训专业技术人员3 000多人，市场交易30多万吨。

品牌发展

“潜江龙虾”地理标志证明商标和“潜江龙虾”农产品地理标志产品属于公共资源，全市范围内小龙虾从业者均可使用。潜江市委、市政府高度重视区域公用品牌价值，不断扩大“潜江龙虾”品牌影响力，不断强化“潜江龙虾”地理证明商标和地理标志使用管理、规范运作和保护工作力度，切实建立健全技术标准体系、质量保证体系和诚信体系。严格实施标准化生产，统一品种，统一管理，统一加工，统一包装，确保产品质量，充分发挥“潜江龙虾”品牌的信誉价值和商业价值。

潜江市牢固树立“品牌就是市场”“品牌就是生产力、竞争力、软实力”的理念，加强了“潜江龙虾”区域公用品牌的培育、认定、宣传、保护和推广，不断打造虾稻共作生态种养产品品牌的内涵和美誉度，培育了一批国内外市场叫得响、过得硬、占有率高的系列“潜江龙虾”名牌。湖北潜网龙虾贸易有限公司“虾谷360”被评为2016年度中国水产业最佳服务平台“鲲鹏奖”；“楚江红”“良仁”牌龙虾商标成为中国驰名商标；“楚江红”小龙虾荣获“湖北省旅游特产精品”“湖北省市场畅销品牌”“第二届中国荆州淡水渔业博览会金奖”“第九届中国国际农产品交易会金奖”；“楚玉”牌冻煮小龙虾获得湖北名牌产品称号；“章华台”潜江龙虾荣获“第十三届中国国际农交会金奖”。

品质保证

对于小龙虾，很多人也被谣言困惑过，其实，小龙虾在污水里是长不大的，说虾养在臭水沟里的都是外行。皇小龙虾养殖合作社张家窑基地的养殖户蒋小伟反复强调：“我们平时都是喂蔬菜瓜果、米糠麸皮等，稻田里也不施化肥不打农药，小龙虾干净着呢！”

稻田旁的一间值班室里，集合了小龙虾养殖信息、环境监管、水质在线监测、疫病远程诊断“四位一体”的质量可追溯体系，24小时监测，小龙虾生长的“一举一动”，都逃不过监管的“眼睛”。

“生产有记录、质量有检测、流通可追溯、加工有监控，我们力争做到从田间到餐桌全程监管。”潜江市食药监管局副局长何正发说，一次食品安全事故就可能砸了多年创下的招牌，质量安全不容有失。

“每批小龙虾都要有‘两证’，一个是‘合格证’，就是检验报告；另一个是二维码‘身份证’，保证货源清楚，去向明白，问题龙虾可及时召回。”在潜江小龙虾交易中心，潜网电商执行总经理李红卫说，按照质量追溯“一票通”制度要求，每批小龙虾都有三联票据，票货同行，保证小龙虾来源可溯、去向可查。

潜江市水产局副局长杨运刚介绍，每年进入小龙虾生产旺季，水产局都会到各养殖场、饲料经销店张贴标语，发放《禁用渔药清单》，并与养殖大户、家庭农场、合作社签订安全承诺书。

财富故事

“一年收一季稻、两季虾，亩均纯利润在4 000元以上，是单种水稻的3倍多。”在潜江市高场办事处联丰村，村民宋继伟一脸笑意：“今年行情好，1千克虾50元，80亩虾田挣个30多万元没问题。”

“今天上午，我们要赶着将2 500千克新鲜小龙虾配送完毕，发往江苏盱眙的一家餐饮公司!”位于潜江后湖农场内的小龙虾交易中心内，26岁的小伙子朱靖正忙着指挥员工装货。在潜江，像朱靖这样靠小龙虾为业、为梦想打拼的人很多。据潜江市烹饪酒店行业协会会长、中国龙虾职业学院董事长张国安介绍，10多年来，小龙虾产业在潜江造就了成百上千的百万、千万、亿万富翁，成就了无数潜江人的财富梦。

一只小龙虾，却蹦跳出百亿元的大产业。这背后，是一个农业供给侧结构性改革的生动故事。潜江市委看准了小龙虾产业是一件有利于发展的大事，也是一件为人民谋福祉的好事，按照中央和省委推进农业供给侧结构性改革的要求，未来小龙虾产业将成为推进农业供给侧结构性改革的重要抓手，实现“小龙虾，大产业”。

2006年，“虾稻轮作”种养模式通过了湖北省科技厅专家组的论证。

2010年，潜江市被评定为“中国小龙虾之乡”。

2012年，经国家工商总局商标局认定，“潜江小龙虾”荣获中国国家地理标志证明商标。

2013年，农业部（现农业农村部）决定正式颁证授予“潜江龙虾”农产品地理标志产品称号。

2016年，潜江被列为全国六家“农产品地理标志创建示范县”之一。

2017年，潜江小龙虾被纳入清单，成为中国和欧盟互换认证的100个地理标志产品之一。

宜昌蜜橘这么“红”

湖北宜昌有悠久的柑橘种植历史。早在2000多年前，爱国诗人屈原就写下过《橘颂》名篇。据研究，柑橘起源于我国云贵高原，途经长江而下，传向淮河以南。长江下游，直到岭南地区。经过我国人民长期栽培、选择，柑橘成了大众果品。国人皆知湖北宜昌蜜橘皮薄爽滑，酸甜适中，肉汁细腻无渣入口即化。那么究竟是什么原因，使得宜昌蜜橘能够征服人们的味蕾，成为人们的“心头好”呢？

大自然的宠儿

宜昌的蜜橘都是自然生长，吸取大自然精华长大，不催熟，不打蜡。这位宠儿生长于三峡西陵峡与清江画廊的交汇处，处于这两处如画般风景的滋养中，也使它外观大气漂亮，内心甘甜多汁。清江边秋季在蜜橘林的点缀下更显优雅，绿影臬臬、清江碧水、蔚蓝天空三者相得益彰，让此处更甚人间仙境。被誉为“宜昌三宝”之一的宜昌蜜橘，自1965年以来，

羽毛球世界冠军赵芸蕾代言湖北宜昌蜜橘

走出国门，远销加拿大、俄罗斯、美国、英国、德国及东南亚等国家和地区，成为“世界的宠儿”。

家乡的味道

2017 年 9 月 20 日，第 15 届中国国际农产品交易会“家乡的味道”——我为品牌农产品代言大型公益活动现场，宜昌籍羽毛球世界冠军赵芸蕾登台和大家分享了她和宜昌蜜橘的故事。自 18 岁入选国家羽毛球队后，常年在外训练、比赛，很少回家乡宜昌，但宜昌蜜橘酸酸甜甜的味道总是能勾起赵芸蕾对家乡的回忆。训练任务紧张繁重，每当收到妈妈从家乡寄来的蜜橘，她都会特别开心。宜昌蜜橘是绿色无公害食品，赵芸蕾除了为宜昌蜜橘代言，更诚挚欢迎全国人民到她的家乡游三峡大坝，品宜昌蜜橘。

品质的保障

宜昌柑橘卖得好，标准果园的建设功不可没。宜昌早就启动标准果园建设，橘园内实施改树、改种、改密、改土、改水、改路等措施，建成了全国柑橘标准化基地示范区，形成了“规模化生产、集约化栽培、标准化管理”模式。

在宜昌夷陵区钟家畈村晓曦红果园看到，橘农依山建了专用轨道，两条深槽、一辆装了滚轮的推车，专用机房操作，只需按动开关，千斤左右的柑橘便能顺利下山，省时省力。果园负责人张仁俊说，除了这项全国首创的柑橘轨道运输技术，果园全面应用的空中挂灯、园中挂板、树上挂虫等 14 项集成技术，也是提高果品质量的关键。通过农业、物理、生物方式进行防虫治病，避免了农药的使用，施肥专施有机肥和农家肥。

宜昌柑橘全面实行了无公害生产，一大批基地获得绿色食品、有机食品认证，农业农村部农产品质量监督检验测试中心抽检样品全部合格。质量的背后是技术。宜昌聘请了我国著名柑橘专家、中国工程院院士邓秀新担任技术顾问，指导推广无公害标准化生产技术，提升了柑橘品质。

监利黄鳝　“鳝”行天下

公元 222 年，东吴析华容县东境置县，因地富鱼稻，令官“监收渔盐之利”，“监利”作为一个昭示“鱼稻”资源丰富的县名正式出现于历史舞台。其鱼、虾、蟹、稻等产业优势地位的奠基至今已有近两千年历史。

监利黄鳝广泛分布于

池塘、沟渠、湖泊和稻田之中。湖北省荆州市监利县渔民从 1980 年就开始人工养殖，到 1996 年开始推行网箱养鳝，现已发展到 70 万口网箱、80 余万平方米养殖规模，年产黄鳝 37 000 吨。

黄鳝含有丰富的 DHA(廿二碳六烯酸)和 EPA(卵磷脂)，它们是构成人体组织细胞膜的主要成分，而且是脑细胞不可缺少的营养。经常摄食 DHA，记忆力可以提高 20%。黄鳝性温、味甘，具有补中益气、强精止血、滋补肝肾、祛风通络等功效，食用黄鳝肉可以补脑健身。监利黄鳝体形长而圆，尾柄尖且渐细，无畸形；体色橙黄，背部有三条花斑，黑黄斑纹相间，主筋与副花明显，色泽鲜艳。

监利出产的黄鳝，多以“桐梓湖”牌商标和“荆江”牌商标销往上海、浙江、广东、香港和台湾，还出口日本、韩国等东亚国家。

“夏吃一条鳝，冬吃一枝参”。一直以来，黄鳝都是人们喜爱的美食。监利黄鳝多以鲜活产品运销武汉、长沙、重庆、成都、南京、上海、广州等地，该县也尝试加工冰冻鳝筒和烤鳝片，冰冻鳝筒出口韩国，烤鳝片出口日本。2010 年，中央电视台《每日农经》栏目特别报道《受欢迎的监利黄鳝》，健康养殖生产的 30 吨“生态黄鳝”，从湖北省监利县程集镇出发，远渡重洋销往美国。

湖北省是淡水水产科技强省，有中科院水生生物研究所、中国水科院长江水产研究所、中科院水利部水工程生态研究所等国家级研究院所；有武汉大学、华中农业大学、长江大学等高等院校以及湖北省水产技术推广总站、湖北省水产科学研究所、湖北省水产产业技术研究院和各地市级研究所，这些单位均有从事黄鳝研究的科技人员。

湖北省发改委于 2012 年依托长江大学建设了湖北省黄鳝繁育及养殖技术工程实验室，省科技厅于 2017 年依托长江大学建设了湖北省黄鳝工程技术研究中心。

湖北省通过长江大学研究团队首创人工仿生态繁育鳝苗技术，每年供应黄鳝人工苗种 5 亿多尾。监利县东港湖建立了黄鳝国家级水产种质资源保护区。

今后，监利县将坚持“创新、协调、绿色、开放、共享”发展理念，以推动一二三产业融合和供给侧结构性改革为主要任务，挖掘科技优势和水体资源，大力发展生态黄鳝养殖，构建“育繁推”一体化种业，推进现代化、环保化黄鳝产业。5年内养殖规模和产量保持全省领先，预计到2020年，黄鳝产业综合产值达到100亿元。

秭归脐橙　橙香四季

秭归县位于湖北省西部，地处长江三峡大坝库首，培植柑橘历史悠久，是中国首个“中国脐橙之乡”，同时也是屈原故里，早在两千多年前，伟大爱国诗人屈原就在这里写下了《橘颂》名篇。现存明清两代的9部《归州志》中也都有橘、橙等种植记载。秭归是名副其实的“中国脐橙之乡”，总人口42.3万人，近18万人种植脐橙。秭归脐橙总种植面积近30万亩，产量近40万吨，有6个乡镇脐橙面积过万亩、产量过万吨，郭家坝镇、归州镇、水田坝乡、沙镇溪镇是全县最大的四个脐橙集中产区。

一年四季有鲜橙

中国科学院院士、中国科学技术学会副主席、华中农业大学原校长邓秀新教授说：“中国脐橙看秭归，秭归脐橙管理水平领先全国一般脐橙产区5～8年”。秭归县不断引进、筛选、推广新品种。贮备柑橘品种103个（其中脐橙37个，在国内同级贮备最多），利用三峡库区“湖北冬暖中心”

的特殊气候优势，创新发展，选育形成了“春有伦晚、夏有蜜奈（夏橙）、秋有九月红、冬有纽荷尔，一年四季均有鲜橙”的产品格局，是全国唯一全年有鲜橙供应的柑橘产区。

伦晚：晚熟品种，花果同枝。其生长周期长，头一年春季开花，第二年春季果子成熟。伦晚果皮硬且光滑，浅橙红色，外观漂亮，脐小，果实近圆球形，果实中等大小，果皮较薄，易裂果，肉质致密脆嫩。果汁率45.5%，可食率74.1%。成熟期在每年3—4月份。喜欢吃甜口橙子的推荐伦晚。

夏橙：果实椭圆形或长圆形，中等大小，平均单果重150～190克，果皮橙黄至橙红色，表面较光滑，多汁，酸甜适度，富香气。夏橙于头年四月开花，次年四月中下旬成熟，花果同树，独具特色，是调节水果市场的佳品。

九月红：因农历九月开始成熟而得名，是早红的脐橙品种。九月红果肉橙红。因囊壁较薄，易剥皮，肉质细嫩，果汁含量高，甜中带酸，无核。果实大小中等，果实球形，单果重200克左右，较易剥皮果，香气似罗伯逊脐橙，可食率达88%。耐贮藏、耐寒，若留树至11月中旬品质最佳。

纽荷尔：果实椭圆形至长椭圆形，个儿大，多为闭脐。果面光滑，果色橙红，外观漂亮，肉质脆嫩、汁多浓甜，品质上等，单果重180～250克，可食率73%～75%。

长红：它是纽荷尔脐橙的变种，果实椭圆形或鹅蛋形，酷似美国新奇士脐橙，果皮着色鲜艳，果橙红，果汁甜酸适口，富有香气，入口化渣，单果重220～300克，成熟期在11月中上旬。

品质与加工成就秭归脐橙

秭归独特的地理位置决定了它独特的气候。土壤适宜、空气清新、生态环境优越，让秭归脐橙独秀橘林，富含VC等多种营养物质，具有“果大无核、皮薄光滑、橙红靓丽、肉脆汁多、风味浓郁、酸甜可口”的特殊品质。产品深受全国消费者青睐，远销至港澳以及俄罗斯、新加坡、中东、欧洲等 120 个地区和国家。

近几年，秭归脐橙种植面积与产量快速攀升，峡江两岸，正崛起一座“秭归大果园”。秭归脐橙深加工产品达 100 多个，正在实现“从花到果、从皮到渣、吃干榨尽”的“零废弃加工综合利用”。

2016 年有 12 个乡镇 116 个村 5.8 万户共约 17.9 万人种柑 28.8 万亩，年产 38.3 万吨。秭归脐橙拓展“企业 + 合作社 + 农户”产业化模式，现有脐橙深加工龙头企业 3 个，产销合作社 100 多个，打蜡包装厂 55 家，经销商 200 多人，拥有打蜡、分级、包装设备 50 多台（套），年处理鲜果能力 40 万吨。产品及包装均按照协会制定的《秭归脐橙》(DB42/324—2005）等 8 个省、县标准组织生产。

造福秭归百姓

据统计，2016 年全县柑农收入 15 亿元以上，其中郭家坝镇邓家坡村收入超过 1 亿元，12 个村收入超过 0.5 亿元，35 个村收入超过 0.1 亿元。秭归脐橙成为了秭归县的支柱产业，农民的致富之宝，兴起了秭归旅游，改善了植被，造福了秭归百姓。

52 岁的合作社理事长高强一家人承包了 130 亩果园，2017 年实现销售收入 100 多万元，纯收入 60 多万元。通过稀植大株和疏株间伐，果树结实率大增，他家一株脐橙挂果 275 千克。通过自动化肥水一体化管理，既保证了不同果树对肥水的不同需求，也减少传统漫灌肥水浪费，节约劳力。果树下种植青草，保持土壤墒情，绿肥还田。

距县城 70 多千米的两河口镇土珠庙村三组，58 岁的鲁作茂种了 800 株长红。“没想到 2017 年卖了 10 多万元。”老鲁乐呵呵地说，为争取 2018 年有更好收成，他加大了投入，“2017 年每株投入约 4 元，2018 年投 7 元。”土珠庙党总支书记周立金介绍，行情好了，不用号召，老百姓都在橘园里忙着呢，多年不见的橘园翻耕，又回来了。

正如那句话：一年好景君须记，尽在秭归脐橙村。橙黄橘绿不稀奇，秭归脐橙香四季。

芥菜东渡的故事

她是湖南省名头最大的十大“农业户口”之一，蔬菜家族唯一代表。

她拥有国家地理标志产品认证身份，拥有专属身份证明商标，受到严格产品认证保护。

她的家族“人丁”兴旺，体量庞大，每年为地方经济贡献 10 亿元以上销售产值和 8 亿元工业加工值，为当地农民带来 3 亿元丰厚利润。

她是出生于严冬、成熟于早春的绿衣仙子——“华容芥菜”。

关于芥菜在湖南省华容县的确切起源，已经无从考证。较为公认的一种说法是：从前湖区多水患，所产农作物经常遭灾，缺粮少菜的华容先民慢慢学会了用盐腌渍蔬菜，并用隔水坛瓮保存，以备灾时取之食用。尽管这样，也不能完全解决问题，一是大部分蔬菜生长周期与雨季洪涝重叠，且不适合腌渍；二是产量有限，储存量仍然不足。直到先民们发现了冬季高产作物芥菜，于是芥菜作为一种传统作物至今在华容广为种植。

得天独厚的地理条件、丰富的种植经验让华容芥菜拥有茎多叶厚、口感爽脆、味带微甘的品质特征，成为深受当地群众喜爱的餐桌美食，腌制后的华容芥菜色泽淡黄、微酸香脆、味美可口，能促进胃肠消化，增进食欲，既可作主菜，也可作佐料。

今天，种植芥菜早已经成为该县农民增收的“不二法门”，全县常年保有种植面积12万亩以上。2016年，全县芥菜种植面积达到13万亩，产量突破60万吨，鲜菜销售连续第三年过10亿元，农民年均受益达3亿元，华容县也成为全国最大的芥菜生产集中区。

破题芥菜产业之路

“芥菜如草，如果不窖藏加工就是‘烂菜’。”华容县注滋口镇注西村原村支书石福初这样说。

1994年，不忍心劳动成果白白浪费的注西村农民赵培林首创地窖芥菜腌制法，即在菜地挖一个坑，用厚膜封好覆土，大约三个月后启封，成品鲜黄，酸脆爽口。此法一经问世，立即有许多菜农效仿。21世纪初，这种腌制加工遍及家家户户。2003年底，全县大大小小的蔬菜加工企业达50多家，仅插旗镇，蔬菜加工企业和大户达15家之多。但由于这些企业（大户）生产规模小，技术含量低，不但导致大量盐碱渗入良田，土壤盐碱化严重，而且产品质量下降，销量出现大滑坡，农民再一次陷入“卖难”危机。

2004年，为突破华容蔬菜产业发展的“瓶颈”，在华容县委、县政府的大力扶助下，插旗镇党委、镇政府果断“出手”：通过整合插旗镇内6家加工企业成立了湖南插旗菜业有限公司，建立高标准的加工区。在此背景下，投资2 800万元的湖南插旗菜业有限公司于当年8月投入生产。该公司拥有50条现代化加工生产线，年加工量达到5.5万吨。经过4年的发展，“插旗菜业”依托全县丰富的芥菜资源，成功开发出了鱼酸菜等6个系列15种产品，但到2007年，年产值一直在7 000万元左右徘徊。

为将“华容制造”做强做大，2008年，县里成立了由分管副县长任组长的华容县农产品地理标志登记领导小组，对芥菜地理标志产品等基地建设除优先安排农业综合开发项目、小农水利项目外，县财政每年安排100万元，用于地理标志申报、宣传和奖励。申报成功后，县农办除举行隆重的庆典仪式外，先后在中央电视台、湖南电视台、《湖南日报》等媒体上进行深度报道；在中国长沙（国际）农博会积极组织获证蔬菜地理标志产品组团参展，设立“华容县地理标志产品”展区，展示芥菜等30多种产品，吸引上万人前来参观和业务洽谈。

地理标志产品认证刚尘埃落定，实施商标战略又接踵而至。2011年5月，插旗菜业有限公司的“插旗及图”商标被认定为中国驰名商标，实现了华容县“国字号”品牌零的突破。

“家有梧桐树，引来金凤凰。”2010年10月，“插旗菜业”与世界500强企业——我国台湾统一集团达成战略合作伙伴关系，正式成为统一集团原料供应商，年生产老坛酸菜风味包6亿包；随后又与斯美特、白象、康师傅等食品公司签订了代加工合同。2012年，该公司风味包订单达13亿包。公司的风味包日生产能力达400万包，预计2018年风味包销售收入可达2.5亿元，加上自主研发产品和半成品销售，年销售收入可突破3亿元，解决了1 500多人就业。

插旗菜业有限公司董事长严钦武算了一笔细账：2千克的芥菜，以现有价格算，直接卖鲜菜收益0.6元，经腌制初加工，收益1.2元，制作成方便面风味包，收益13.2元，其间增值达到22倍！就是这个“22倍”，激活了全县近3 000人的运销队伍，拉动3 000多人的劳务需求；与此同时，农民从中收获的是高于市场价的订单，就近方便的“打工”，一年下来，仅插旗镇农民从芥菜产业获得的收入就超过了2亿元，几乎占到全镇农民收入的40%。因为芥菜产业的深度发展，几年时间，全镇农民从这一产业增加的人均纯收入超过1 000元。

华容芥菜获准国家地理产品认证标志后，芥菜加工产业由零散型向标准化、特色化、规模化转变。目前，全县年产销2 000万元的芥菜加工企业达到39家，从业人员13 000多人，仅芥菜加工这项，全县年销售收入就达5.5亿多元。

华容名片享誉国内外

如今，“华容芥菜”已经成为该县的一张产业发展新名片。随着地方政府一系列产业扶持政策出台，抓技改，调结构，芥菜加工产品种类越来越多，市场越来越吃香，鲜菜价格涨了几倍，加工产品销到了国外，经销商抢着上门购买。

在华容县插旗菜业公司的无菌包装车间，工人正在给华容芥菜腌制成品进行最后的包装检验。“体检”合格后，它们将以每包（320 克）2.8 元人民币的出厂价格，远渡日本，成为日本颇受欢迎的“辛子高菜”。

从洞庭湖平原的广袤田间，到要求极为精细的日本餐桌，曾经的“草芥”，摇身一变，成为演绎时尚的现代美食。华容芥菜，也从一般资源变成强势产业。

华容县委、县政府因势利导，优化品种、规模种植、规范加工，华容芥菜搭上了产业化的快车。

第一步就是建立腌制池标准，取缔田间地头腌制，解决污染严重、腌制质量低劣的问题。华容县蔬菜办主任谭建军介绍，只有达到标准化生产、标准厂房和腌制池、标准加工技术的“三统一”，才能使用“华容芥菜”这一区域公用品牌。

插旗菜业产业基地，蓝色厂棚下 300 个混凝土腌制池整齐干净，每个池子容量约 130 立方米。腌制池里，规格完全一致的方条石井井有条地压在芥菜上。公司总经理曾令桂介绍，这是结合日本腌制工艺技术，并依据自身的传统优势，综合采用的特色腌制工艺。

“日本消费者喜欢吃芥菜。华容芥菜茎厚叶肥，日本经销商高度认可，但是他们也非常挑剔，要求腌制后的水分和脆度恰到好处，并且要保证每批次的芥菜品质如一。”曾令桂说，采用标准腌制池后，公司最初是用沙子来压制芥菜，后来发现装卸太费人工，而且沙子容易遗留到芥菜中去，就改用大鹅卵石压制。结果日本经销商看了之后说，鹅卵石大小不一，压制过程中芥菜受力不均匀，影响整体质量。

不得不承认，日本客户的“挑剔”有其合理性。插旗菜业再一次改进：

定制规格统一的方条石，每块标准为400千克，每个池子用60块方条石压制。曾令桂坦言，过去用沙子和鹅卵石，其实都是在当地的河中就地取材，想着能省点材料成本，但装卸很费人工；现在买方条石虽然要多花点钱，但用机械装卸，也很划算。

腌制后的芥菜，按日本客户的要求，先用机械清洗4遍，再用人工逐蔸清洗4遍，最后用人工逐片茎叶清洗4遍，合计12遍后再进行加工。经过来自日本的质量管理专家和食品专家反复现场“巡察”，插旗菜业为日本客户“量身定制”的芥菜腌制品终于达标过关，2016年企业出口日本的产值达到3 000万元人民币。

在国内，华容芥菜系列加工产品占到同类产品销售市场60%的份额。每年以华容芥菜为原料生产的方便面酸菜风味包达到30亿包。

华容芥菜已形成集种植、加工、营销于一体的全产业链，全县从事芥菜产业的人口达6.8万人。芥菜产业已成为华容县的富民产业和支柱产业。

中国名猪　宁乡花猪

宁乡花猪(畜牧学名宁乡猪)，原产地为湖南省宁乡县流沙河、草冲一带，所以又名流沙河猪、草冲猪。因其全身黑白花毛色，故俗名“花猪子”。宁乡花猪的形成历史悠久，已有1 000余年的历史，早在明朝洪武年间就有“与他地产者更肥美”之称，清朝初期已广泛饲养，至清嘉庆年间已是“无猪不成家，家家畜之”。清嘉庆《宁乡县志》就有“流沙河、造钟河(今草冲河)苗猪，二地相连数十里，猪种极良，家家喂母猪产仔，湘乡、安化、宝庆、新化、益阳贩客络绎”的记载。20世纪60年代作为中南地区代表猪种被列入大中专教材，70年代联合国粮农组织的《家畜繁育》杂志刊登宁乡花猪照片并作了详细记载，被联合国粮农组织列为推荐品种；1957年以来，全国除台湾、西藏外，其余各省市皆曾引种饲养，反映良好。目前，宁乡花猪仔母猪仍然经当地数千猪贩远销湖北、江西、贵州、广西、重庆、四川等省市，很受欢迎。

2016年，宁乡花猪能繁母猪存栏11万头，产业产值达16亿元。近年来，宁乡花猪产业按照县委提出的“保种、扩量、品牌、上市”的发展思路，取得了突破性进展，为产业发展奠定了坚实的基础。

种质资源独特优良

宁乡花猪是我国著名的地方优良品种，具有优良而独特的种质特性。

千年传奇，基因丰富。宁乡花猪的形成历经千年有余，历史悠久。体型外貌特征表现为乌云盖雪、大黑花、小散花3种毛色和狮子头、福字头、阉鸡头3种头型。品种内存在9种基因型，遗传结构丰富多样，是珍稀而宝贵的遗传资源。

肉嫩味美，品质高端。肌内脂肪是学术界公认的衡量猪肉品质优劣的关键指标。通常人们以肌内脂肪含量4%为标准来界定品牌优质猪肉。宁乡花猪的肌内脂肪为5.7%，高出1.7个百分点，肉质细嫩，肉味鲜美，肉汤甜润，油而不腻，是难得的高品质型猪肉。

脂肪成分，有益健康。宁乡花猪早熟易肥，蓄脂力强。胴体脂肪率40%以上。脂肪中有益健康的不饱和脂肪酸含量平均为59.6%，并且由亚

油酸、亚麻酸组成的不饱和脂肪酸都在10%左右。我们知道，亚油酸具有血管清道夫美誉，亚麻酸是促进大脑发育、降低血脂的必需脂肪酸。这充分说明，宁乡花猪既是餐中美食，又是保健珍品。

传统粗饲，绿色环保。宁乡花猪耐粗放饲养，其传统饲养方式是以米糠、碎米和青菜、野菜煮潲饲喂，在低营养水平粗放饲养条件下，仍能正常生长繁殖。规模饲养亦仿效传统饲养方法，以米糠、碎米、玉米、麦麸膨化成熟料，辅以青菜饲喂。虽然生长速度慢，饲养期长，成本高，但能给您以原生态绿色美食的滋润。

生相富态，烤猪珍品。宁乡花猪矮短圆肥，性情温顺，憨厚可掬。特别是狮子头、福字头猪，生相福寿富态。用其母猪与约克夏公猪杂交，生产的烤乳猪、烤中猪，脆嫩酥香，味道鲜美，且福寿富态，寓意深刻，是粤港澳和东南亚民众祭祀、庆典全猪宴上的珍品。

保种工作日益完善

宁乡花猪从2001年濒危灭绝时的7个家系血缘，扩充到了现在的10个家系血缘，采取保护区和保种场两个保种核心群保种。目前保护区共存栏10个血缘的核心群种公猪20头、种母猪200头、扩繁基础母猪1 820头，保种场存栏10个血统的核心群种公猪20头、种母猪300头。保护区和保种场均于2009年被原农业部授牌为国家级保护区和国家级保种场。2015—2016年，宁乡县畜牧兽医水产局在国家级宁乡花猪保护区建设了宁乡花猪保护中心，中心占地40亩，为市畜牧兽医水产局下属事业单位，核定编制10人，实行财政全额拨款，一级财政预算，经费专款专用。中心内设宁乡花猪保种工作管理站、种质性能监测站和人工授精站。全面负责宁乡花猪的品种保护工作，包括宁乡花猪保护区和保种场的技术指导、人工授精、选种选育、基础研究、种质性能监测以及种猪的系谱档案和血缘调配供应等，宁乡花猪保种工作得到了全面完善、全面加强。

产业发展效果显著

为加快宁乡花猪产业发展，宁乡县成立了宁乡花猪产业深度开发领导小组，委托湖南省农林勘察设计院编制了《宁乡花猪产业发展规划(2010—2020)》；与湖南省商学院开展合作研究，制定了《宁乡花猪产业发展模式与发展对策》；与中国农科院合作，编制了《宁乡花猪产业发展对策研究及实施方案》，制定了产业发展的蓝本，启动注册申报宁乡花猪29类证明商标和宁乡花猪中国驰名商标。2013年，“以宁乡花猪为特色的农副产品加工业项目”被纳入首批湖南省特色县域经济重点县支持项目。

产业发展，品牌带动。为了把宁乡花猪的牌子竖起来，当地政府采取“母子商标”模式，政企合作共铸品牌。聘请北京盛行传播机构制作了《宁乡花猪宣传画册》，同时与湖南天娱广告、湖南交通频道进行战略合作，利用这两个具有独特媒体资源优势的平台，进行了宁乡花猪2016年度品牌推广，观看与浏览量达到5亿人次，收视量达到数百万人次。

2016年4月，宁乡县人民政府在流沙河镇草冲村开展花猪产业扶贫，举办了“走进贫困家庭、探秘花猪之乡”大型活动，流沙河镇100余户贫困家庭饲养的宁乡花猪销售一空，给每户家庭带来了每头花猪800元的直接利润，《湖南日报》、《长沙晚报》均进行了长篇专版报道。

目前，宁乡花猪产业拥有现代资源、乐福来、流沙河牧业、大龙畜牧、楚沩香、湘都农业等规模企业几十家，分布在产业链条各个环节，各有优势，各有侧重，宁乡花猪初步形成了从保种、选育、标准化养殖、屠宰、肉品精深加工线上线下营销、品牌文化、休闲旅游等涵盖产前、产中、产后的全产业链体系。

黔阳冰糖橙 “橙”就好品质

每年的11月份，只要走进冰糖橙原产地——湖南省洪江市，就能看见雪峰山下，沅水河畔，漫山遍野的冰糖橙缀满枝头，沁人心脾的清香弥漫山间。小“橙”吟唱，百姓欢颜，是洪江市最美的风景之一。

小小一颗橙，成就大梦想。近年来，作为冰糖橙原产地的洪江市，大力发展冰糖橙产业。目前，全市冰糖橙栽培面积 20.3 万亩，年产量 41 万吨，年总产值 9.84 亿元。“黔阳”冰糖橙已成为该市推动农业现代化的主导产业和助力脱贫攻坚的致富产业。

物华天宝美黔阳　选育出“橙之极品”

洪江市，即原黔阳县，是一个生态优美、资源丰富的地方。这里人杰地灵、物华天宝，被誉为“物种变异的天堂”，黔阳冰糖橙便是明证。

据史料记载，14 至 18 世纪的明代，黔阳柑橘已是美名远播，明《湖广志》记载：“沅州出枣柿，黔阳出橙柿”。清《三长物斋丛书》记载：“橘出武陵，今黔阳有之”。1874 年（清同治十三年）《黔阳县志》卷六“市镇考”中有“柑橘、枣、栗之品实繁味别，亦他邑不能及，故人争趋焉”的记述。1936 年的《湖南各县物产概况》记载：“黔阳橙子品极佳美”。

20 世纪 60 年代，原黔阳县（现洪江市）农业局等部门开始对外推广“冰糖苞”。1965 年 11 月，“冰糖苞”果实参加黔阳地区柑橘鉴评，获总分第一名；1966 年，“冰糖苞”果实参加湖南省柑橘鉴评，同样获得第一名。

此后，原黔阳县科技人员在湖南省农大园艺系、湖南省农科所园艺所等科研单位的指导下，对“冰糖苞”果实进行优选培育。1976 年，原黔阳县终于育成了冰糖橙，定名为“黔阳冰糖橙”。

定名之后，黔阳冰糖橙便走上了快速发展的道路。1977 年 1 月，黔阳冰糖橙在全国柑橘选育种鉴评会上被评为第一名，1978 年又获全国科学大会选种成果奖。1988 年，黔阳冰糖橙获湖南省科技成果推广科技进步二等奖。1997—1999 年，黔阳冰糖橙成为唯一连续三年获湖南省优质水果金奖的产品。黔阳冰糖橙先后被载入《中国名特优柑橘及其栽培》《中国土特产品年鉴 2000—2001》《湖南省优质农产品集锦》等书目的重要版面和章节。

进入 21 世纪，黔阳冰糖橙的知名度和美誉度进一步提升。2007 年，黔阳冰糖橙获国家地理标志产品保护；2009 年，洪江市被中国果品流通协会评为“中国冰糖橙第一市（县）”;2009—2016 年，黔阳冰糖橙在部、省、市农博会上展出的各类水果产品中独树一帜，连续八年荣获金奖；2017 年 2 月，黔阳冰糖橙荣获首届湖南十大农业（区域公用）品牌称号，同年 9 月，又被评为中国百强农产品区域公用品牌。

声名远播的黔阳冰糖橙，更是吸引了众多专家、学者的目光。曾在黔

中国工程院院士袁隆平代言湖南黔阳冰糖橙

阳生活、工作37年之久的杂交水稻之父、中国工程院院士袁隆平十分重视黔阳冰糖橙的选育和开发。2005年，袁隆平为洪江市题词“中国冰糖橙之乡”。2018年9月20日，由农业农村部主办的“我为特色农产品代言公益活动”现场，袁隆平更是为黔阳冰糖橙代言，向全世界推介黔阳冰糖橙。

历经50余年的发展，这一个被誉为“橙之极品”的小小冰糖橙，因为味美，名誉加身。

历经50余年的努力，这个橙子，从历史烟云里走来，在山林里温暖飘香，在食客的舌尖绽放甜蜜，让人无法忘记那一抹沁甜。

山林大地广栽橙　致富之果满洪江

近年来，洪江市不断推广标准化生产技术，积极引进和培育新型经营主体，拓展营销方式方法，加大品牌创建和宣传推介力度等，以此来拓展冰糖橙产业规模。截至2016年，黔阳冰糖橙栽培面积20.3万亩，年产量突破41万吨，占全市柑橘总量的64%，实现利润1.82亿元。

标准化生产是实现冰糖橙产业良性发展的有效途径。近年来，洪江市在冰糖橙产业发展中，大力推广“三挂一种”、病虫害统防统治、营养诊断施肥等技术，全面应用生态栽培模式，严格按照《洪江市柑橘A级绿色食品生产资料汇编》技术标准生产，使得冰糖橙产品品质和产量都得到有效提升。

柑橘良种繁育体系的建设，奠定了黔阳冰糖橙产业持续发展的基础。2009年底，洪江市柑橘无病毒良种苗木繁育中心建成并投入使用，繁育中心严格按照农业行业标准NY/973《柑橘无病毒苗木繁育规范》建设育苗，为湖南省二级柑橘苗圃，具有年产无病毒柑橘容器苗20万株生产能力。

走品牌兴橘之路，让黔阳橙子走出去，成为近年来洪江市委、市政府工作的重点。2017年，洪江市委、市政府出台了《关于加快全市现代农业发展的决定》，每年安排1 000万元用于黔阳冰糖橙建设，重点打造黔阳冰糖橙品牌；同时，积极争取农业项目，整合各部门涉农项目，引导社会资本，全力发展支持柑橘产业基础设施建设。据洪江市农业局提供的数据显示，截至2016年底，洪江市共培育柑橘生产加工龙头企业4家，培育柑橘产业相关农民专业合作社80余家。目前，该市与北京汉基投资集团签订投资8亿元的柑橘深加工项目，正在稳步推进中。

产业升级大发展　品牌建设在路上

围绕柑橘产业做文章，追求产业升级大发展，洪江市委、市政府不遗余力。

2016年，洪江市成功举办了“中国•洪江市2016年首届柑橘花节”和农产品推介会，让黔阳冰糖橙的声誉进一步远播，也带动了该村乡村旅游的发展。

产业的升级，离不开销售渠道的多样化。近年来，洪江市大力发展“互联网+”模式，力争让黔阳冰糖橙走出去。通过发展电子商务平台、订单销售、“企业+合作社+农民”等多样化营销方式方法，洪江市的电子商务、物流业全面开花。同时，洪江市还通过农博会参展、柑橘花节、柑橘采收节、电视电台、报刊、网络等宣传方式，提高黔阳冰糖橙品牌知名度，拓展产品市场。

2017年，洪江市更是铆足了劲，大力推进以黔阳冰糖橙为代表的农产品品牌建设工作。《关于加快农产品品牌建设的意见》《洪江市农产品品牌创建管理办法》《洪江市区域公用品牌使用管理办法》等系列规章制度相继出台，为黔阳冰糖橙等优质农产品的品牌建设和升级插上了腾飞的翅膀。该市致力于塑造好“黔阳牌”农产品品牌整体形象，将黔阳冰糖橙等农产品品牌打造成为全国知名的农产品品牌。

品牌建设在路上。目前，洪江市正在建设以黔阳冰糖橙为主的产业扶贫标准园项目，总投资达3.9亿元。2017年底，该市还举办了2017中国洪江黔阳冰糖橙节暨农特产品投资洽购会，以进一步提高和拓展黔阳冰糖橙等名优特农产品的宣传力度和销售渠道，夯实品牌建设基础。

和清远鸡共同成长

清远市作为广东省的一个农产品输出大市，农产品种类齐全且数量繁多，其中清远鸡是清远市最有特色的“城市名片”，清远鸡产业的发展一直以来都是清远市农民发家致富的重要途径，也是清远市农村经济的支柱产业之一。

日前，记者走访了清远市一家家喻户晓的食品公司——广东天农食品有限公司（以下简称“天农公司”）。该公司成立于2003年，总部位于清远市飞来峡镇江口，是一家专注于优质家禽产品的大型企业，集家禽育种、种苗繁育、饲料生产、养殖管理、禽病监控、食品加工、产品销售、电子商务于一体的企业，是国家级重点龙头企业、国家扶贫龙头企业、农业部清远鸡原种保种基地、国家首批核心肉鸡育种场、国家首批良种扩繁

推广基地、国家食品出口备案企业、国家高新技术企业、广东省诚信示范企业。

正值寒冬时节，记者一行来到天农公司，见到了公司的创始人张莹。初见张莹，莫名的亲切。见面伊始，张莹简短的几句幽默话语，打破了原本因陌生而略带紧张的氛围，继而进入了轻松愉快的对话。

保种和选育是公司第一要事

据张莹介绍，天农公司是一家专注于高端优质家禽产业化的大型股份制企业，公司采用“公司＋基地”“公司＋农户”的养殖模式，目前建有大型商品代肉生产基地三个，占地总面积达 5 000 多亩，员工 1 000 多人，清远鸡 3 000 多万羽，并在清远及周边地区设立多个服务中心，为养殖户提供专业的养殖知识的免费培训，带动农民脱贫致富。

毕业于中国农业大学的张莹，是一名高级畜牧师，享受国务院特殊津贴，曾在国内三所高校任教 8 年，后来自己创办食品公司。天农食品有限公司在对清远鸡种源的要求上，做到原种、原味、原产地。交谈中，张莹提到“只有在清远市清城区、清新县、佛冈县、英德市的原种清远麻鸡才是真正的清远鸡。一个产品的好坏，根本在种源上。清远鸡的原种保种和品质选育是天农公司第一要事”。

据了解，为了保证优质种源，天农成立了“家禽育种中心”，由广东省著名权威专家邹燕妮牵头，由 37 名博士、硕士、本科生、大专生共同组成研发团队，潜心研究清远鸡的品种特性、生活习性、生长发育规律、营养需求和疾病防控办法，建立了 100 多个家系，进行品种保种、选育工作。在此期间，公司对每只种鸡每枚种蛋都进行编号和记录，对每只鸡、每个性状、每个生产指标、繁育指标以及疾控指标都进行详细检测、记录，反复分析研究并建档立案。同时公司还成立了“禽病防控中心”，着手种鸡的疾病净化工作。目前，原种清远鸡的毛色、均匀度、死淘率、产蛋性能、繁殖性能、肉质风味、健康度等指标取得非常大的成就，其中，均匀度从 40% 提高到 83%，每只母鸡产蛋数量从 60 枚提高到 125 枚，白血病阳性率从 30% 降到 0.3%，与此同时，公司还成功建成了一整套规范的良种扩繁体系。2015年，天农公司被原农业部列为“国家级核心育种场”和“国家良种扩繁基地”。

品质是产品的根本生命力

经过十多年的辛苦耕耘，天农成功创建了多个品牌，公司的产品“凤中皇清远麻鸡”获得“广东省名牌产品”和“广东省著名商标”称号；“天农牌冰鲜鸭”获得“广东省名牌产品”称号。其中“凤中皇清远麻鸡”“凤中皇清远麻鸡（冰鲜）”和“凤中皇清远鸡初生蛋”三个产品通过国家“绿色食品”产品认证。公司的拳头产品“凤中皇”清远麻鸡、“凤中皇”清远麻鸡初生蛋、“飞来峡”走地鸡、凤须黄鸡、天农飞鸭等已经成为高档禽肉产品和品牌的佼佼者，畅销整个华南地区，远销华东和西北等地区，深受广大消费者青睐。其中名列广东十大品牌名鸡的“凤中凰”“凤中凤”，年销量3 000多万只。千年名鸡飞入寻常百姓家，其中30%～40%进入中高餐饮酒楼。记者采访中了解到，天农生鲜的优势可以用六大特色来概括：一是独家纯正原种。二是原产地、原生态养殖。三是品种生长缓慢、天龄长。四是品质安全。五是无激素、无违禁药残，不添加任何违禁促生长添加剂。六是外观及风味独特，皮质爽脆，毛孔细小，皮下脂肪较少；肉质有嚼劲，肌纤维细腻；汤汁鲜美，鸡味浓郁，鲜香到骨，食后喉甘舌润。

天农公司深刻意识到品质是产品的根本生命力，标准是品牌的重要防线。为了在保证产量的同时保证质量，天农主要从七个方面入手：一是扎实开展原种保种和品种选育工作。天农食品有限公司投入了大量的人力物力财力，对清远鸡进行了原种保种、品种选育、扩繁工作以及种鸡的疾病净化工作，奠定产业化的基础。二是建设六大标准生态化农场，坚持原产地养殖，选址在清城、清新、佛冈、英德四个地理标志保护区域。三是建立八大标准化养殖管理体系。在肉鸡养殖的整个过程建立八大管理标准，涉及生物安全体系、标准化养殖规程饲养、消毒防疫制度、科学合理的免疫程序、现场管理与数据管理、食粮食品安全标准等。四是探索优化清远鸡的营养需求体系。设立专门的营养研究技术中心，根据清远鸡的生长规律精心配制每个阶段的食粮，保证清远鸡营养充足。公司生产的饲料均采用优质的玉米、大豆粕、小麦、谷物及其副产品等纯天然的原料，辅以天然矿物微量元素、维生素、益生菌等，按一定的比例精制而成，杜绝任何违禁添加。五是狠抓出栏品质和生鲜屠宰品质，严格控制出栏品质及生鲜屠宰品质，同时严格执行三重品质监测，包括宰前检测、宰中检测、宰后检测。六是重视生鲜鸡活禽两条产品线的品牌营销。七是实施全产业链层层把关的质量管控体系。

做企业必须顺应市场导向和政策导向

张莹告诉记者，国家的生鲜转型政策以及品牌农业导向，对天农是一个非常好的契机，天农抓住机遇，进行了提前部署，一是深入研究市场和消费需求的变化，加速产品的研发和创新，品质、美味、便捷是未来开发方向，推出更适合于年轻消费群体的家禽产品，确保公司在高端家禽市场的领先地位。二是扩大市场区域范围，华东、西南大中城市是公司未来重点开发战场。三是对公司的品牌进行全面升级。四是打造团队，持续提升团队的综合能力并不断优化流程、优化机制，使前端销售和后台形成体系化作战，让天农的团队能服务好每个客户和消费者，肩负起战略转型的重任。

交谈中记者得知，天农公司的发展并非一帆风顺。在谈及公司发展遇到的困难时，天农食品有限公司吴经理谈到，最艰难的是在2013—2014年禽流感期间，整个社会因为H7N9不敢吃鸡肉，大部分企业鸡都卖不出去，鸡价掉了2/3，虽然天农的鸡只非常健康，但是受宏观形势影响，也给公司经营上造成了严重的困难。应对危机，天农积极采取措施，正因为天农的坚守和诚信，最后在这波行情的聚变中，赢得了市场、赢得了赞誉。

在谈及天农取得的成就时，张莹感悟良多："第一，方向正确，做企业必须顺应市场导向和国家政策导向，提前布局。2005年的时候，广东市场畅销的优质鸡，大多是从湖南、广西运来的三黄鸡等品种，本地的品种产业化开发市场份额很少。随着人们生活水平的提升，优质土鸡的市场需求扩大。同年天农接手清远鸡项目，经研究，清远鸡的肉质优异，原产区又贴近市场，对清远鸡从种源到餐桌，进行全产业链布局，建立科研基地、进行原种保种、品种选育和扩繁、孵化、养殖户开发与标准化的生态养殖体系建立、饲料与营养体系建立、禽病防控体系建立、上市出栏品控和安全检测以及活禽品牌营销、餐饮渠道推广、屠宰加工及生鲜品牌营销等，逐步进行综合的布局。经营农产品，不仅要品种好产品好，更需要打造体系化的竞争力。”

第二，研发与技术创新。2005 年天农接手清远鸡原种场时，原种鸡数量极少，适合种用的仅 3 000 多只，且毛色杂乱、鸡只大小不均、死亡率高，存活率低，产蛋性能极差，鸡只白血病阳性率高达 30% 多，鸡白痢 90% 多，整个原种体系处于濒临灭绝状态。最初为了打造清远鸡活禽品牌，外观、均匀度、肉质风味是最重要因素，清远鸡的原种保种和品质选育成为当时公司第一要事，公司先后相继成立了“家禽育种中心”和“禽病防控中心”。

第三，贴近市场，与时俱进。天农是全国率先导入家禽品牌营销的企业，首先在业内对活禽进行分级，建立了可衡量的品牌产品质量标准，并且系统性在农贸市场进行终端专卖建设，2012 年共建立 1 800 多家品牌专卖店，推广活动延伸到每个社区，同时非常重视餐饮渠道开发和推广。2008 年，天农尝试进入生鲜专卖领域。2013 年天农启动清远鸡的生鲜业务，除了严格源头的药残安全性外，从零开始，对生鲜业务进行研究探索，严抓屠宰品质，从微生物、感官指标、规格指标、保鲜度、冷链配送等环节，严抓每个细节，建立标准，进行全系统的改进、优化。目前天农的生鲜家禽产品从风味，到新鲜度，到包装精致度，到终端促销，到对每个商超或餐饮客户提供优质服务，这一切都是源于天农对消费者最终品质承诺，天农的高端优质家禽产品目前已畅销 600 个优质商超。

对于未来的计划，张莹提及目前天农在积极探索未来新趋势，接下来的发力点将在电商领域，目前国内的农产品生鲜电商正处在探索期和快速发展期，不久的将来具有产业布局的电商将取代传统贸易型的电商，将助力天农品牌在全国市场的建设。2015 年 12 月，天农总部成立了广东天农优品电子商务有限公司，并在人才、产品、冷链物流进行了充分的布局，天农在京东、天猫上已成为同类企业的佼佼者。未来天农的电商，将依托产业资源优势，围绕“专业垂直、爆品开发”核心策略，在针对每个消费者的服务和品牌沟通方面，更注重精准定位，开发出更适合年轻消费者需求的禽类产品，加速天农线上品牌建设。

让稻田生金的罗定稻米

“罗定稻米”以油润有光泽，饭味微甜而闻名珠三角地区。从地理上看，罗定是广东省最大的盆地，属亚热带季风性气候，相对同纬度地区罗定盆地昼夜温差大，土地肥沃，是广东省水稻新品种区域试验点，也是广东省重要的粮产区和首个全国绿色食品原料（水稻）标准化生产基地。

2013 年年初，一场“镉大米风波”使大米质量问题备受社会关注。

在“镉大米风波”期间，罗定送检的多批大米质量完全符合国家检验标准，其中重金属含量等多项指标远低于国家标准。事实证明，罗定大米是安全系数甚高的绿色食品，多家媒体对此都进行了专题报道，罗定大米在这场风波中声名鹊起，广受追捧，甚至一度断市，出现了“好米难求”的现象。

水稻种植生态环境质量的好坏，对生产优质米至关重要。罗定市几乎为零污染地区，盆地内唯一流经水源为南江，该江发源于信宜市鸡笼山，无上游污染，水质保持好；罗定盆地土壤偏酸性，南江源自山水呈弱碱性，偏酸性土壤和弱碱性水源相结合刚好可以最大程度地保持土壤的有机质，适宜生产优质稻米。水稻专家、中国工程院院士颜龙安曾指出，罗定有独特的自然条件和保护良好的生态环境，很适宜种植生产绿色食品。

罗定是广东省种稻历史最早的地区之一，是全国商品粮基地县和广东省重要的粮食主产区，曾4次荣获全国粮食生产先进县（市）称号。

好山好水出好米，罗定稻米之所以能够在众多稻米中成为备受百姓青睐的最具人气的知名品牌稻米，主要是罗定有生产靓米的不可复制的六大优势。

优势一：罗定有优越的自然条件。罗定地处北纬22°，年平均日照1 790.0小时，年平均气温22.1℃，一年四季干湿明显，最适宜种植水稻。

优势二：罗定有独特的盆地地形。罗定是广东最大的盆地，有独特的盆地性气候，太阳雨和雷阵雨多，昼夜温差大，受外围气候影响小，能更好地集聚大自然的能量，利于水稻等植物养分的积累和转化，生产的稻米营养丰富、品质好。

优势三：罗定有良好的生态环境。罗定是全国造林绿化模范（县）市，森林覆盖率达60%以上，工业污染极少，是全省唯一没有灰霾天气的(县）市，境内水源、土壤、空气优质无污染。此外，罗定土壤富含钙、硅及多种微量元素，所出产的稻米晶莹剔透，品质上乘。

优势四：罗定有优质的灌溉水源。罗定有完善的水利灌溉网络，水利有效灌溉面积占全市耕地的83%。灌溉水稻所用的水源大部分都用水库水、山泉水，无重金属污染，罗定的水质水温偏低，水性呈弱碱性，能够较好地中和土壤的弱酸性，利于植物有机质保持，不流失。罗定主要水源金银河水库水质达到地表水国家一类标准，只有优质的水源才能培育优质的稻米。

优势五：罗定有悠久的种稻历史。罗定出土的春秋战国时期碳化稻谷种子和青铜镰等文物，证明罗定有悠久的种稻历史，积累了丰富的种植水稻经验。在不断的实践中，罗定人民十分重视开拓创新，不断探索良种良法，提升水稻的品质。目前全市农作物良种覆盖率达到95%以上，进入全省先进行列。

优势六：罗定有健全的农技网络。罗定市、镇、村都配有专门的农技机构和农技人员，拥有完善的农业技术服务体系，农技人员经常深入田间，全程免费为农户提供选种、施肥、除虫等种植技术培训，指导农民开展科学种植，提高了农民现代农业意识及种植管理技术水平，从而保证了水稻的高产与优质。

右江河谷　芒果王国

百色芒果，广西百色市所辖12个县（区）所产芒果的统称，是国家农产品地理标志登记产品。百色右江河谷是全国三大“天然温室”之一，属南亚热带季风气候区，日照时间长，气候湿润，降水充足，具有得天独厚的种植条件，是我国最重要的芒果产地之一。

百色右江河谷已有数百年的芒果种植历史，为变资源优势为经济优势，1985年，百色把种植芒果作为振兴百色经济，加快老区人民脱贫致富的一项支柱产业来抓。1993年4月，有关领导首先提出“右江河谷要将芒果发展到100万亩以上，力争建成全国最大的芒果生产基地”的战略性构思。经过近30多年的发展，百色市芒果产业获得了长足发展，芒果品种日益多样化，生产的规模化、集约化、标准化、品牌化水平不断提高。

2014年百色市委、市政府决定加大芒果产业发展力度，进一步做大

做强做优芒果产业，使之发展成为实现百色市农民收入倍增的重要支柱产业，计划从2014—2016年，利用3年时间，新扩种芒果54万亩，到2016年全市芒果面积扩大到108万亩，到2020年芒果产量超100万吨，实现面积百万亩、年产量百万吨“双百万”目标，建成全国最大的芒果生产基地。同时，百色也将深入挖掘芒果文化，普及芒果文化知识，发展芒果旅游，建设芒果文化博物馆，大力宣传芒果文化，让百色芒果走出国门，走向世界。

至2016年底，百色市芒果种植面积已达120.76万亩，主要分布在右江区、田阳县、田东县、田林县。其中右江区36.07万亩，田阳县38.31万亩，田东县30.05万亩，田林县12.65万亩，其他县3.68万亩。全市芒果投产面积50.56万亩，产量46.82万吨，实现芒果总产值30亿元。百色市已建成全国最大的芒果生产基地。

为进一步强化政府引导，打造百色芒果品牌，近年来百色在芒果采摘上市期间开展百色芒果各主要品种采摘上市、百色芒果产业发展新闻发布会、百色芒果“大城市”推介以及“互联网+”百色芒果节等一系列线上、线下联动促销推介活动。其中，在北京、天津、哈尔滨、上海、杭州、武汉、西安、重庆、成都、香港等全国10多个大城市举办一系列芒果专场

特型演员卢奇代言广西百色芒果

推介会，同时举行淘宝、京东、苏宁、微店百色芒果节等一系列线上促销活动，推动百色芒果进驻家乐福、沃尔玛、世纪联华等一批大型超市和网络销售平台，推动百色芒果销量倍增，销售范围大幅拓宽、品牌影响力明显提升。

2015 年，百色芒果获得原农业部农产品地理标志登记；2016 年，百色芒果获准国家工商总局中国地理标志产品证明商标注册、通过国家质监总局农产品地理标志产品保护认证，被原农业部授予“国家级农产品地理标志示范样板”称号；2017 年，百色芒果成为首批中国—欧盟地理标志互认产品。

◎链接

现在，在淘宝上搜索关键字“百色芒果”就会出现几千条链接，从桂七、金煌到贵妃、台农，多个品种的芒果每天源源不断地从百色发往全国各地。百色芒果是百色地区种植芒果的总称，百色主要栽培的芒果品种有：台农 1 号芒、金煌芒、红象牙芒、桂热芒 82 号（桂七芒）、贵妃芒、桂热芒 10 号、凯特芒、新世纪芒等 29 个品种，全部都吃过的人，绝对称的上芒果“铁粉”大咖。如此多的品种除了颜色形状不同之外，味道也大有区别。

桂热82号，俗称桂七芒，树势中等，枝条开张花期较迟，属晚熟品种，成熟期为8月中下旬，果重200～500克，果形为S形，长圆扁形，果皮青绿色，成熟后绿黄色，果肉乳黄色。肉质细嫩，纤维极少，鲜食品质极好，味道甜蜜芳香，含糖量20%。

台农1号是台湾省风山园艺所自育品种。早熟种，树冠粗壮，生势壮旺，直立，开花早，花期长。较抗炭疽病，适应性广。果实呈尖宽卵形，稍扁，单果重250～300克，成熟的果实为黄色，近果肩半部带胭脂红色，外观光滑美观，肉质嫩滑、纤维少、果汁多，糖分含量20%，味道清甜爽口，品质佳，商品性好，深受客商和消费者青睐，该品种是田东县的主栽品种。

金煌芒是台湾自育品种，树势强，树冠高大，花朵大而稀疏。果实特大且核薄，味道香甜爽口，果汁多，无纤维，耐贮藏，平均单果重约1 200克。成熟时果皮橙黄色。品质优，商品性好，糖分含量17%。中熟，抗炭疽病。

红象牙芒是原广西农学院自白象牙实生后代中选出。长势强，枝多叶茂。果实椭圆形弯似象牙，外观美，果实中等偏大，单果重500克左右。可食率78%，果皮红绿，果皮向阳面鲜红色，成熟后转为红黄色，皮较厚且光滑，蜡粉少，肉质细嫩坚实，纤维极少或无，味道香甜。果实7月中下旬成熟，丰产又较稳产，因树势旺可在较瘠薄、干旱之地种植。

贵妃芒又名红金龙，台湾省选育品种，1997年引入。该品种长势强壮，早产、丰产，结果性能不亚于台农1号，但比之更早熟。果实长椭圆形，果顶尖小，果形近似吕宋芒，单果重300～500克。未成熟果紫红色，成熟后底色深黄，盖色鲜红，无任何斑点，果皮艳丽吸引人，核小无纤维，水分充足。果实较耐贮运，味甜芳香。因芒果在我国古代历史上作为宫廷贡品深受喜爱而得名。

凯特芒树势强壮。果实呈卵圆形，果皮淡绿色向阳面及果肩呈淡红色，单果平均重量约680克，皮薄核小肉厚，含糖量17%，迟熟，成熟期8月至9月中旬。该品种是田东县1999年引进的新品种，面积和产量逐年递增。

红玉芒果实中等，单果重300～400克，果实长椭圆形，果皮青绿色、光滑，套袋果皮呈黄色，熟后转为黄色，果肉橙黄色，肉质细嫩、汁多，味香清甜，纤维极少，属中熟品种，7—8月成熟。

热桂10号果实椭圆形，单果重350～800克，可食部分占73%，果肉橙黄色，质地细嫩，纤维少，鲜食品质优良。但该品种后期果实易感炭疽病。

“海中牛奶”钦州大蚝

“大蚝之乡，海上田园”，在广西壮族自治区南海之滨的钦州，紧靠着北部湾的海域，这里不仅有美丽的近海风光，更因为其得天独厚的气候和自然资源，已经成为中国著名的“大蚝养殖基地”。

大蚝，学名近江牡蛎，是与对虾、青蟹和石斑鱼并列的钦州四大名贵海产之一，肉可鲜食，亦可加工成蚝豉、蚝油。蚝肉蛋白质含量超过40%，营养丰富，味道鲜美，素有“海中牛奶”之称，同时还可入药。钦州湾茅尾海是全国最大的大蚝天然苗种繁殖区，苗种品质优良，其他海区不可媲美。

钦州湾海岸线绵延520多公里，水深浪静，是养殖大蚝的“天然牧场”。但是，当地村民介绍，并不是哪里的海域都能育蚝种苗的。茅尾海海域，钦江在这里入海，非常适宜大蚝种苗繁育。钦州湾茅尾海是全国最大的大蚝天然苗种繁殖区，茅尾海的海水盐度保持在17度左右，附近又有大片红树林湿地，为大蚝育苗提供了充足的饵料。

钦州沿海为我国产蚝之优良海域。据钦州市水产部门提供的材料，钦州是中国著名的“大蚝之乡”，目前全市沿海浅滩涂插养及深水吊养的大蚝面积有14万多亩，主要分布在钦州的龙门、康熙岭、大番坡、东场、尖山等镇，尤以龙门最多，茅尾海最大。

据介绍，近年来，钦州市多举措并进发展壮大大蚝产业，按照“基地规模化、养殖标准化、经营产业化”以及“集中连片、养殖加工并举、生态高效”的思路，把大蚝列入全市“十二五”农业产业化重点产业进行规划，同时根据钦州临海工业快速发展实际，修编完善《钦州市水域滩涂养殖规划(2015—2020)》，使钦州大蚝产业的发展布局更科学。截至目前，全市已形成了以龙门七十二泾海域为中心的连片万亩大蚝养殖基地5个，标准化大蚝吊养基地15个，农业部（现农业农村部）大蚝浮筏生态养殖示范区1个。

大蚝的养殖通常采用“条状吊养”的方式，每年六七月份是母蚝大量生小蚝的季节，这个时候就用木棍或者水泥柱子作“采苗器”，插在海边的沙里固定，而蚝苗附上采苗器后，就会一直附在上面生长。到了9月，渔民们将采苗器拔出来，放到蚝排里养殖，大概两年左右，渔民们会把这些蚝从柱子上剥离下来，再用水泥和绳子将一个个的蚝连成一串，继续放到蚝排里养着。这道工序应该是养殖生蚝最重要的一环了，这个时候场主们都会雇佣大量的工人来干，每个工人每天干12个小时也就能串两百多串，每串上有20个左右的生蚝。

大蚝在海里主要以海里的微生物为食，不用喂任何饲料，这样的大蚝自然是非常原生态的食品啦。

吃生蚝最原汁原味的吃法，就是开了壳立即生吃，吃的时候一仰脖，生蚝便带着海水味的原始气息滑入口中，生蚝那种淡淡的鲜甜味立刻散发出来，叫人一吃难忘……

现在钦州的大蚝养殖区，养殖户用于养殖生蚝的蚝排绵延十里，蔚为壮观，据说每个蚝排有一亩大小，每年初冬是大蚝成熟的季节，每到这个时候，远远近近的海鲜经营户们都直接坐船到排上进货，而每个排每年的经济收入都在50万上下，因此钦州人说起蚝排，都有“一个蚝排一辆车”的说法，收入确实还是挺可观的。

神奇荔浦“芋”满天下

2000年4月21日荔浦芋成功注册广西首个产地证明商标；

2002年荔浦芋生产基地被评为标准化无公害示范基地；

2004年获广西农业厅“无公害农产品产地认定证书”，同年获农业部(现农业农村部) 无公害农产品认证证书；

2005年，获得了国家质监总局地理标志产品保护认证；

2006年，荔浦芋被评为“广西名牌产品”；

2008年，被评为“中国名牌产品”；

2015年获准农业部（现农业农村部）地理标志产品登记。

荔浦芋是芋头中最优秀的槟榔芋品种，因盛产于广西荔浦县而得名，至今已有340多年历史。独特的自然条件和土壤优势，以及荔浦农人数百年的智慧结晶形成的独特栽培管理方法，使荔浦芋具有香、酥、粉、糯、甜、软、鲜的特殊风味，为广西首选的历代皇室贡品。作为荔浦芋的原产地，荔浦县被冠以“荔浦芋之乡”的美称。荔浦芋现已成为荔浦县经济发展的支柱产业，目前种植范围遍及全县各个乡、镇、村，种植面积已发展到5万亩。亩产平均达到2 000 ～ 3 000千克，总产量达10万吨，按每千克4元计算，实现亩产值8 000元以上，总产值达到4亿元，人均收入1 290元，是农民增收的主要经济来源之一。

荔浦县位于广西壮族自治区东北部，桂林市南缘，居柳州、桂林、梧州、贺州四市之间。荔浦是农业大县，物产丰富，全县有耕地面积37万亩。形成了荔浦芋、马蹄、夏橙、食用菌、生猪五项传统特色产业和商品蔬菜、花卉、中药材、速生林、桑蚕五大新兴优势产业，其中“皇室贡品”——荔浦芋在国内外享有盛誉，被评为中国名牌农产品。

区位优势

荔浦芋是荔浦县独具特色的地方特产，是全国独一无二的地方名产，它主要得益于荔浦县独特的自然环境，古往今来，无数有识之士曾把荔浦芋引种到邻近省县种植，无一成功，广东、福建也大量栽培槟榔芋，虽外观相似，品质却与荔浦芋大相径庭。荔浦芋呈球茎纺锤形，叶柄生节间隔较密，一般都有1～3千克左右。横切面呈灰白色，且有明显棕红色槟榔花纹，肉质细腻。营养十分丰富，根据原农业部亚热带果品蔬菜质量监督检验测试中心检验测定：荔浦芋含蛋白质1.96%，总糖1.19%，直链淀粉1.7%，支链淀粉7.9%，氨基酸总量1.28%，另含有丰富的矿物质和维生素。有较高的钾、钙和无机盐等多种成分，具有补气养肾、强身健体之功效，既是制作饮食点心、佳肴的上乘原料，又是滋补身体的营养佳品。

产业优势

目前，荔浦芋已形成了种植—流通—贮藏—加工等一系列有序的产业链，全县有103个生产流通专业合作社，有17家大型食品加工企业参与荔浦芋的生产、流通。近年来，当地十分重视荔浦芋的生产，增加了科技投入，农业科技人员对荔浦芋的提纯复壮以及栽培技术进行了深入研究，按照“选种—培育—筛选—再培育—再筛选—推广”的程序选出品质优良、抗病能力强、稳定性好的优质、高产荔浦芋种苗进行推广。荔浦县农业部门以广西农科院生物所、广西师大生物系为技术依托，应用生物工程技术，精心挑选，采用了茎尖组织培养技术培育脱毒组培苗，改善了荔浦芋的品质，达到“质”和“量”的统一；推广地膜覆盖栽培技术并取得理想效果，2002 年完成 2 万亩的“荔浦芋地膜覆盖技术应用推广”项目获农业厅丰收奖一等奖、原农业部丰收奖二等奖；制定了《荔浦芋无公害生产技术规程》DB45/T 72—2003 广西地方标准，2010 年参加“荔浦芋标准化栽培技术应用推广”获原农业部丰收奖二等奖，推广使用生物有机肥，严格控制化肥使用量，大力提倡使用生物和物理方法防治病虫害，编写出版了 10 万字的《荔浦芋优质高产栽培技术》科普书籍以及《荔浦芋管理月历》等技术资料，使荔浦芋的产量和品质能够保持稳定。

科技支撑

农业厅、自治区农业科学院也十分重视荔浦芋产业发展，并在资金和技术上给予大力支持，2014 年，划拨专项资金支持荔浦农业局抽调技术骨干成立广西荔浦芋试验站，并由广西农业科学院生物所成立荔浦芋专家组，负责指导荔浦芋试验站开展荔浦芋相关的试验及技术攻关，目前已进行了荔浦芋高山旱作栽培试验、杂交芋新品种评比等试验，获得了一些科研成果，通过生物技术手段筛选的荔浦芋优质品种“桂芋二号”及红芽芋优良变异单株培育新品种“桂子芋 1 号”通过了自治区农作物品种审定。

为荔浦芋良种筛选、繁育、种植、管理、采收、采后商品化处理、加工等环节提供技术保障。通过发放技术标准资料、示范基地带动、开展技术培训，荔浦芋标准化技术得到推广普及，荔浦芋种植者掌握了荔浦芋生产技术和操作技能，为全县荔浦芋产业的发展起到良好的示范、引导和带动作用。

机制保障

产业化经营是现代农业发展方向，是促进农民增收、农业增效的重要手段与途径。为加强产业化经营，荔浦县一是申报荔浦芋“三品一标”品牌，通过实施品牌战略，提升荔浦芋农产品整体质量水平；二是加快优质荔浦芋产品基地建设，通过“基地+农户+企业(合作社)”的合作形式，将其结成紧密的利益共同体；三是政府应在资金、政策等方面进一步倾斜，积极引进人才、资金和企业，发展荔浦芋深加工业，延伸荔浦芋产业链，培植壮大具有一定规模的加工企业，让其成长为龙头企业，带动全县荔浦芋产业化发展。目前，荔浦芋菜谱和加工食品达30余种，其中荔浦芋与五花肉做成的“荔浦芋扣肉”酥香可口，是荔浦人宴席上招待宾客必不可少的一道传统名菜。产品加工也逐渐形成集聚群体，全县有59家荔浦芋加工生产企业，带动了全县荔浦芋食品生产的发展。以桂林爱明生态农业开发有限公司为代表的企业，生产荔浦芋粉、荔浦芋条和脆片。以荔浦县罐头食品厂为代表的企业，生产荔浦芋扣肉罐头。以荔浦县民旺食品厂为代表的企业，生产荔浦芋米饼等一系列产品。荔浦芋加工产品不仅在全国各地销售，而且还销到美国、加拿大、俄罗斯以及东南亚等国家和地区，市场前景非常广阔。

资源环保

荔浦芋生产过程中，有着使用农家粪肥的传统，在产业化发展过程中，农业部门积极推广使用生物有机肥，严格控制化肥使用量；推广物理防治和生物防治病虫害，积极应用杀虫灯、黄板、诱捕器等综合防治病虫害技术，禁用高毒高残农药。同时，通过发放技术标准资料、示范基地带动、开展技术培训，2010年完成了荔浦芋质量安全标准体系建设，荔浦芋标准化技术得到推广普及。全县的荔浦芋生产基地被自治区农业厅和自治区质量技术监督局评为种植业标准化无公害示范基地；2004年获广西壮族自治区农业厅“无公害农产品产地认定证书”。

品牌发展

随着电视剧《宰相刘罗锅》在全国播放，荔浦芋得以一炮打响。多年来，荔浦县高度重视荔浦芋品牌建设，知名度不断提高。2000年荔浦芋获得了国家工商总局批准《荔浦芋产品证明商标》注册；2001年获“中国国际农业博览会名牌产品”；2004年获农业部（现农业农村部）农产品质量安全中心“无公害农产品认证证书”；2005年，获得了国家质监总局地理标志产品的保护；2006年，荔浦县被科技部列为科技富民强县专项行动计划试点县，实施了“荔浦芋产业开发与示范”科技专项工程；2010年荔浦芋质量安全标准体系建设与推广应用获农业部（现农业农村部）科技成果二等奖。2015年获农业部（现农业农村部）批准的地理标志产品。为提高荔浦芋产品的竞争力，荔浦县出台了《荔浦县荔浦芋农产品地理标志管理办法》、《荔浦县荔浦芋农产品地理标志使用规范》、《荔浦县荔浦芋农产品地理标志使用协议》等5项配套制度，统一使用“荔浦芋”区域品牌标识，加强“荔浦芋”区域品牌标识使用管理。促使荔浦芋商标规范使用，防止滥用、冒用荔浦芋品牌。目前，荔浦县已授权11家荔浦芋产销企业和合作社、电商平台免费使用“荔浦芋”农产品地理标志公共标识，对提高荔浦芋产品市场竞争力和产业整体经济效益，促进农村经济可持续发展和农民增收具有重大意义。

南宁产好蕉　香飘出国门

南宁栽培香蕉历史悠久，发展香蕉生产种植具有得天独厚的自然条件，是中国香蕉秋季生产优势带，其成熟期与国内其他产区错开，果形、果色、品质俱佳。

自然优势

南宁位于广西南部，北回归线以南，坐落在四面环山的小盆地内，属湿润的亚热带季风气候，阳光充足，雨量充沛，霜少无雪，气候温暖，夏长冬短，年平均温度21.6℃。植物可以终年生长，四季皆可农耕。优越的

气候条件，使得南宁一年四季花果飘香，物产丰富。

南宁市特有的赤红壤占全市土壤面积的55.9%，是南宁地带性的代表土类。整个土体呈红色或棕红色，强酸性反应，pH4.5～5.5；土壤有机质含量2%～3%，土壤胶体部分硅铝率在1.5～1.8之间；土壤代换量低，盐基高度不饱和，代换性酸的组成以活性铝为主，缺磷、钾，满足香蕉根系生长发育所需，为香蕉生长提供足够的营养和水分，产出的香蕉品质独特，果形、果色俱佳。

20世纪90年代以前，南宁市香蕉以邕宁县那龙乡矮把香蕉为主，那龙香蕉有100多年种植历史，那龙乡村民有房前屋后种植香蕉的习惯。那龙乡香蕉植株矮，假茎高约200厘米，周长约70厘米，果穗长，单穗果重一般15～25千克，其果实弯曲，形以月牙，皮薄呈浅绿色，熟后肉色黄白，那龙香蕉以其抗逆性强、风味香甜软滑而久负盛名。后来全市逐步引进种植果实大、外观好、耐贮藏、品质好的威廉斯、巴西蕉、台湾8号、广东1号等国内外优良香蕉品种，并选育出了桂蕉1号、6号，金粉1号等适合当地种植的优新品种，全市香蕉生产得到迅猛发展。

南宁香蕉的生产过程由农业部门按照市场要求严把质量关，明文规定“现蕾后拒绝使用任何生长调节剂处理蕉果，上市前2个月内禁止使用任何农药”等，确保香蕉的高品质。

发展迅速

过去十年是南宁香蕉的高速发展时期，特别2010年左右，南宁乃至广西香蕉种植规模迅猛加大，一批香蕉企业发展起来。

2010年正是南宁市大力发展香蕉产业的时间节点。为优化南宁市香蕉产业、提升南宁香蕉品质和知名度，南宁市通过推广规模化种植、标准化生产、产业化经营的模式，助推南宁香蕉产业发展。市农委总农艺师欧桂兰介绍，根据南宁气候特点，南宁市制定了科学发展南宁市特色水果“一中心两板块”的行动计划。“一中心”指的就是做强香蕉产业。

南宁市水果生产技术指导站站长罗昭越介绍，随着政府的政策扶持，南宁香蕉迎来了高速发展的黄金期，形成了以隆安县、西乡塘区、武鸣区为中心的香蕉产业带。2014年，南宁香蕉种植面积、产量、产值已名列广西及全国地级市第一。“南宁香蕉”成功获得国家农产品地理标志，“南宁香蕉”的公共品牌亮相全国。

“如果政府没有下决心转型，没有这些年来连续不断的重视和扶持，香蕉产业不会成为主导产业。”广西香蕉产业协会会长卢义贞说。据南宁市农委最新统计数据显示，目前南宁香蕉种植面积达80多万亩，产值30亿元。

统一品牌

2015年7月22日，原农业部授予“南宁香蕉”农产品地理公共标志，这意味着南宁香蕉以崭新的面貌呈现在广大消费者面前。为了树立专业化的品牌形象、加强宣传力度，经过长时间的研究、设计、探讨，最终确定目前的标识形象。南宁香蕉的标识整体由黄、绿两色构成，从色彩上突显香蕉的特色。以香蕉与香蕉叶为主体，融合了水、太阳、土地和香蕉的拼音首字母XJ。以上这些元素环抱在中心最终形成了“手抛绣球”的整体造型。

从标识意象上看，金黄色的香蕉好似热情的大手，象征着南宁香蕉；

右上角四片展开的香蕉叶，好似五湖四海的水滴汇聚在一起，象征着南宁的母亲河邕江。不仅如此，四片香蕉叶代表着“好时间、好技术、产业化、有历史”的四大品牌价值。众星拱月一般，衬托着南宁香蕉熠熠生辉。俗话说，水为财，标识也对南宁香蕉的未来给予了美好的祝愿。

从整体造型上来看，绣球作为广西壮族的吉祥物，也是壮族人馈赠来宾的最高礼遇。如此设计，不仅突出了南宁香蕉的地域特点，更表达了南宁香蕉希望将自己的产品作为最美好的礼物送给全世界各地的朋友们。南宁人热情、大气、好客的性格一览无余。

整个标识简约大气、浑然天成，在有限的空间布局中圆满地诠释了南宁香蕉的品牌内涵。

南宁香蕉始终秉持“欢乐之果、和谐之作”的品牌形象定位。将欢乐、健康、积极的正能量带给每一个消费者。让消费者的味蕾能够轻松拥抱绿色好味道。凭借南宁地区自古以来种植香蕉的悠久历史，依托八大创新技术，以产业化、标准化的生产方式，打造出香甜软化好口感的顶级香蕉。自上市以来，始终占据着八成的市场份额，种植面积、产量、产值均位居全国第一。南宁香蕉早已成为南宁农产品的砥砺标志，一张驰名海内外的名片。十多年来，南宁香蕉坚持着可持续发展的理念，让人与自然、生产者与消费者、行业与行业、政府与企业之间的关系完美和谐。

香飘东盟

随着产业的逐步壮大，南宁香蕉企业已经不仅仅满足于国内市场、国内舞台，想要借船出海，走向东盟。

2014 年前后，越来越多的南宁香蕉企业摸索着走出国门，通过“一带一路”建设和“南宁渠道”，以香蕉为纽带，成功实现了合作共赢、香飘东盟的目标。南宁润丰农业投资有限公司总经理涂钟义是第一批“吃螃蟹”的南宁香蕉企业家。“最开始是为了能全年卖香蕉，因为南宁香蕉上市期是 7—12 月，这就有半年的空档期。”涂钟义介绍，从 2014 年起，他就把目光放到了东盟国家。“中国—东盟合作这么多年，走出去难度要小得多，而且东盟国家气候更热也更适合种植香蕉，就出去看了一圈，最后决定走出这一步。”

据了解，目前，不少南宁香蕉企业海外主要种植在1—5月这段时间上市的香蕉，这样与南宁香蕉上市时间形成互补，做到了香蕉整年上市。而且由于无冷害、少台风等优势气候条件，这些海外种植的香蕉品质很好，价格也高，好货价格通常比国内高0.3～0.5元/千克，正常年景亩平均纯利润超过3 000～5 000元。南宁香蕉企业走出去不仅给自身带来了利润，这样的投资合作也给当地带来了极大改变。

作为本地金牌产业的南宁香蕉通过海外种植走出去，让产业迈上了发展的新台阶。

◎链接

目前南宁香蕉的主要品种有：桂蕉系列（1、6号），果梳大型，蕉梳整齐，果形美观，果指长，弯曲，果皮金黄色，光滑，果肉乳白色至乳黄色，软糯，甜，香味浓，无种子。金粉1号，果梳中等，蕉梳整齐，果形美，果指中等、微弯；果皮黄色，皮光滑，果粉多，果肉乳白色，粉糯，清甜，无种子。

鸡蕉，果梳小型，蕉梳整齐，果形似小鸡，果指短、直、侧弯，果皮深黄色，有果粉，皮光滑；果肉乳黄色，软滑细腻，味香甜，略带微酸，无种子。

皇帝蕉，果梳小型，梳型整齐，果形美，果指短小、微弯，果皮金黄色，皮光滑，皮薄易碎裂；果肉黄色，软滑细腻，味香甜，无种子。

红香蕉，果梳大型，梳型较整齐，果形美，果指长，肥大，果指直或微弯，果皮深红至紫红色，皮光滑，果肉乳黄色，果肉软滑，味甜，无种子。

种植规模从零敲碎打到全国名列前茅，品牌效应从藏在深闺到享誉神州，从2006年开始，南宁香蕉产业步入“黄金十年”，经过高速发展，目前，南宁香蕉产业规模达到30亿元。如今，随着“一带一路”建设深入推进，南宁香蕉以“蕉”作船，漂洋过海，让“南宁香蕉”这个金牌产业成为中国与东盟合作共赢的时代佳话。

吃树籽长大的文昌鸡

文昌鸡是海南省最负盛名的传统名菜，号称海南省“四大名菜”之首，其肉质滑嫩，皮薄骨酥，香味甚浓，肥而不腻，在海南素有“没有文昌鸡不成席”之说，是每一位到海南旅游的人必尝的美味。发展至今，文昌鸡所代表的已不单纯是一道菜肴，更是一种文化的传承。

相传，明代有一文昌人在朝为官，回京时带了几只鸡供奉皇上。皇帝品尝后称赞道：“鸡出文化之乡，人杰地灵，文化昌盛，鸡亦香甜，真乃文昌鸡也！”文昌鸡由此得名，誉满天下。与普通鸡不同，文昌鸡吃的是榕树籽。文昌鸡最早出自该县潭牛镇天赐村，此村盛长榕树，树籽富含营养，家鸡啄食，体质极佳。文昌鸡特点鲜明：个体不大，重约 1.5 千克，毛色鲜艳，翅短脚矮，身圆臀平，皮薄滑爽，肉质肥美。

2005 年 7 月 15 日，国家质检总局发布《地理标志产品保护规定》，将《原产地域产品保护规定》和《原产地标记管理规定》的地理标志管理合二为一，“文昌鸡”也因此正式纳入了地理标志管理。

近年来，文昌市委、市政府高度重视文昌鸡产业的发展，始终把文昌

民间女子足球队琼中女足代言海南文昌鸡

鸡产业作为文昌市的特色农业，不断加大发展力度，实行文昌鸡标准化饲养、专业化生产、产业化管理。经过提纯复壮与产业化开发，文昌鸡养殖已形成“龙头企业+基地+合作社+农户”的发展模式，形成集种鸡、孵化、育雏、育成牧养和笼养育肥、屠宰加工、市场营销(内销和出口)等一条龙的文昌鸡产业链。目前，文昌鸡规模化饲养已占总出栏量的90%以上，年孵化鸡苗1.5亿只，年出栏7 512万只，年出岛近1 500万只，占当地畜牧业总产值的63%，占农业总值的30%。

为了促进文昌鸡产业的长远发展，文昌市近年来还实施了品牌发展战略，重点扶持文昌鸡加工企业和文昌鸡养殖龙头企业，加大文昌鸡原产地标记和注册商标保护力度，前后制订出台了《地理标志产品文昌鸡保护暂行管理办法》、《文昌市文昌鸡产业发展规划(2016—2025年)》等一系列政策文件，将文昌鸡作为名特优农产品加以保护和发展，大力打造文昌鸡品牌。当地还举办文昌鸡产业推介会，带领文昌鸡产业企业参加海博会、农博会、冬交会等展会，扩大文昌鸡品牌影响力。

2013年，在海口举办的文昌鸡产业推介会上，来自香港、北京、广州、佛山和珠海等地多家企业与海南本地5家文昌鸡龙头企业现场签订了文昌鸡购销合同，签订年购销文昌鸡454万只，金额达2.36亿元。

2017 年，在第八届中国海南农民博览会文昌鸡产业推介会暨产销对接活动环节中，来自上海、深圳等地多家企业与海南本地 4 家文昌鸡龙头企业现场签订了文昌鸡购销合同，共签订年购销文昌鸡 1 105 万只，金额达 6.32 亿元。

由此，文昌鸡的养殖规模和美食销售额不断扩大。年养殖产值超过了 32 亿元人民币。文昌鸡出栏 100 万只以上的企业有：海南龙泉文昌鸡集团公司、海南潭牛文昌鸡育种有限公司、文昌市歌颂畜禽发展有限公司、海南传味文昌鸡养殖有限公司、海南永基文昌鸡有限公司 5 家，亦涌现出了“传味”、“龙泉”、“榕籽”、“歌颂”、“潭牛”和“永基”等多个系列著名品牌产品。

说到文昌鸡，不得不提它的吃法。海南人吃文昌鸡，传统的吃法是白斩（也叫“白切”），最能体现文昌鸡鲜美嫩滑的原汁原味。同时配以鸡油鸡汤精煮的米饭，俗称“鸡饭”。白斩文昌鸡在海南不论筵席、便餐或家庭菜皆派用场。而如今，文昌鸡早已被文昌的厨师们发挥得淋漓尽致。以文昌鸡为主食材，通过盐焗、白斩、蒸、炒等各式烹饪手法炮制出的美味菜肴，已达百种之多。

文昌鸡早已挑起文昌等地餐饮业食材的大梁。文昌市目前有 3 600 多家餐饮企业，文昌鸡在全市餐饮行业中作用巨大，尤其是随着文昌市旅游业的蓬勃发展，文昌鸡已经成为国内外游客来到文昌的必点菜品。而文昌几乎所有的餐饮企业，也都有文昌鸡这道特色美食，只不过在做法上各有不同。

除此之外，文昌鸡在海南省乃至全国各地，特别是广州、深圳等地区餐饮业中也具有不可替代的作用。广东省的传统名菜广东文昌鸡亦是以文昌鸡为主料。分布在全国各地且人数众多的文昌籍厨师也将文昌鸡带到了全国各地的餐桌。文昌鸡在香港及东南亚一带也备受推崇，名气颇盛。2014 年，文昌鸡入选“香港人最喜欢海南十大美食”。文昌鸡已成为海南华侨的一种特殊的“乡愁”。

随着文昌鸡的标准化饲养、专业化生产、产业化管理，文昌鸡的品牌影响力逐渐壮大，它的味道也将传播到全国乃至世界各地。

爱上三亚的另一个理由

海南省三亚市不是一座普通的城市，而是比较特殊的国际旅游城市。因此，在发展三亚芒果品牌上，与全国其他地方相比，三亚既有它大众化的发展路线，也有其立足国际旅游城市发展的特殊方式。

保护母品牌，发展子品牌

在品牌消费已成趋势的大背景下，三亚实施芒果区域公用品牌发展战略，具体在发展品牌上有如下做法。

1. 确立品牌架构

为确保三亚芒果品牌战略的有序推进，当地理顺了公用品牌资源权属关系，确立“母品牌商标＋子品牌商标”双商标制的母子品牌架构，形成以“三亚芒果”为母品牌，以企业（合作社）品牌为子品牌的母子品牌架构。

一方面创建保护好母品牌，以“三亚芒果”证明商标为品牌管理的法律依据，创建母品牌，明确权属关系；另一方面，培育子品牌，以“三亚芒果”区域公用品牌为背书，助推企业（合作社）产

品品牌创建。

2. 搭建管理平台

搭建“三亚芒果网”品牌官网，汇聚三亚芒果公用品牌信息，链接三亚旅游官网，提供品牌信息发布、质量信息查询、供需信息发布、电商入口链接等功能，发挥品牌官网对接消费者和市场主体、盘活市场资源的作用。

不断完善“三亚芒果网”网站功能，将其打造为三亚芒果品牌管理的综合信息平台。官网应具备五重功能：①三亚芒果质量信息查询；②三亚芒果品牌信息发布，包括三亚芒果的品牌许可公示、品牌管理制度发布、品牌活动发布等讯息；③三亚芒果供需信息发布平台：综合汇聚最新的三亚芒果供应信息和需求信息；④链接三亚旅游官网，在旅游官网中精选产品频道增加三亚芒果内容；⑤三亚芒果电商链接窗口：凡是经过认证的三亚芒果品牌经销商，通过品牌标识链接或二维码链接，从这里可直接链接各类电商平台（如淘宝天猫、京东等）上经营的店铺，或链接经营者自己的网站、APP 等。

3. 明晰管理组织

三亚市成立三亚芒果品牌建设领导小组，市政府主要领导和主管领导分别担任组长和副组长，以农业局为牵头单位，以旅游委、宣传部、发改委、质监局、商务局、文体局、供销社等为成员单位，并明确相应的责任人。由三亚芒果协会具体负责日常管理事务，并接受农业局的监督；同时联合三亚旅游协会，共同管理旅游景区内的品牌使用主体。

4. 系统管理分工

基于以上的组织架构，通过系统化的品牌管理分工，市级相关职能部门，依据三亚芒果品牌建设领导小组的相关战略决策及行动分工，在各自管辖领域内积极推进品牌建设相关工作。行业协会负责品牌的许可使用和日常管理工作。

5. 明确许可制度

制定三亚芒果区域公用品牌许可制度，由市农业局主管品牌建设工作，三亚芒果协会具体负责品牌运营工作，包括品牌商标使用许可、品牌包装使用许可、宣传物料使用许可等。芒果企业、合作社、电商企业等向三亚芒果协会提出品牌使用申请，旅游景区景点内的商家直接向三亚旅游协会提出品牌使用申请，最终由三亚芒果协会统一提交市农业局备案。

通过领导小组指导协调、职能部门服务监管、产业协会管理协调、营销组织具体实施的四级分工管理系统，最终形成三亚芒果品牌运作模式，实现三亚芒果品牌的有效运作。

供应品质好果

三亚市立足生产，通过基地、标准和监管等三个方面展开工作，确保品牌有好芒果持续供应。以品牌基地确保高品质的品牌芒果产出，为果旅融合奠定坚实基础；以标准体系稳定芒果品质，夯实品牌根基；以质量监管提高消费口碑，提高三亚芒果的品牌竞争力。

1. 建立品牌基地

确定示范基地。基地范围：结合三亚芒果产业实际情况，以种植面积100亩以上的芒果园优先作为品牌基地候选范围。

紧密合作关系。为提高三亚芒果产业的整体技术和管理水平，发展紧密型合作模式的农民专业合作组织，通过果农入社加强农户和合作社的联系，由合作社提供统一农资、统一技术和统一培训等服务。

加大政策扶持。加大对品牌基地的政策扶持，结合产业脱贫政策，给予种植补贴、设施补助、金融支持等，既助力精准脱贫工作，也确保芒果产业持续健康发展。

2. 落实标准体系

坚持以标准控制质量，三亚芒果在已有标准体系基础上进行细化，加强标准的落实。

规范操作规程。根据已出台的三亚芒果《种植技术规范》《主要病虫害防治技术规范》《主要种植品种识别技术规范》《包装标识贮存及运输规范》等标准体系，形成可操作的生产规程应用于生产。

明确采摘标准。为严控生摘早采现象，三亚明确了主要品种的采摘标准，如成熟度达到七成熟才准予采摘。并且依据不同品种确立不同的成熟度标准及相关要求，如大小、硬度、糖度等。同时，明确采摘的注意事项，如果柄长度要求（2厘米左右）、佩戴手套、轻拿轻放等，避免果子破损、果浆伤果等情况。

统一商品标准。果品的商品化处理对产品销售尤为重要。制定三亚芒果的商品标准，规范分拣、仓储、包装、运输等，统一三亚芒果的商品化处理流程。

3. 加强基地监管

生态监管。加强品牌基地的生态环境监管，大力推广测土配方施肥、生物农药和绿色植保技术以及农业废弃物利用技术，控制农业面源污染。组织实施水污染防治、土壤改良修复、农药残留治理、畜禽粪便无害化处理和重金属污染修复等工程，着力保护三亚芒果品牌产地生态环境，为保障品牌质量安全提供良好的生产环境，为产业可持续发展提供环境保障。

品质监管。对品牌基地加强监管，进行定期监控和不定期抽查，对于不达标的基地将取消其品牌基地的资格。

凭证销售。为进一步加强三亚芒果的质量安全，对每一批次进入流通环节的芒果，由专业机构进行检查，凭检测证进入流通和销售环节，包括出岛销售。

搭建溯源平台。为达到企业产品质量可控制、政府监管可追溯、顾客消费可查询的目的，利用海南省热带水果质量溯源平台，搭建三亚芒果质量安全信息追溯平台，既实现对前端农资监管、中期农事活动监控，也成为后端品牌及消费的保障。从而以品牌反向倒逼生产规范，降低监管成本，实现保护品牌、保障品质的目的。

深化果旅融合

三亚市立足旅游大市场，以年近1 500万的过夜游客为核心对象，做深做足农旅融合大文章，以农促旅，以旅强农，打造三亚旅游新名片，铸造三亚经济新引擎，探索适合三亚发展的“农业＋旅游”的融合发展模式。充分拓展农业的多功能性，由单一的芒果种植向集芒果种植、旅游观光、休闲娱乐、文化体验、美丽乡村等多重功能于一体的方向发展。

1. 延伸产品线

以三亚芒果品牌基地为基础，建设多重功能的芒果园，如采摘园、主题庄园、芒果村等，延伸旅游产品供给，丰富旅游消费体验。

三亚芒果采摘园：为增强产品体验，以品牌基地为基础，建设三亚芒果采摘园，完善基础建设，增加趣味活动，提升服务水平。

三亚芒果主题庄园：为宣传三亚芒果文化，打造涵盖住宿、餐饮、休闲娱乐于一体的主题庄园。嫁接或植入三亚芒果元素，通过芒果民宿建设、特色餐饮开发、芒果景观设计及相关服务，提升消费者对芒果的认识和喜爱。

三亚芒果村（部落）：结合美丽乡村建设，打造集芒果文化、民俗活动、休闲娱乐于一体的芒果村。通过整治乡村环境和优化村容村貌，完善基础设施和公共服务设施建设。

中国芒果国家公园：打造国内首个芒果主题的国家公园，建设三亚芒果文化高地。选择合适区块，以连片果园为基础，结合芒果品种、颜色、树形等元素塑造景观。融入爱情、浪漫元素，打造情人坡、情人树、芒果谷等概念，结合芒果文化，打造三亚婚纱摄影基地。此外，通过设计卡通雕塑、芒果家族系列卡通人物等方式，增加旅游吸引力。

加大三亚芒果产品开发力度，打造三亚芒果系列特色旅游商品。通过系统开发，形成鲜果礼品、芒果甜品饮品、芒果菜肴、芒果加工食品、芒果文化创意产品等贯穿产业链上下游的产品体系。丰富产品供给形态，让游客体验不同的芒果产品，进而爱上三亚芒果。

2. 丰富经营业态

三亚市改变目前芒果相对单一的经营业态，稳步推进现有的芒果批发经营业态的升级，发展批发展示展销相结合的综合市场模式。当地扶持三亚芒果的终端销售经营，完善和发展品牌三亚芒果直销经营。大力发展芒果现制产品（如芒果沙冰、芒果汁、芒果菜肴等）经营，构筑三亚芒果甜品（饮品）屋、芒果餐饮经营模式。引导开发三亚芒果及其衍生品的旅游商品，形成丰富多彩的鲜果、果干、文创产品等芒果旅游商品经营。与旅游结合，探索开发三亚芒果主题的手作体验（如芒果绘画、雕刻、手工艺品等）经营，从而以三亚芒果品牌为抓手，推动资源相融，带动创业就业，助力精准扶贫，实现多业态经营，促使三亚芒果渗透三亚之旅。

此外，三亚市运用“互联网 +”思维，推进三亚旅游、三亚芒果之旅和三亚芒果电商的融合发展。以三亚为引流端，以三亚芒果之旅为体验场，引导芒果企业、合作社等经营主体借助互联网平台，吸引游客对三亚芒果进行持续消费。通过芒果采摘园、主题庄园等果旅结合项目建设和运营，获取粉丝支持，为芒果电商引流，形成线上线下联动发展模式。

“三亚芒果”的强势崛起，将开创行业新格局，引领芒果产业步入新征程。如今，三亚芒果成为人们爱上三亚的另一个理由。

奉节脐橙是怎样成为“网红”的

“好的，5 件，到时候给您预留着。”尽管远没到脐橙收获的季节，但重庆市奉节县草堂镇村淘合伙人蔡茂林已经开始接到全国各地打来的订货电话。

奉节位于三峡库区腹心地带，交通不畅、信息闭塞，但当地土特产丰富，其中脐橙是一张响当当的名片。

过去，即使赶上脐橙丰收的季节，果农们也只能在家苦等水果贩子上门收购，渠道的薄弱使得他们在定价上没有任何话语权。

为解决果农增收问题，该县积极搭建农产品对接大市场的新桥梁，大力发展农村电商，于是便有了许许多多像蔡茂林这样的村淘合伙人。

数据显示，奉节脐橙年产值 22 亿元,2016 年通过电商销售 2.92 亿元，受此鼓舞，全县今年又新发展脐橙 2 万亩。

火遍直播平台　奉节脐橙成为“网红”

从 2015 年触网以来，奉节不断丰富脐橙的营销方式，开启全网营销。

2018 年，又开启脐橙网络直播销售，扩大了品牌影响力。

2018 年 2 月 14 日是奉节脐橙直播销售的第一天。该县安坪镇脐橙果技员余都香在果园直接向 40 万名网友讲解优质奉节脐橙的种植、养护知识以及生态环保管理经验。而奉节脐橙本地龙头企业创始人之一周登平则通过直播，带领观众参观从脐橙种植到采摘、加工、包装运输的全流程，并打开脐橙水洗、分选设备，现场演示分选包装。

“直播现场就接到 40 多个咨询电话。”朱衣镇果农刘科军回忆，直播当天，他就收到网友 2 000 多元的订单，不到一周，他家剩余的 1 000 多千克脐橙全部卖完。

“发展脐橙产业，既要搞好标准化种植管理，也要做好市场营销。”奉节县相关负责人介绍，2018 年春季，奉节脐橙通过一直播、映客、斗鱼、花椒、熊猫等 5 个直播平台，直播 44 场次，总时长达 88 小时，总计观看人数 1 473.5 万人次，销量达到 5 万千克，“已然成了‘网红’。”

完善两大体系 打通农产品网销“瓶颈”

作为名牌产品，奉节脐橙虽不愁销路，但因山高水远、交通不便，长期以来农户依赖果贩收购，收购价甚至低至1千克1.6元，最高也仅5元，果贱伤农的阴影始终挥之不去。

而电商消除了各个中间环节，果农可以直接获取市场价格，收入大幅增加。

“于是我们找到了阿里巴巴这个合作伙伴，利用其背后的数亿级买家、强大的物流运输能力，通过电商让脐橙出山。”该负责人说。

2015年8月，奉节与阿里巴巴农村淘宝签订战略合作协议，自此开始大规模的电商布局。

“我们利用阿里巴巴集团菜鸟物流和本地快递物流企业建成7条进村入户的物流线路，全长1 800余千米，覆盖316个村社，解决了网货下乡最后一公里和土货进城最初一公里问题，平均节约物流费用30%以上。”该负责人说。

物流体系的建设保障了脐橙的运输，“最起码爆仓、产品运不出去的状况不会发生了。”该负责人说。

与此同时，该县还在县城建立电商公共服务中心，为网商、服务站点及传统企业提供技术支持、产品打造、信息传播等一条龙服务；在乡镇和村（社区）建立电商综合服务站点，为村民提供网购网销、代收代发等服务。目前，奉节已初步形成从县到户的四级电商体系，其中135个贫困村建成电商平台站点49个，辐射贫困人口3.5万余人。

2017年，该县还拿出1 000万元，分别对线下线上销售进行奖励扶持，其中线上销售设立网络销售等级奖、网络营销比例奖、网络销售月奖以及线上推广活动补贴、贷款贴息补贴等5个项目，极大促进了传统企业触网营销，鼓励了小型电商企业抱团发展。种种措施实行以后，奉节脐橙已初具网络“爆款”潜质。

脐橙量价齐升 产业发展更有持续性

2017年底，在奉节县电商办的精心策划下，奉节脐橙开启全网营销。

去冬今春的4个多月时间里，该县在聚划算、天猫、唯品会等平台累计举办11场营销活动，累计销售脐橙996吨。

2016年，奉节脐橙年产量达24万吨，年产值22亿元，其中通过电商销售2.41万吨，销售额2.92亿元。

值得一提的是，该县在网上销售的脐橙，走的是精品路线，平均售价达到了10元/千克，除去包装、运费后约8元/千克，仍比线下价格高3元。

受益最多的自然是果农。得益于村淘合伙人蔡茂林的电商服务站，草堂镇竹坪村村民李星华2017年的脐橙早早销售一空，现钱揣进了兜里，这让他非常高兴："我还得扩大规模，多种些脐橙。"

记者了解到，网销脐橙价格的上扬，调动起了村民种植脐橙的积极性。2018年以来，奉节在朱衣、西部新区集中栽植脐橙3 090亩，果农自发种植17 342亩，全县脐橙总面积达到32.04万亩，产业发展正进入良性循环。

"农产品触网是大趋势，电商售卖也要常态化。"该负责人说，未来奉节的电商产业园会孵化更多的电商企业，卖更多的农特产品，带动全县贫困户持续增收。

百年涪陵榨菜　成就亿元产业

榨菜起源于涪陵。涪陵榨菜选用重庆市涪陵区特殊土壤和气候条件种植的青菜头，经独特的加工工艺制成，其与法国酸黄瓜、德国甜酸甘蓝并称世界三大名腌菜，也是中国对外出口的三大名菜（榨菜、薇菜、竹笋）之一。

据原涪陵州志《涪州志》记载：1898年（清朝光绪二十四年），涪陵县城郊（现涪陵城区洗墨路）商人邱寿安将涪陵青菜头"风干脱水"加盐腌制，经榨压除去卤水（盐水），拌上香料，装入陶坛，密封存放，当年送一坛在湖北宜昌开“荣生昌”酱园店的弟弟邱汉章，邱汉章在一次宴会上将哥哥邱寿安送与的榨菜让客人品尝，客人们倍觉可口，其风味“嫩、脆、鲜、香”，为其他任何咸菜所不及，争相订货。

近年来，重庆市涪陵区委、区政府将榨菜作为农业农村经济发展的特色产业和富民兴企的民生产业，大力推动涪陵榨菜品牌建设，基本实现了“注册一件商标，培育一个品牌，带动一大产业，富裕一方群众”。目前该区榨菜注册商标190件，其中，中国驰名商标4件、重庆著名商标18件。2016年，全区榨菜原料面积、产量分别达72.2万亩和150.6万吨，外运鲜销青菜头52万吨，产销成品榨菜47万吨，榨菜产业总产值达85亿元，创利税18亿元，农民人均榨菜纯收入2 174元，涪陵榨菜成了涪陵的城市名片和金字招牌。

加强原料建设，夯实品牌基础。近年来，涪陵按照“稳主产区、扩次产区、拓展新区”思路，持续实施23个乡镇街道青菜头规范化、标准化种植基地建设，已建成全国规模最大的高产、优质、高效种植和加工基地，成为中国绿色生态青菜头之乡。

培育龙头企业，夯实品牌主体。通过多年大力扶持培育，榨菜企业实力不断壮大，龙头企业群体逐步形成，产业发展后劲显著增强。目前该区拥有榨菜企业36家，其中国家级农业产业化龙头企业2家、市级17家、区级4家，龙头企业占比高达63.8%。涪陵榨菜集团成为全国酱腌菜行业首家上市企业。

实施科技兴菜战略，增强品牌动力。近年成功培育推广了拥有自主知识产权的“涪杂一至八号”系列早晚熟青菜

羽毛球世界冠军张亚雯代言重庆涪陵榨菜

头杂交良种，在提升涪陵青菜头品质的同时，实现了青菜头种植由一季向两季的转变。通过成功引进、消化吸收德国全自动榨菜生产线，扶持强化榨菜企业技术革新，该区榨菜企业基本实现了生产自动化、现代化，有力提升了生产效率。

强化多元营销，促进品牌传播。一方面通过举办榨菜嘉年华、榨菜文化节，在中央电视台等主流媒体投放广告、宣传片，参加展会等多种方式，大力宣传涪陵榨菜品牌；另一方面指导榨菜龙头企业积极探索连锁经营，完善批发、代理、直销、网络营销等经销方式，巩固拓展国内国外两个市场。目前，涪陵榨菜营销网络遍布全国，还延伸到了30多个国家和地区。

规范品牌使用，严格品牌监管。按照“严格条件、从严审批、加强监管、规范使用”的原则，每年对榨菜品牌进行审查、审批和建档，并对许可使用品牌的产品进行全程追溯。同时采取“对内规范整顿，对外打假维权”措施，开展常年性集中整顿和打假维权行动，维护“涪陵榨菜”品牌形象。

注重文化传承，丰富品牌内涵。该区十分注重榨菜文化传播，每年投入上亿元经费在中央电视台等主流媒体宣传推广榨菜文化。目前，涪陵榨菜的制作技艺被列入“国家级非物质文化遗产”保护名录。未来，涪陵区还将投资10亿元打造“1898中国榨菜文化小镇”，集中展示中国榨菜的历史文化、制作技艺，并开发榨菜观光旅游，推动农文旅融合发展。

下一步，涪陵区将按照完善供给链、提升价值链、延伸产业链要求，围绕转变经济发展方式，以现代榨菜产业战略性结构调整和转型升级为主线，着力推进榨菜产品、机制、科技创新，努力将涪陵建成全国规模最大、品牌最响、销售最广的榨菜鲜销、加工基地，力争到2020年，实现青菜头种植面积75万亩、总产量180万吨，鲜销青菜头60万吨，产销成品榨菜60万吨，榨菜产业总产值100亿元、利税20亿元的目标，把涪陵榨菜打造成为全市乃至全国特色农业的样板产业。

荣昌猪：从养到卖更透明

在中国乃至世界猪品牌当中，重庆荣昌猪都占有一席之地。荣昌区是“中国三大、世界八大”优良地方猪种之一荣昌猪的主产区和发源地，品种资源优势明显。在清光绪年间，荣昌猪就已经出口到国外。特别是荣昌白猪，因皮薄肉嫩，瘦肉多，早在1957年就被收入英国出版的《世界家畜品种及名种辞典》中。荣昌猪肉及其制品成为全国首个也是唯一同时获得国家地理标志登记和绿色食品认证的“双认证”产品，“荣牧”白猪获得2016—2017年全国优质品牌猪肉大赛“营养猪肉奖”。

多年来，荣昌区大力发展绿色安全、适度规模的以荣昌猪为品牌的精品农牧业，强监管、重规范、提质量、筑品牌，主动创新监管平台，依法履行职责，实现“养殖—屠宰—加工—交易”的全程溯源、全程监控、全程服务、全程公开，大大提升了监管效能和应急处置水平。

建立畜牧兽医服务“110”平台，监管与服务都有据可查

荣昌依托西南大学荣昌校区和重庆市畜牧科学院科教人才优势，围绕“荣昌猪”做文章。建立西南最大遗传资源保护库，荣昌猪有了自己的“精子库”。成功获取世界首套荣昌公猪、母猪、荣昌怀孕母猪、荣昌仔猪数字化可视数据集，世界首例荣昌母猪可视化猪在荣昌现身。为扩大生猪良种覆盖率，进一步提高供种制种能力，结合国家生猪良种补贴项目，每年安排专项配套资金对全区所有能繁母猪实施免费人工授精，并将其列入“民心工程”。该工程实施以来，极大地减少了因直交导致的疫病传播，提高良种覆盖率近 10 个百分点，母猪的窝产仔数平均提高 0.42 头，所产仔猪的生长速度及饲料利用率均有显著提高。

荣昌积极探索畜牧兽医服务“110”平台，建立“区—镇街—服务人员—服务对象”四级网格化监管体系，以互联网手段，实现区域畜牧兽医“生产、防疫、检疫、流通、技术服务”等工作网格化、标准化、痕迹化管理。推行提升服务效能的畜牧兽医服务承诺“110 制度”，即防疫阉割、种猪配种、检疫申报、动物诊疗等由各镇街畜牧兽医站统一受理、统一安

排、统一督促，只需一个电话，兽医便应约上门提供服务。

家住荣昌区双河街道梅石坝村6组的养殖户唐昌成说："刚刚跟畜牧站打了电话，请他们今天下午帮我把猪种拿来，给猪配种，很方便的，猪又不容易得病，关键是我现在还不用把猪拉来拉去，方便得很。"通过GIS定位、移动考勤、工作日志记录、数据分析等先进管理手段，实现全区畜牧系统兽医人员对畜禽生产、防疫、检疫、动物卫生监督、畜产品质量安全监管工作动态跟踪、实时记录、可视化分析，实现畜牧监管与服务工作的"互联网+"转型，为广大养殖户提供更加透明、高效、规范、优质的服务，打通服务群众"最后一公里"。

建立质量溯源系统，全区生猪生产经营主体纳入电子监控

荣昌区作为首批全国畜牧业绿色发展示范创建单位，创新"3+X"机制，即创新"投入品监管、循环种养殖、理赔及无害化处理"三大机制，同时以"公司+基地+农户""专业合作社+农户"等模式，引导优势饲料兽药产业和畜牧产业化龙头企业延长产业链，促进一二三产业融合发展。

荣昌区紧紧抓住投入品监管关键，着力强化畜产品质量"源头"控制，将全区动物养殖场、兽药GMP企业、饲料企业、屠宰企业等监管对象全部纳入"双随机一公开"检查对象目录库和质量安全应急管理系统，建立生猪产品质量溯源系统和兽药饲料安全生产电子监控系统，细化明确相关单位及镇街职能职责，推动区、镇、村三级监管人员履职到位，形成全覆盖、无死角的投入品监管工作格局。

探索建立"户申报、站受理、镇街收贮、公司处理、部门监督、保险理赔、财政补助"七步工作法，在全国率先开展仔猪保险、生猪收益保险等试点，累计投入1 000万元，撬动风险保金2.1亿元，建成21个收储点和2个无害化处理中心，将参保病死生猪集中收贮及无害化处理与保险理赔有机结合，通过生物降解技术实现病死畜禽资源化利用，有效截断病畜禽销售利益链条，保障群众舌尖上的安全。"以前哪里有啥子保障嘛，猪死了还不是死了。现在猪都是买了保险的，有个啥子事，打个电话，保险公司的来验证了，填个表，把病死猪拉去进行无害化处理，没多久赔款就打过来了。今年

这个保险还要买。”荣昌区双河街道养殖户田朝彬只是受益者之一。

“在重庆日泉农牧有限公司，我们采用的是高位隔离式发酵床养猪工艺，包含了泡沫消毒系统、稀料投食系统、病死猪无害化处理系统，并建成日处理15吨冲洗水无害化处理区，同时猪排泄物100%用于堆肥发酵生产有机肥，对比常规养殖可节约80%～90%的用水，节约5%～10%的饲料。与传统模式比较，节省土地可达35%，生产的有机肥1吨可卖700元，增值效益显著。”荣昌区畜牧局相关负责人张成聪说，“在畜禽粪污综合利用中，采用漏缝地板，可以使猪不接触到粪便，卫生清洁度高，不用带猪冲洗，可节约80%用水量，提高饲料转化率0.04。此模式省水、省人工，生产的有机肥可带来效益。”在推进低碳、清洁畜牧业发展进程中，对畜禽粪污实行减量化生产和资源化利用，促进了生态文明和畜牧产业和谐发展。监督本村农业投入品的规范使用，对农产品生产主体和农资经营者宣传农产品质量安全的法律法规、政策和生产标准等。

推动生猪电子交易，倒逼养殖业规模化、品牌化、标准化

荣昌建成国家生猪电子交易市场，出台生猪线上交易标准和质量管控体系，推进生猪生产全过程溯源系统建设，设定生猪分级标准，实现优质优价，通过国家生猪市场第三方支付通道，买方将全额猪款支付给平台，待交收完成后，平台根据交易双方提供的数据，一次性将生猪交易款项和定金进行划转，卖猪“打白条”成为历史。同时，养殖户可以通过平台发布的大数据掌握价格主动权，改变了生猪价格由猪贩说了算的局面，实现了好猪卖上好价钱的愿景，平台客户增加至3万余户，覆盖全国31个省(自治区、直辖市)，日均交易量近10万头。设立市场通过准入门槛，保证参与交易生猪符合国家动物防疫检疫标准；通过大数据平台，建立可靠的溯源系统，确保农产品质量安全。通过市场倒逼养殖行业规模化、品牌化、标准化，指导养殖方减少盲目性，促进产销平衡。

站在新的发展平台上，以推进畜牧业现代化为主线，集聚优势资源、提升创新能力、推动产业发展，努力实现在重点领域取得重大突破，尽快形成健康养殖、畜牧产品加工与装备制造、农产品物流和畜牧服务等完整

的现代化产业体系，实现以信息化主导智能化生产，推动畜牧一二三产融合发展，建成带动周边、辐射全国的成渝城市群新兴战略支点。

四川泡菜：泡出来的好味道

四川泡菜作为一道家常小菜，以其平民化的做法与清脆、酸甜的口感传遍了四方，不但广受蜀地人们喜爱，其独特的风味更深深折服了各地食客，将一坛坛、一罐罐的香味传遍了大江南北。

四川泡菜又叫“泡酸菜”，传统特色菜肴，属川菜系。味道咸酸，口感脆生，色泽鲜亮，香味扑鼻，开胃提神，醒酒去腻，老少适宜，一年四季都可以制作，但制作时气候环境十分讲究，是居家过日子常备的小菜，是四川家喻户晓的一种佐餐菜肴，在这片土地上，几乎家家户户一年四季都会自家做泡菜。而且每家每户的泡菜口感都不一样，有的酸，有的咸，有的脆，有的软，而且每家的泡菜口味基本上都不会改变，几十年都是同一个味道，同一个口感。

据了解，泡菜古时称作“菹”，根据记载，在四川盆地已经有了上千年历史。这种食物的出现，原本是因为蔬菜不易保存，利用盐渍和发酵以延长蔬菜的食用时间。后来因为咸酸的口味也最利于开胃下饭，所以泡菜这种食物虽然简单，却受到了不同阶层的青睐。

2010 年，四川泡菜成功申报为国家地理标志保护产品。2017 年被授予“2017 百强农产品区域公用品牌”称号。

四川泡菜制作简单，易于储存，食用方便。原料有萝卜缨、白菜帮、青菜茎、黄瓜、豆角等。蔬菜原料经泡渍发酵，就成了酸泡菜。因是冷加工，有益成分损失较少，所以营养丰富，是很好的低热量食品。泡菜还被当作调料和药用，如酸菜鱼、泡椒鲫鱼、榨菜肉丝等很多菜都有泡菜；药用功能方面，如用泡萝卜去寒，用泡青菜清热去暑，用泡茄子治腮腺炎，用泡姜祛寒御湿等。

选个好坛子很重要

老派的四川人家里，都有个陶土做的老坛，和市场上常见的玻璃泡菜坛相比，陶土的泡菜坛遮光性好，更适合制作泡菜。挑选泡菜坛，最重要的是看其密封性的好坏，传统的方法是将纸或其他易燃物品点燃，盖上坛盖，坛中因为燃烧而氧气减少气压降低。此时往坛弦中注水，水就会被往坛子里“吸”，这便是密封性佳的好坛。

家里做泡菜最怕“生花”，如果看到泡菜水表面漂浮着白色絮状物，就说明有细菌繁殖。所以，平日里泡菜泡好后，在坛弦上注水密封，是泡菜必不可少的一步。南方潮湿地区，坛弦中的水需要时常更换，避免细菌滋生。而在北方地区因为空气干燥，则要经常擦洗坛弦并添水。

现在，为了避免麻烦，很多家庭会选择可以密封的玻璃小罐，泡菜发酵好后直接放进冰箱。这样既可以避光，也能更方便密封，低温还能避免霉菌的过度繁殖，算是新潮的秘密武器。

泡菜水有讲究

适量比例的泡菜盐、花椒再加上凉白开，就能做出全新的泡菜水。因为生水中有很多细菌，所以从前制作泡菜水时，往往要先将水烧开杀菌再放凉使用，现在也可以直接选择矿泉水。而事先准备好的泡菜坛，更是要认真洗净擦干，不能有油或是生水。

除了这些基础的原料，各家也有各家起泡菜水的秘方。加入两颗八角一颗草果，可以增加香味。加入适量的冰糖或苹果、梨等水果，可以帮助泡菜发酵，并且吃起来甜香。还可以加入少量高度的白酒，既有助于杀菌，还能让泡菜口感更脆嫩。大多数四川家庭喜欢在起泡菜水时选择仔姜和辣椒打底，这样可以让之后的泡菜带有点辣味；颜色美艳的胭脂萝卜也是上选，天然的色素让坛水呈现粉嘟嘟的颜色。

将泡菜坛放在阴凉避光处，注意用水密封坛弦，根据不同的气温，第一次发酵大概需要四天到一周的时间。开坛的日子总是最让人期待的，准备好一双无水无油干净的筷子，从坛子里捞出泡菜尝一尝，又酸又脆让人止不住直流口水。

什么菜适合做泡菜？

对于四川人来说，只要有一坛合心意的好水，一年四季都可以在自己家做泡菜。泡菜最好的原料，是正当季的新鲜蔬菜，只要足够粗壮耐泡，不论根茎叶果都是极好的。除了仔姜和辣椒，萝卜、青笋、豇豆、儿菜和卷心菜，都是最常见的四川泡菜品种。在四川，并非所有的泡菜都一视同仁。我们在四川小饭馆作为佐餐的泡菜，叫作洗澡泡菜或滚水菜。常见的制作泡菜的蔬菜，都可以用来制作洗澡泡菜。洗澡泡菜顾名思义发酵时间短，通常 1 ~ 3 天就能做好。如果泡太久，反而会让蔬菜变软，失去了脆生生的口感。捞上来的洗澡泡菜切成小块，淋上红油，就可以上桌。

除了洗澡泡菜，还有一种泡菜被称为佐料泡菜，又名深水菜。在四川，佐料泡菜主要以泡椒和仔姜等调味类蔬菜为主，可以在坛水中泡很长时间。用佐料泡菜入菜时，可以切成细丝、碎末等，这样既可以节约原料又能让食物更入味。

食用指南

1. 泡辣椒可以泡在泡菜坛子中慢慢使用，越泡越香。

2. 泡菜坛子以及捞泡菜的筷子都不能沾油荤，不然泡菜水会“生花”，就是泡菜水上长出白色霉点。遇到“生花”时，应该用干净的器具将霉点捞出，加入适量泡菜盐和白酒，将泡菜坛子移至阴凉通风的地方，每天敞开盖子 10 分钟，2 ～ 3 天以后可以改善。如果泡菜烂软发臭，那是已经变质，不能食用，必须倒掉了。

3. 如果泡菜的味道太酸，可以加点盐；如果太咸，可以加点糖；如果不脆，可以加点白酒。

4. 做泡菜的辣椒、蔬菜等一定要风干水分再放入泡菜坛子中。

5. 做泡菜一定要选择泡菜盐（就是不含碘的盐），这样利于发酵，买不到泡菜盐的地方，可以使用大粒的粗盐代替。

6. 除了泡菜坛子，也可以使用密封的容器来制作泡菜，但是一定要保证密封。

7. 泡菜水也可以泡凤爪、猪蹄、猪尾巴、猪耳朵等荤菜，但是一定不要把荤菜放入准备长期泡制的泡菜水中，荤菜应该单独制作。

健康贴士

亚硝酸盐的问题：四川泡菜对于每种食材的泡制时间是很有讲究的，一般像卷心菜、黄瓜、西瓜皮、白菜、茄子等这些水分含量大的食材适合做“洗澡泡菜”；而佐料泡菜泡一个月以上才吃。亚硝酸盐是从泡菜进坛子的第 3 天起才会大量增加，泡一个星期时含量最高，从这以后就开始下降，到第 20 天以后基本上就消失。所以只要分清食用方法，完全不必担心亚硝酸盐的问题。

攀枝花芒果：阳光的味道

攀枝花市地处中国西南川滇交界处，是万里长江上游第一城，全国唯一以花命名的城市，享有“花是一座城，城是一朵花”的美誉。近年

来，攀枝花积极探索资源型城市转型发展之路，昔日的三线重镇、百里钢城已蜕变为“中国钒钛之都、中国阳光花城、中国康养胜地、四川南向门户”。

攀枝花芒果产业从无到有，快速崛起，成为全国芒果产业中独树一帜的特色品牌，正是这座城市成功转型的一个生动例证。

“中国最好吃的晚熟芒果”

位于北纬26°的攀枝花，属无霜期长、热量充足的南亚热带气候类型，是我国三大热作区之一，也是四川省唯一的热作区。同时，攀枝花昼夜温差大、光照条件好，年日照时数达2 500小时左右，年平均气温20.3℃，全年无冬，无霜期长达300天以上，具有“南方的温度，北方的光照”，芒果种植基地平均海拔1 000米以上，是国内芒果生产的最适宜区域之一。

独特的自然条件、绿色的种植方式以及中国热带农业科学院的长期技术支持，赋予了攀枝花芒果外形美观、口感细腻、营养丰富、生态健康的突出品质，含糖量比国内其他产区同品种芒果高1%～3%，被誉为“中国最好吃的晚熟芒果”。

攀枝花芒果上市时间集中在8—11月，比国内其他芒果主产区晚2～5个月。此时，国内其他产区已基本没有芒果销售，全球也只有美国、巴西等少数国家还有芒果上市。

提升品质热销国内外

据介绍，攀枝花芒果规模化种植起步于1987年，当年，经领导和专家多次考察发现，攀枝花发展芒果产业的条件得天独厚，于是攀枝花开始了优质芒果基地建设。1997年，攀枝花与中国热带农业科学院开始合作，引进40多个芒果新品种进行试验、示范，最终形成了以晚熟芒果凯特为主，吉禄、金煌、椰香等23个“早、中、晚”品种搭配的产品体系。

近年来，攀枝花充分挖掘光照充足、冬暖夏凉的气候优势，在全国率先提出“康养”理念，以“康养+”模式与农业、工业、医疗、旅游、运动等产业“联姻”，深化供给侧结构性改革，实现一二三产融合发展。目前，全市芒果种植面积已达51万亩，挂果23万亩，年产量20万吨，产值21亿元。

成片的芒果产业基地，形成了聚合效应。2009年，“攀枝花”牌商标成功申请国际注册，通过良好农业规范（GAP）认证，获得了欧洲市场的准入证；2010年获得农产品地理标志保护；2011年获得“消费者最喜爱的中国农产品区域公用品牌”；2016年，获得全国名优果品区域公用品牌，同年获得国家质检总局国家级出口食品农产品（芒果）质量安全示范区。

独特的自然优势，保证了每一个芒果的新鲜美味；一系列科学的栽培措施，保证了每一棵芒果的优良品质。目前产品营销和流通网络覆盖华东、华南、东北、西南等区域，与沃尔玛、家乐福等各大超市建立了长期直供合作，直销（连锁）精品店开进北上广等国内一线城市。此外，产品出口到俄罗斯、德国、加拿大、哈萨克斯坦、马来西亚、新加坡等国家和地区。2016年，攀枝花芒果出口1.5万吨，创汇3 000万美元。2017年，攀枝花14.4吨芒果自主报关销往新加坡，还搭乘“蓉欧快铁”销往荷兰。

来自“海拔最高、纬度最北、成熟最晚”的攀枝花芒果已飘香全国，走向世界。

精心打造塑品牌

品牌就是信誉，就是信用，就是信任。2017 年，攀枝花芒果被评为“2017 年中国百强农产品区域公用品牌”；中国品牌建设促进会评估，攀枝花芒果品牌价值达 32.72 亿元。它以“中国最好吃的晚熟芒果”成为我国芒果产业中独树一帜的品牌。

品质是品牌的基础和核心。近几年攀枝花先后投入上亿元，同时出台多项扶持措施，包括对芒果外销上规模、通过三品一标认证的给予奖励；制定芒果产业融资、保险、奖励等扶持政策，明确按照 75% 比例补贴芒果保险费用等。2017 年 7 月，攀枝花市科协组织研发的芒果防伪溯源系统，通过扫描贴在芒果上的二维码即可溯源；2017 年 8 月底，攀枝花市锐化农业公司万吨果蔬气调库的标准化芒果自动分选生产线投用，实现了选果、冲洗、灭菌、称重全部自动化……

然而，无论产品多好，没有传播，品牌就没有生命。为进一步打响攀枝花芒果品牌。2017 年 9 月，攀枝花芒果品牌发布推介会先后在北京、成都、上海等地召开。

“所有对攀枝花芒果的等待，都会变得值得。”一部 4 分钟的宣传片成为了推介会的开场。会上，还发布了攀枝花芒果品牌，包括品牌 Logo、公益广告、宣传画册、宣传片、包装盒等。

“近年来，攀枝花芒果带着攀枝花阳光的味道走向全国、走向世界，成为一张响亮的城市名片，但因为此前缺乏特色鲜明、易于辨识、规范统一的品牌标识，阻碍了发展。”攀枝花市农牧局副局长杨镇华说。

为了让推介会最大程度取得成功，2017 年 2 月起，攀枝花市就先后召开芒果品牌设计方案评审会，邀请策划公司设计方案，反复修改完善。这个用半年时间精心打造出来的设计成果，受到了各界的充分肯定。

塑造攀枝花芒果品牌，已成为攀枝花官方与民间的共识，政府与企业频频携手举办推介会、展销会、采摘节、发布会等，足迹遍布成都、青岛、杭州、东莞等地。

2017 年 12 月 6 日，农业部（现农业农村部）向全国公示了第一批中国特色农产品优势区名单，攀枝花榜上有名。

四川省攀枝花市委书记李建勤表示，力争到2020年，攀枝花芒果种植面积发展到60万亩，产量达35万吨，形成集种植、加工、仓储、物流等为一体的特色产业集群，芒果产业综合产值突破100亿元。

新津黄辣丁凭什么独树一帜

在四川，提起河鲜就会想到水城新津。而提起新津，难免第一个念头就是享誉四海的黄辣丁。依托黄辣丁的美誉，多年来新津围绕河鲜美味，全方位多角度打造出一套从养殖到休闲的渔业旅游体系。

享誉全国的美味佳品

黄辣丁，学名黄颡鱼，遍布于长江、黄河、珠江、黑龙江等水域，可谓是南北食客均能享用的美味河鲜。其中，历史悠久的要数四川的“新津黄辣丁”，其品质独树一帜，是四川火锅料理中的代表食材。

据介绍，新津境内有许多东汉崖墓，这些崖墓里出土的珍贵殉葬器物数不胜数，其中最多的便是长约三四寸*的红陶质黄辣丁鱼，说明在两千多年前，黄辣丁就成为四川人民餐桌上的美味佳品。

新津人喜吃黄辣丁依然是一个传统，历史记载，北宋大文豪苏辙，每次路过新津，都要饱尝一顿新津最负盛名的河鲜美味黄辣丁，他甚至亲自泛舟南河，用专业的钓筒捕捉黄辣丁来吃。并将这个经历写进描写新津风物的诗《纪胜亭》中：“爨烟惨淡浮潜浦，鱼艇纵横逐钓筒。”

有学者分析，由于新津自古水质清新、水温适宜、水生生物和天然饵料生长旺盛，因此新津黄辣丁的蛋白质、脂肪等主要营养成分含量均高

* 寸为非法定计量单位，1寸＝3.33厘米。——编者注

于外地黄辣丁。同时新津黄辣丁含有人体必需的多种氨基酸，其中尤以谷氨酸、赖氨酸含量比外地黄辣丁更高；钙、磷、锌等矿物质微量元素比外地黄辣丁略高，且铁含量约是外地黄辣丁的 2 倍，更加适于人体需要。所以，新津黄辣丁比同类鱼更加肥美，肉质更细嫩，味道更鲜香浓郁。

渔乐带动旅游经济发展

据了解，早在 1998 年，新津县委、县政府就根据本县区域优势，把新津黄辣丁人工驯养、繁育作为“一县一品”的重点开发对象，进行新津黄辣丁人工驯化和繁育工作。通过十余年的努力，新津黄辣丁人工养殖取得可喜成绩，新津县水电局《黄颡鱼人工驯养繁育技术研究》获四川省水利厅 2000 年度科技进步二等奖；新津县“万亩亿元”水产工程被成都市人民政府评为成都市第四届金桥工程优秀奖；2007 年新津红石良种渔场养殖的新津黄辣丁获首届中国成都国际农业博览会金奖。

随着“互联网 +”时代的到来，新津县将水产与本土风俗相结合，更大力度地带动了当地旅游业的发展。在新津当地，至今还保留着七夕节摸鱼的风俗，这个风俗，是为庆祝丰收。

据介绍，一到鱼肥收获的季节，当地人就会邀请邻里帮忙下塘捕鱼。就好像中原地区秋季相邀邻里帮忙打谷一样。久而久之就形成了七夕摸鱼的风俗。

新津县紧密结合当地渔文化风俗，近年来举办了多次民间摸鱼比赛。2017 年的摸鱼比赛，吸引了上百名中外游客参加。外国朋友，在水城新津，不仅吃到了当地肉肥味美的鱼儿，还感受到了根植于中国农耕文化中的乡土情义。与此同时，新津还依托当地特有的渔文化，打造美食—旅游经济。

例如，在永商镇，项目占地近千亩的兴天地“九莲渔乐村”，就是打造了新颖的“农业水产观光”模式。九莲渔乐村是兴天地公司旗下的渔乐产业。据相关负责人介绍，通过科学化生态化养殖的黄辣丁，生长期可长达 1 年，个头大，肉质鲜美。同时，在这里，还可以入住乡村度假酒店，享受垂钓度假之乐。甚至该渔乐村中还有水上乐园等多项设施供游客玩耍。同时，5 万平方米的独栋观光别墅、休闲会所、温泉酒店等也在规划当中。

据新津农发局水产科相关负责人介绍，目前，新津推广的稻田综合种养面积已达到 5 000 亩，平均每亩能够为农户增收千余元。同时经国家质检总局专家审查合格，批准自 2010 年 9 月 30 日起对新津黄辣丁实施地理标志产品保护，保护产地范围覆盖新津县五津街道、花桥镇、兴义镇、普兴镇、邓双镇、方兴镇、安西镇、永商镇、金华镇、文井乡、新平镇共十一个镇乡全部行政区域。

新津农发局水产科相关负责人介绍，目前，新津县已成为西南地区重要的商品鱼集散地，全县水产业走上了产、供、销一体化的良性发展之路。

如今，走在新津街头，数百家河鲜餐馆酒旗飘飞。各家做鱼方法不下数十种，但都以黄辣丁为招牌菜。一条 20 厘米长的小鱼，也能做出红汤、香辣、清炖、藿香等十几种做法。不同的烹饪，赋予黄辣丁不同的口感。

和其他鱼类不同的是，不论是麻辣还是藿香，黄辣丁小小身体所特有的馥郁鲜香，却总能翻云覆雨般压倒调料的味道，让食客饱尝浓郁的鱼油裹挟鲜美的肉汁所渲染出来的河风般的鲜爽。

保护美味“城市名片”

据介绍，目前新津县已基本实现“一村一品一产业”，高端、高效、全产业链都市现代农业发展格局初步形成。全县农民人均可支配收入位居全省前列。而其成功探索出的“1+5”现代粮食全产业链发展新模式，年粮食总产量已超过10万吨，全县粮油产业产值与农业产值比达12.6：1，是全国平均水平的7倍。

当地加强科技创新，从环境资源和品种提纯等方面进行系统研究，保持新津黄辣丁的品质特性。在亲本选育、人工孵化、种苗培育和收购销售等环节上严把质量关，确保新津黄辣丁的优良品质。此外，为保护渔业资源、维护生态环境，新津县定期开展天然水域增殖放流活动，确保江河渔业资源的增长和永续利用。

在市场销售方面，当地在水产品市场和餐馆实施新津黄辣丁挂牌销售，进一步提高产品的知名度，加强对假冒伪劣新津黄辣丁打击力度，切实保护新津黄辣丁品牌和消费者的利益。

虾子辣椒定价全国

提起贵州省遵义市，人们自然会把它和“红”字联系在一起。“红”字有两层意思：一层是80多年前中共中央在这里召开的“遵义会议”，拨正了中国革命的航向，遵义也因此成了红色圣地，催生了如火如荼的红色旅游；另一层是指遵义特有的地方农产品如“遵义红辣椒”“遵义红茶叶”和世界自然遗产“赤水丹霞地貌”等自然旅游资源。这里要说的是“遵义红辣椒”，以个儿小、味辣而香闻名于世。

贵州人吃辣椒、种辣椒，这不稀奇；贵州的辣椒种植面积已经达到500万亩，这也不新鲜。但吃辣椒的人并不知道，贵州的虾子辣椒在辣椒界那可是很有名气，有句话叫“虾子辣椒定价全国”。

此话怎讲？让我们走进贵州省遵义市的虾子辣椒市场。

每年辣椒一上市，各地的辣椒商人首先要打探虾子辣椒的价格，中国另外两大辣椒市场——河南、山东也在等着当年的虾子辣椒价格出炉。

贵州辣椒定价全国，它的质量也是最好的，比如贵州卖24元/千克，河南和山东的辣椒只能卖到12～14元/千克，高了卖不掉。说来巧了，贵州的茅台酒是白酒市场上的高端，贵州的辣椒也是。2018年的市场上，

最贵的虾子辣椒26元/千克，河南的12元/千克，而印度辣椒虽然最辣，却是最便宜的，只卖6元/千克。

遵义辣椒为什么“辣而香”

“虾子辣椒”，也称“虾子小辣椒”“遵义红辣椒”，是指产于贵州省遵义市遵义县的辣椒，因主产区位于该县虾子镇及周边乡镇而得名。遵义市是全国闻名的辣椒主产区，所产辣椒个小、色红、味辣、香浓，是中国传统出口辣椒的主要品种。以虾子及其周边乡镇为代表的遵义辣椒在中国各大小城市的农产品市场及东南亚、日本等各国和地区都有销售，深受人们喜爱。其品种之一“虾子朝天小辣椒”集贵州各地辣椒优点于一体，广集黔北土壤、水质、日照之精华，以个匀、饱满、肉厚、油润鲜红、味道香辣等特点而蜚声海内外。

遵义县虾子小辣椒已有500多年的种植历史。相传15世纪中叶，大量的移民带来了辣椒种子，凭借充足的日照、适宜的温差和优良的水质、土壤，经过世代的精心培植，辣椒在这里扎下根，并形成了自己的特色。明末清初，随着资本主义的萌芽和商品经济的发展，农民对辣椒的种植开始从自给转向商品化生产。到清末，辣椒有了较高声誉和广泛影响，据《遵义府志》记载，“遵义辣椒品质产量均较他处为优”。进行大规模商品化生产，是在新中国成立以后。

遵义辣椒的维C和干物质含量，在全国排名是靠前的，这两个指标好，加工产品才会好，在加工辣椒方面，贵州的品种应该是全国最好的。为进一步加快辣椒产业发展，1999年成立贵州省遵义县虾子朝天辣椒有限公司，公司下属企业有遵义县虾子辣椒专业批发市场和遵义县辣椒食品厂、遵义康绿辣椒有限公司、遵义县贵山红辣椒系列食品厂、贵州磊鑫辣椒食品厂4家以辣椒原料为主的食品加工企业。

遵义虾子：国内最大的辣椒专业批发市场

随着贵州交通事业的发展，以虾子镇为中心的辣椒批发市场规模迅速扩大，已发展成为全国最大的辣椒集散地。这里不仅有本地辣椒，也有来自河南、河北、新疆、甘肃、江西等外省区辣椒，还有来自印度、印度尼西亚、泰国、马来西亚等东南亚国家的辣椒，每年从这里流向国内外的辣椒及辣椒制品达数百万吨，正成长为世界辣椒集散交易中心。

虾子镇，占地600多亩的中国辣椒城刚刚落成，这是目前中国最大的辣椒交易市场。走进这里，强烈的辣味刺激得人们眼泛泪花，不仅是贵州辣椒——全世界辣椒的味道都弥漫在这里的空气中。

虾子镇有固定交易场所和物流基础设施，能够为椒农、批发商、大宗用户提供仓储、运输、结算、加工等综合配套服务，许多当地农民以种植或在辣椒基地务工实现增收致富。从事辣椒生意的胡老板告诉记者，目前他的辣椒，日均交易20吨左右，他与当地农户联合一起建立了万亩辣椒基地，无论是辣椒来源还是销售渠道都比较稳定。虾子辣椒年产7万吨左右，在辣椒城平均每天有近200吨的进出量。

随着中国辣椒城的蓬勃发展，越来越多的遵义人从事与辣椒相关的职业。在中国辣椒城内，每年辣椒成熟之时，以当地农民为主体的经纪人就有3 000多人，有8 000多人从事辣椒装卸、剪把、运输等工作，以通过辣椒产业为他们带来一份丰厚的经济收入。

作为我国西南地区最大的辣椒交易中心，自正式投用以来，先后被国家相关部委授予“中华人民共和国农业部定点市场”“争创全国三绿工程示范单位”“百强示范企业”“双百市场工程”等荣誉称号。

目前，全市从事辣椒相关产业的人员达到40多万人，经营总额达数十亿元，有力地推进全面小康社会建设。虾子镇辣椒商会会长陆久彬对记者说，他办有一家辣椒产品加工企业，在松桃县、凯里市、凤冈县、开阳县建有数千亩辣椒种植园，采用“基地+农户”模式和专业合作社模式，产品收购全部采用订单模式，价格随行就市，既保证了种植户利益，又保证了原料供应，他们生产的“遵辣”牌辣椒面远销沈阳、西安、成都、广州、上海等多个省市，产品供不应求。

虾子辣椒批发市场　见证遵义辣椒十八载风雨

遵义虾子街头“热火朝天”的城市标志，见证了辣椒产业的十八载风雨，承载了遵义辣椒产业的红火与辉煌。

2018 年 1—6 月，遵义市新蒲新区虾子镇虾子辣椒市场干椒交易量约 9 万吨，交易额达 15 亿元。来自市场的信息表明，虾子辣椒市场引领贵州辣椒出山，站稳国内各大中城市，畅销日本、缅甸、尼泊尔、印度、美国、墨西哥、韩国等 30 多个国家。据介绍，该市场是农业农村部唯一定点专业市场，常年交易量 18 万吨左右、年产值超过 30 亿元，占全国市场份额的 30%。

近年来，镇上辣椒脱把工每天一般都在 7 000 人左右，多的时候上万人，仅这一项，他们每年的收入达 7 000 万元。正是依托于虾子辣椒市场的繁荣，遵义市兴起了大大小小的二级辣椒市场上千家，打造了 30 多个辣椒品牌，撬动运输、旅游相关“接二连三”产业，实现年综合产值超过 100 亿元，成千上万的椒农脱贫致富奔小康。

为了加快市场转型升级，2017 年以来，遵义市新蒲新区投资 15 亿元兴建占地 605 亩的虾子辣椒物流园、10 多亿元的虾子辣椒深加工产业园于 2018 年 7 月建成投用，投资 5 亿元建设的“中国辣都（虾子）辣椒智慧产业园”也将建成。目前，以虾子“中国辣椒城”为中心的“一城三园”，以信息化、规范化、标准化、产业化的高起点，正成长为“中国辣椒，集散虾子，买卖全球”的世界级辣椒集散中心。

“虾子虽小，市场很大。”遵义市委常委、新蒲新区党工委书记张继勇说，虾子辣椒，可以定位为大扶贫、大生态、大产业、大品牌、大数据、大物流，把“小辣椒”做成“大产业”，这是新区坚持不懈要做的一篇富民“大文章”。

8 月，贵州有 515 万吨辣椒被采摘、采购、运送到全球 30 个国家，成为印度人、美国人或者日本人餐桌上的中国味道。这份独特的味道，来自贵州的绿水青山，依靠的是农民、商人、科技工作者不断开创的勇气和毅力。

这是“最有味道”的贵州制造，也是不畏艰辛、敢想敢干、向往美好生活的贵州人，在全球化进程中收获的果实。

兴仁薏仁米　绿色好品质

薏仁米是我国古老的药食两用食品之一。贵州省兴仁县是名副其实的薏仁米之乡，这里种植薏仁米已经有400多年的历史，也是小白壳薏仁米的原种地。独特的地理环境和气候条件，使其所产的薏仁米具有色白、饱满、富含蛋白质等特点，药用价值和食用价值极高。

薏仁米产业的中心在黔西南州兴仁、安龙两县，兴仁县被国家粮食行业协会授予“中国薏仁之乡”称号，被国家工商行政管理总局授予“兴仁薏仁”地理保护商标，被国家质监总局授予“兴仁薏仁”产品保护标志，获得了贵州省农委颁发的“无公害农产品生产地”证书，还得到“国家科技富民强县专项行动计划”“国家农业综合开发产业化经营”等多个项目扶持，已经成为市场认可的品牌。

为拓宽薏仁米产业扶贫路子，黔西南州以兴仁县为核心区，将周边的安龙县、晴隆县和义龙新区，贞丰县、普安县部分区域建立薏仁生态经济

歌唱家刘媛媛代言贵州兴仁薏仁米

区，种植薏仁米 60 万亩，为凸显薏仁产业在扶贫开发中的作用，以兴仁、安龙为中心的贵州薏仁米聚集区探索出了一系列扶贫模式，把共商、共识、共建、共享、共担“五共”理念贯穿到产业发展全过程，创新利益联结机制，形成了“基金扶持、订单帮扶、股份合作、托管经营”等产业精准扶贫模式，最大限度让贫困村、贫困户分享产业发展红利。

任何产业都离不开科研的推动。兴仁县与清华大学、贵州大学、中国薏仁研究中心、贵州省农科院等 10 家科研院所就薏仁种植、开发建立了长期科研合作关系。黔西南州目前有以贵州薏仁集团为龙头的“兴仁县薏仁现代高效农业示范园区”、以贵州汇珠薏苡集团为龙头的“安龙县薏仁现代生态高效农业示范园区”、以贵州薏米阳光产业开发有限责任公司为龙头的“晴隆县薏仁现代高效农业示范园区”3 个省级农业园区，示范带动作用十分明显。如今，随着薏仁米产量占到全国产量的 20% 以上，兴仁县薏米企业如雨后春笋般涌现，并把新开发出的薏仁米特色产品带到全国各地。

“绿色”是贵州薏仁另一个得天独厚的品质特点，这不仅是因为贵州薏仁主产区都在工业化程度低、环境保护良好的山区，薏仁种植方式传统，农药、化肥用量较少，还因为贵州大力推行薏仁标准化生产，建立了一整套“从田间到餐桌”的质量控制标准体系。《薏仁米栽培技术规范》由兴仁县质量技术监督局通过并发布，依托加工企业大力发展订单生产，按照统一供种、统一种植、统一施肥、统一管理、统一收储等“五个统一”的原则，贵州各薏仁产区农业技术推广部门、企业和合作社为农户提供种植技术服务，建立健全相关的质量管理体系以及质量追踪体系，确保产品质量品质的可追溯性，逐步扩大无公害、绿色、有机薏仁栽培示范面积，提高农民的科学种田水平。

在产品研发方面，研制并生产“薏仁精米”“薏仁精油”“薏仁即食速溶粉”“薏仁谷壳碳”“薏仁保健酒”“薏仁化妆品”等6大系列20多种产品，销往全国30多个省（自治区、直辖市），出口美国、欧洲、日本、东南亚等地。

在兴仁农特产品展馆，薏仁米的各种特色加工产品有黄金薏米、黑薏米、红薏米等初级加工品，还有薏米粥片、薏米粉、薏仁烤芙条等10多种深加工产品，甚至护肤精油、谷维素等高端产品，竟然也都是从薏仁米中进一步提取加工而成的。

贵州大学的薏米精深加工研发团队近3年来开展了系统研究，取得大量可应用成果，在薏仁精米、糙米、碎米、糠麸及挤压糠五种基质原料理化及功效特性研究的基础上，重点对益生菌发酵转化薏仁碎米生理活性物进行检测、鉴定，并评价其抗氧化活性及抗癌活性，开发了一种富含r-氨基丁酸与抗性淀粉的方便速食营养功能薏米以及一种具有多重生理活性的薏米红曲茶；研究了精制薏米易酸败的机理、薏米谷物饮料的组织稳定性及脂质氧化机理以及相应的品质控制技术，揭示了薏米原料预处理方法对饼干品质的影响，并合理配用地方特色食品资源(苦荞、茶叶、刺梨等)研发系列旅游休闲方便食品等。

在积极开发新产品的同时，兴仁的薏米企业还努力探索销售新渠道。许多企业一手抓好传统营销，一手充分利用淘宝、微信、微博等现代化手段促进网上交易，打开电商销路。现在，兴仁的薏仁米已经通过进驻超市、加盟电商等渠道销往全国30多个省（自治区、直辖市），甚至出口到韩国、日本及东南亚等地。

近年来，黔西南州把发展薏仁作为重要的支柱和特色优势产业，以市场需求为导向，围绕农业供给侧结构性改革，着力将黔西南打造成全国薏仁集散地和薏仁产业扶贫基地。通过品种选育和精深加工，打造生产、加工、销售、储运产业链，形成了以产业带动、产镇（村）景耦合发展、多业态共融的“一二三产融合”模式。

正是这种政府引导、加强服务及政策优惠的多部门共同协作以及加大融资平台建设，为薏仁产业发展奠定了坚实基础，带动了全县薏仁产业的跨越式发展。目前兴仁薏仁高效农业示范园成为贵州省唯一一个获得财政部扶持的国家级农业示范园区。

“高原薯海”的洋芋经济

说起贵州威宁，大多人们首先想到的就是威宁马铃薯。闲暇时，经常可以听到威宁人向外地人这样介绍：“威宁有三宝：土豆、洋芋、马铃薯”，调侃的语气中却充满了自豪。

年纪稍长的人对“威宁大黄洋芋”是既爱又恨，记忆深刻。爱的是，其产量高、个头大、颜色黄、口感好，在省内外各地广泛推广种植，成为计划经济时期人们充饥的口粮；恨的是，那时大米、小麦等主粮少，许多地方的人只有逢年过节才能吃上米饭。人们天天吃洋芋、红苕等“杂粮”，吃到反胃。

然而，在经济高速发展的今天，人们又开始怀念起儿时的味道。“威宁大黄洋芋”以其“原生态、口感好、品质优、营养丰，富含淀粉、蛋白质、维生素C和多种氨基酸”等优点，重新回到人们的餐桌，并被加工成各种商品远销中外。

威宁是著名的“中国南方马铃薯之乡”，至今已有400多年的历史，是全国马铃薯四大主产区之一。威宁马铃薯以个头大、品质优等特点闻名遐迩，“威宁洋芋”已成为国家地理标志保护产品，2015年，“威宁洋芋”通过农业部（现农业农村部）农产品无公害认证。

在马铃薯产业发展中，威宁县历来注重品牌建设工作，立足海拔高、日照充足、昼夜温差大、蚜虫少等有利自然条件发展马铃薯脱毒种薯生产，从产、加、销等环节，全面推动马铃薯产业转型升级，马铃薯经济效益不断提升，已成为威宁农业中的支柱产业，对农民脱贫增收具有重要作用。种植面积常年稳定在165万亩左右，产量在300万吨左右。

现代化种植　产业化发展

威宁马铃薯种植历史悠久。过去种植面积大，但管理粗放，产量低、收益少，村民们过着穷日子。如今，走进威宁万亩马铃薯与精准扶贫规模化种植示范基地核心区，放眼望去，道路两旁都是成片栽种的马铃薯。

威宁马铃薯种植的成效得益于专业合作社的带动。为扩大种植规模，2008年，双龙镇江林村村民马永军联合几个种植大户，带头成立了“威宁县南方马铃薯专业合作社”，通过“合作社＋基地＋农户”的方式规模化种植马铃薯。合作社统一为社员提供种薯、技术、农资等，并按高于市场价保底收购，既解决了农户的资金及优质种薯，又解决了销售难题。

为支持合作社发展，带动周边更多农民致富，贵州省农委每年给予原种项目支持，帮助解决了合作社起步阶段资金不足、原种种薯的问题。此后，马永军又注册了贵州南方薯业科技有限公司，辖内有质保、机械、生产3个专业合作社。合作社所在地成了当地马铃薯集散地，年收购种薯3 000多吨，销往全省60多个区县和两广一带。如今，江林村家家户户都加入了合作社，成员已达900多户。

目前，威宁县有马铃薯专业种植合作社46家。12家专业合作社参与建设3万多亩马铃薯与精准扶贫规模化种植示范基地核心区，带动了全县马铃薯产业从传统农耕方式向精细化耕种转变，提高了产量，增加了种植户的收入。

打造知名品牌　做强“洋芋经济”

2011年，威宁引进泰丰公司入驻威宁脱毒马铃薯产业园，从事马铃薯原原种生产，形成了脱毒苗—原原种—原种——级种薯—二级种薯的五级脱毒种薯扩繁体系。

目前，威宁年产原原种5 000万粒以上，建立种薯生产基地40余万亩，产量60余万吨，产值超过10亿元。威宁马铃薯以其上乘的品质赢得了各地客商的青睐，每到马铃薯收获季节，在田间地头、公路旁都能看到马铃薯交易的繁忙景象。麻乍镇作为全县马铃薯种植大镇，17个行政村发展马铃薯产业，种植面积超过6万亩，农民人均收入的60%来自该产业。

在威宁，每个马铃薯产业重镇都有一个交易市场，形成了一张交易网络，与46家专业合作社形成“农户—经纪人—客商”和“公司+基地+农户”产销网络。“威宁洋芋”已成为全国知名品牌，产品远销广东、福建、浙江、上海、四川、重庆、湖南、广西、安徽等城市，常年外运量100多万吨（其中种薯外销20万吨左右），占总产量的40%。

深加工扎实起步。在麻乍镇启戛村，当地村民马海创办的威宁亚龙食品有限责任公司，主要生产马铃薯面条。据介绍，100千克马铃薯可生产20千克全粉，面条马铃薯全粉含量达20%～30%，一年生产销售200吨马铃薯面条需消耗300吨马铃薯，产品主销两广一带。

在威宁工业园区，由马海投资的贵州威宁薯美佳加工有限公司薯片加工厂正在建设中，建成后一条生产线每天可加工10吨薯片，年消耗马铃薯1 500吨。

依托精深加工，增加附加值和产业竞争能力，是威宁做大做强马铃薯产业的重头戏。

政策扶持引领　产业全面开花

扶持专业合作社引领产业发展只是威宁为发展壮大马铃薯产业采取的一项核心举措。面对产业市场化需求，威宁县将生产基地作为加速薯经济发展的基础性工作来抓，加大对薯产业发展的领导力度，组建了马铃薯产业化发展办公室，成立了马铃薯专业协会，配齐专门人员抓薯产业链条，制定了薯产业发展规划，层层分解马铃薯基地建设任务，运用政策和行政手段积极引导农民发展马铃薯生产，花大气力建设马铃薯生产基地。

在加强组织引导的同时，帮助理顺企业与农民的利益关系，并为其牵线搭桥，协调做好政策、物资、资金等方面服务。大力宣传发展薯产业优势和致富典型，动员广大干部深入农户中，给农户算效益账，引导农民认识种植马铃薯带来的效益，改变农民传统种植思维定式。扶持农民专业合作组织发展优质专用薯生产，支持加工企业和营销组织建立原料基地，实行定向生产、配套服务，走产加销一条龙发展道路。

为进一步调整农业产业结构和布局，发挥区域优势，不断挖掘马铃薯的生产潜力，逐步提高威宁马铃薯的市场竞争力，实现农业增效、农民增收，2016年，威宁县从山东省滕州市引进冬作早熟马铃薯“三膜覆盖”栽培技术，种植“三膜覆盖”早熟马铃薯1万亩。县农牧局、扶贫办等部门每年都有项目扶持原种基地建设，对于种植“费乌瑞它”马铃薯的农户，该县每亩给予4 000元补助，扶持资金达4 000万元，2017年该县计划发展到5万亩，弥补威宁马铃薯上市相对较晚的缺憾。

威宁农信联社立足当地产业结构实际，加大信贷支持力度，及时有效地满足了客户多样化金融服务需求。

目前，“威宁洋芋”地域商标已获国家工商局批准并授牌，被评为2017年中国百强农产品区域公用品牌。通过近几年的发展，威宁马铃薯已初步形成了生产有基地、流通有市场、加工有企业的生产格局。未来，还将积极组建马铃薯产业协会，进一步做大做强马铃薯产业，逐步实现品种优质化、布局区域化、加工系列化和销售订单化的目标，争创高原马铃薯优势品牌，打造引领马铃薯产业发展的“中国薯城”。

阳光之城，薯香弥漫，威宁洋芋，正撑起山区农民增收致富的万里晴空，点燃威宁效益农业的希望之光。

昭通苹果抢鲜红

“北有烟台，南有昭通”。昭通苹果以特有的魅力在全国屡获殊荣。“全国第二届农业博览会银奖”“中国最有影响力的十大苹果区域公用品牌”“2017年中国百强农产品区域公用品牌”“第十四届中国国际农产品交易会参展农产品金奖”“第十五届中国国际农产品交易会参展农产品金奖”……荣誉见证了实力，实力承载了品质。

金秋时节，当你来到云南东北重镇昭通城时，你会发现，整个昭通城周围坝子完全是一个色彩绚丽的苹果园，昭通城坐落在果园之中。从城里往西10公里，是昭通第二大坝子——昭阳区洒渔坝子，这里是昭通苹果主产区，近20万亩果园集中连片，由原来的“鱼米之乡”发展成为“苹果之乡”，鲜艳夺目、香飘四溢又红又大的苹果，让人垂涎欲滴流连忘返。

“北有烟台，南有昭通”。昭通苹果以特有的魅力在全国屡获殊荣。“中国最有影响力的十大苹果区域公用品牌”“第十四届中国国际农产品交易会参展农产品金奖”“第十五届中国国际农产品交易会参展农产品金奖”“2017年中国百强农产品区域公用品牌”……荣誉见证了实力，实力承载了品质。

为昭通苹果产业筑牢“后台”

昭通苹果产区平均海拔 1 950 米，年均气温 11.6℃，年均日照时数 1 902 小时，无霜期 220 天，年均降水量 740 毫米，属低纬度、高海拔地区，光照充足，无工业污染，大气环境清洁，灌溉水质优良，中国农业科学院果树研究所在全国苹果区划意见中，把昭通市定为苹果生长最适宜区。

但昭通苹果产区长期面临着灌溉难，田间道路运输不畅，土壤肥力不足，土地经营分散、规模效益不高等问题。为此，昭通市按照因地制宜、统筹规划，集中连片、规模开发，产业主导、突出重点的原则，近五年来，筹集投入土地治理项目资金 1.02 亿元，在昭阳区六个乡镇建设高标准农田 7.43 万亩，按照田水路林山综合治理的方针，新建灌排渠道 90.05 千米，蓄水池 98 座，提灌站 1 座，田间道路 143.92 千米，人行道 9.12 千米，大棚 140 亩、滴灌 880 亩，土壤改良 5 000 亩，新植苹果园 600 亩、低产果园改造 2.5 万亩等，使果园“高产稳产，旱涝保收”。由于完善了农业基础设施，改善了群众生产生活条件，提升了耕地档次，解决了田间运输难题，苹果产量增加、质量提高，果农成本节约、收入增长。

为昭通苹果品牌筑强“科技”

昭通市自20世纪40年代引进苹果种植以来，经过70多年的发展，品种增加、面积扩大，当家品种以金帅、美国8号、红富士、秦冠为主。为提升昭通苹果在全国的竞争力，昭通市每年都要安排资金，推广新技术，建立示范园。引进了神砂、2001富士、红露、华硕、烟富山、FujionCIV、巴克爱嘎等新品种。特别是2001富士，由市农发办技术人员直接从山东引进枝条，在昭阳区庆丰公司的金帅树上嫁接成功并育苗，农发办投资购买无偿提供给永丰、洒渔部分农户种植，再由昭阳区农业局向大面推广，继而发展成现在的当家品种。

在科技推广上，针对苹果老果园郁闭、光照恶化、品种单一、授粉不良、果型不正、氮肥施用过多、土壤酸化、果品内在质量下降等问题。昭通市专门派出专家长期入驻苹果主产区，全程指导创建“苹果标准化示范园”，推广使用高光效树形、高效肥水管理、生态防控栽培、果园生草、铺设反光膜等技术，实现了优质果率突破60%、农药使用量减少1/3、节本增效超过10%的标准。在示范园建设上，2015年建设2 300亩，2016年建设2 200亩，2017年建设2 850亩。

近年来，昭通市委、市政府将苹果产业作为突破口，加强组织领导，加大投入力度，在政策措施上强势推进，通过落实“建基地、强科技、抓标准、强监管、育主体、创品牌、拓市场”等一系列具体可行的措施，做好苹果文章，初步形成了品种优良化、种植规模化、生产标准化、管理集约化、经营产业化、营销品牌化、服务系列化的苹果产业发展格局。

经过几年的努力，昭通苹果自成体系，早、中、晚熟品种各领风骚，从每年的7月到12月，都有新鲜苹果采摘上市。以神砂、美国8号、红露、华硕为代表的早熟品种4.1万亩，占总面积的12.4%；以金帅、新红星、2001富士、红将军、昭锦为主的中熟品种面积11.7万亩，占35.5%；以红富士、秦冠为主的晚熟品种17.2万亩，占52.1%。创建“昭福”“红韵”“满园鲜”“高原红”“黑颈鹤”“昭锦”“果上果”“南国红”“红云”“乌蒙硒红”等18个品牌。

为昭通苹果销售提升品质

过去，昭通苹果都是一家一户种植，2013年以后才有企业流转土地开始实行规模化、高标准种植。农户种植的苹果管理技术较为粗放，生产过程缺乏规范化管理，导致产品质量普遍较差，价格较低，只能供应低端市场。

昭通市针对这一实际，在土地治理项目建设中，优先扶持规模经营主体进行基础设施建设；在产业化项目立项中大力扶持龙头企业和农民专业合作社新建高标准苹果示范园，从源头上保证苹果质量。苹果主产区开展物联网与大数据联合应用，覆盖10万亩苹果种植区，部分苹果种植基地还安装了农业数据采集系统，从耕作、灌溉、灾情预警、产品溯源等为苹果生长提供多方面的保护。果农可以通过手机客户端实时监测自家果园的气象和土壤条件、果树长势，从而为苹果的上市提供最可靠的溯源信息保障。

对于群众种植的低产果园，每年安排经费加大科技推广力度，采取“高光效”枝条修剪，高接换头、强拉枝、大改型，疏花疏果，土壤改良，测土配方施肥，病虫害防治和技术培训等综合措施，同时聘请苹果技术指导员，每个指导员负责300亩苹果的技术指导、示范，通过购买技术服务进行扶持。进一步提升苹果质量，促进外销。

昭通特殊的地理位置，得天独厚的自然环境和优良的内在品质构成了昭通苹果在国内的市场竞争优势，具有广泛的市场空间。在国内市场，同期苹果售价都比山东、陕西等地高1.0元/千克左右。在昭阳区，从事苹果生产、销售、加工的企业、合作社达80余个，他们将单打独斗的果农组织起来，建立多方共赢的利益联合体，形成规模经济优势，有效地提高了产品的销售价格，降低了交易成本，增加了果农收入。苹果销售大都依靠外地客商到果园或水果交易市场收购为主，每年共有600余家外地客商入住收购，销往云南占45%，贵州占17%，四川、重庆占10%，江浙占10%，北京、台湾、湖南、福建等地的占4%，泰国、缅甸、越南等东南亚国家的占2%，昭通各县的占4%，低次等果自销占8%。

最为典型的企业是入驻洒渔镇的云南国投中鲁果汁有限公司，该公司拥有西南地区苹果交易市场和苹果物流园区。在苹果产业的带动下，衍生出苹果包装厂、网套厂、纸袋厂等一系列厂家，其中为了能有效缓解外运压力，延长销售时间，洒渔镇共建设了冷藏库21座，年循环贮藏量达到8 000吨以上。依托这一优势，在苹果上市季节，吸引了来自重庆、湖南、四川、江西、浙江、江苏等全国各地的经销商前来交易，苹果交易高峰期的时候日交易量最高可达到1 600余吨左右，同时因为洒渔镇的苹果销售优势，周边10余个乡镇的苹果也会在此销售，不仅带动了周边的餐饮、住宿、仓储、物流、信息等第三产业的迅猛发展，还解决了5 000余人的季节性就业。

对于未来苹果产业的发展，昭通市委、市政府决定发展到100万亩，带动一二三产联动发展，坚持产城融合、城乡一体、彰显特色，建设“果园城市”、打造“苹果之城”，展现“城在园中、园在城中”的美景，使苹果不仅成为一道景观、一个产业，更成为昭通市的靓丽品牌和名片。

文山三七　道地三七

文山壮族苗族自治州，位于云南省东南部，北回归线横穿全境。文山四季气候宜人，有很多独特的资源和物产，其中最让文山人引以为傲的是当地的独特物产——三七。

三七是中药中唯一用两个数字来作为名字的药材，之所以称为三七，不仅是因为每株三七都是三枝七叶，而且还因为三七的生长周期是3～7年。文山种植三七历史最为悠久，人工栽培已有400余年。

最优质的三七在文山

三七是云南白药、片仔癀、复方丹参片等很多知名中成药的主要原料，明代医学家李时珍在《本草纲目》中把文山三七誉为“金不换”。作

为药材，三七具有散瘀止血、消肿止痛的功效，在预防和治疗心血管疾病方面也有奇效。

目前全国有500多家制药和保健品、化妆品企业都在用三七做原料。只是三七对生长环境的要求非常苛刻，对海拔、气候等都有严格的要求。云南文山州的海拔、纬度、地貌和四季温差不大的气候特点，是三七最佳生长地，种植出来的三七品质也是最佳，因此文山被认定为三七的道地产区，受国家原产地域保护。

文山三七不仅质量好，产量、出口量也均居全国之首，因此被誉为“三七花开的地方”。2016年，文山三七种植面积达47.8万亩，采挖面积17万亩，产量2 360万千克，加工企业14户，全州三七产业实现收入165.1亿元。文山州更是提出，“十三五”期间三七产业发展要更上一层楼，到2020年三七产业产值突破千亿元。

种植瓶颈有望突破

三七虽然名贵，但有个致命的弱点，不能像小麦、稻谷、玉米那样在同一块土地上连续种植，必须轮作。一块地种植三七后，至少要等10年以后才能再种三七，否则会有严重的病虫害。

不少百姓要间隔15年甚至更长时间才敢在同一块土地上再次种植三七，生怕还未收获，三七就烂死在地里。受困于种一茬换一个地方的

“跑马式种植”，一直以来三七无法建立长期种植的生产基地。

“三七产业的发展对文山州的经济发展具有重要作用，但是三七产业可持续发展的关键，是如何解决三七种植‘连作障碍’问题。”文山州生物资源开发和三七产业局的一位工作人员介绍，近年来，伴随着三七产业的高速发展，土地需求量急剧增长，由此带来三七种植不断外扩，对于三七原产地保护和三七品质的稳定都是一个不小的威胁。所以解决“连作障碍”成为三七产业发展的重中之重，是文山三七产值五年跨越千亿的突破点。

近年来，为解决三七连作障碍问题，文山州“各路神仙各显神通”，开展科学研究与攻关。

王麟猛是七麟三七公司的董事长，从2012年开始研究攻克三七连作障碍。“三七轮作时间要想减短，除了干燥、海拔低等选地要求外，最需要克服的就是土壤的细菌含量。”王麟猛介绍，栽种过三七的“老地”容易在土壤中残留细菌，而三七种植对于土壤的要求又较高，若在不经过处理的老地上种植，根腐病的发病几率高达90%，“根腐病”就相当于三七的癌症，一旦患病三七基本绝收，还会传染给同地的其他三七。

王麟猛说，自己的土壤处理剂是通过消毒处理降低“老地”中细菌的存活量，将三七根腐病的发病几率控制在5%～10%。后续给土壤补充一些有益菌，农药和化肥的使用量分别可减少25%和30%，提高土壤肥力的利用率，为三七生产提供一种良性循环的环境，比起新地上种植的三七产量还能增收20%～30%。

王麟猛的技术一经推出便受到了众多媒体的关注，也吸引了各方专家的关注。目前，昆明理工大学云南省三七重点实验室、云南省农科院、云南三七研究院研究人员正对王麟猛技术试验的相关数据进行收集、整理、分析，以提供科学的数据支撑。

“互联网+”消除销售“怪圈”

“文山三七要想产值达到千亿元，寻找的突破口一是‘种’，二是‘销’。”文山州人大常委会原主任徐爱民说，只有解决了三七的市场销售问题，才能消除“怪圈”对三七产业所产生的巨大影响。

所谓“怪圈”，是指三七价格常常暴涨暴跌。历史巅峰时期，2012 年三七每千克的价格高达 1 340 元，而在 20 世纪 80 年代三七价格每千克不到 20 元。

业内人士认为，三七产业目前已经完全“市场化”，要解决供求平衡，最重要的一点就是培养农户的市场意识，通过“互联网 +”平台让农户能够了解三七的市场需求，而不是盲目扩种。

近年来，电商在文山扮演的角色越来越重要。虽处边疆，文山州文山市 2017 年“双十一”县域网络零售额达 1.2 亿元，名列 100 个国家级贫困县电商销售数据第二位。2017 年文山华信三七、苗乡三七、高田三七、七丹药业等企业，年网销额达 2 000 万元。在 2017 年商务部电子商务进农村综合示范县绩效评价中，文山市也因此位列云南省第一位。

产业园区演绎三七的“蜕变”

央视星光大道的“气血康”广告，东方卫视“康美三七粉”广告，包括热播剧《那年花开月正圆》，都不乏文山三七的踪影。目前全国以三七为原料的生产企业有 1 350 余家，中成药品种 360 余种，药品批号 3 620 余个，产品涉及内科、外科、骨伤科、妇科、儿科、眼科及皮肤科等用药，几乎囊括了目前医药工业中的所有剂型。文山三七产业协会会长曾立品认为，如果纯靠新鲜三七销售，文山州三七产业 2020 年产值达至千亿元是很难实现的，只有依靠龙头企业的带动，走加工产品的销售才是实现文山三七产业飞跃的有效途径。

文山州三七特产局的马成英介绍，文山三七产业园区将聚集龙头企业，规范三七生产链，统一批量专业初加工处理，防止劣质三七流通市场。据介绍，文山三七产业园区 2000 年经云南省政府批准成立，2013 年至 2015 年，园区完成工业总产值 197.3 亿元，计划到 2020 年末培育和引进企业 100 户以上，实现园区生产总值 500 亿元以上。

文山三七产业正迅猛发展，一个国内规模最大、标准最高、原料品质最优，以三七为主的生物医药优质原料生产基地正在崛起。

宣威火腿　云上的味道

“中华乌蒙翠、宣威火腿香”，有一种“云上的味道”叫宣威火腿。中国之西南，西南之滇省，滇省之宣威，极边极远，但恰在这里，可以演化奇迹，宣威火腿就是这样一个奇迹，它是以食为天的宣威人创造的无数个奇迹中的一个，是最朴实的宣威人民对人类味蕾的一大贡献。

云南宣威历史悠久，秀丽多姿……然而，很多人了解和感知宣威，往往是从宣威火腿开始的。我们有幸来到这里，品位宣威火腿的那份厚重的醇香。

宣威火腿，作为云南省著名地方特产，因产于宣威而得名。它的主要特点是：形似琵琶，只大骨小，皮薄肉厚肥瘦适中；切开断面，香气浓郁，

色泽鲜艳，瘦肉呈鲜红色或玫瑰色，肥肉呈乳白色，骨头略显桃红，似血气尚在滋润。由于宣威火腿其品质优良，足以代表云南火腿，故常称“云腿”。

宣威地处滇东北，冬季气候寒冷，十分适宜腌制腊肉。据《宣威县志稿》记载，宣威火腿始创于清朝雍正年间，距今已有近三百年的历史。这是书籍记载，其实究竟宣威火腿起源于何时已难查清。但有一点可以肯定，清置宣威州，使宣威火腿有了成名的前提和基础。

走进宣威人家，餐桌上的火腿就是宣威人欢迎客人最炽烈的情愫。细细品味，吃的是火腿，品的是火腿传承的文化。逢年过节，走亲待客，餐桌上那一盘用炭火细细蒸煮熟透的，泛着红润与油光的老火腿清香回甜、油而不腻、醇韵悠长。

宣威不仅是火腿的故乡，也是邓小平夫人卓琳的故乡。而云南宣威著名实业家，被老百姓称为火腿大王的浦在廷先生就是卓琳的父亲。浦在廷不仅是云南宣威火腿罐头的创始人，更是一个抱着实业救国理想，积极拥护、支持、参加孙中山革命事业的热血志士。

富有历史文化和地域特色的品牌，往往能够跨越时间界限流传，成为温暖人心的珍品。吃过一次地道的宣威火腿，就会深深记住这一奇美绵长的味道。享受着这圆润丰美的食物，当地的老人们还会津津乐道地讲述商贾将军浦在廷先生的传奇人生。

据了解，宣威火腿的腌制过程顺应了年猪宰杀的节令，始于年头霜降，终于次年立春，尤以冬至、小寒、大寒三个节令为最佳。制作流程分为修割定型、上盐腌制、堆码翻压、洗晒整形、上挂风干、发酵管理六个环节。宣威火腿不仅香味独特、营养丰富，而且吃法多样，可炒、蒸、煮而食，既可热吃又可冷餐，既可单独食用也可以和其他菜肴相佐，吃法堪称花样翻新。而据传比较经典的吃法是与米饭同蒸，即米饭快熟的时候，把宣威火腿切片，铺在米饭上。再盖上盖子蒸一会儿。米饭全熟的时候，火腿也熟了。火腿有米饭的米香，米饭也有火腿的肉香，相映衬张，风味独特。2010 年，“宣威火腿制作技艺”被命名为第三批国家级非物质文化遗产保护项目。

宣威火腿驰名中外，早在 1915 的国际巴拿马博览会上便荣获金质奖，成为云南省最早进入国际市场的名特食品之一。1923 年在广州举办的全国各地食品比赛会上，宣威火腿获得各界人士的好评。在这次会上，孙中山先生品尝了宣威火腿，觉其色鲜肉嫩，味香回甜，食而不腻，倍加赞赏，留下了“饮和食德”的题词，以宣威火腿制成“云腿”罐头的工厂，也取名为“德和罐头厂”，从此宣威火腿名声大振，远销东南亚和我国港澳地区，还出口日本和欧美一些国家。

如今，宣威火腿已经进入产业化发展的全新阶段，产品批量进入国内外市场，产销两旺，初步展现了大生产、大市场、大流通发展态势。以宣威火腿为龙头的生猪生产已发展成为宣威、曲靖乃至云南富有特色、极具潜力、可持续发展的富民、富市的高原特色传统支柱产业。

帕里牦牛　高原之宝

在高原人民的生活中，处处都有牦牛的身影，处处都离不开牦牛。牦牛被誉为“高原之舟”、“高原之宝”、“高原之魂”。牦牛的长相憨厚，秉性忠诚，情怀悲悯，力量坚韧，气魄勇悍，它以自己的生命去尽自己的使命。有位藏族学者曾写道：“对于高原人类而言，牦牛是永远的祖先，是祖父母，是兄弟姐妹，是子女，是朋友伙伴，是邻家亲戚朋友……”

牦牛，藏语称为“亚克”，英文称为“YAK”。亚克是牦牛的统称，但在牦牛产区各地，对牦牛还有不同的称谓。不同性别、不同年龄牦牛的称谓更为具体、细致。牦牛是牛属牦牛亚属的大型哺乳动物，它与黄牛、水牛有着共同的祖先，即原牛。最早的原牛出现在 300 万年前，而人类驯养野生动物的历史大概开始于 3 万年前。

野牦牛是何时、怎样出现在青藏高原？科学界还没有明确定论。在西藏牦牛博物馆里，有两具非常巨大的野牦牛头骨化石，它们出土于“九曲

黄河第一弯”的甘肃省甘南藏族自治州玛曲县。经过检测后显示，其历史超过 45 000 年。这也足以证明，野牦牛比人类更早地出现在青藏高原。从现有资料分析，牦牛的驯养历史大概在距今 3 500 ～ 4 500 年前就开始了。驯养前的野牦牛，身躯庞大，性情威猛，每头体重至少在 1 吨以上，甚至更大。

被驯养后的牦牛成为青藏高原居民最重要的生活资料和生产资料。当今世界，牦牛总量并没有准确的统计数字，大约为 1 800 万～ 2 000 万头，主要分布在中国的青藏高原及其周边国家和地区，如尼泊尔、不丹、巴基斯坦、印度等地。目前，中国牦牛占世界牦牛总量 92% 以上，它们主要分布在青海、西藏、四川、甘肃、新疆、云南等省区。这些地区大都是高海拔地区，海拔都在 2 000 ～ 5 000 米。

经过漫长的岁月，牦牛的体格、生理结构、机理组织、血液分子结构都发生了很大变化，逐渐适应了高寒缺氧的自然环境。特别是牦牛那一身皮毛，不但漂亮威风，而且非常实用，具有高度的耐寒性、耐缺氧性。

按照《中国牦牛学》的分类，在中国境内的牦牛，因生存环境和基因的不同，可以分为青海高原牦牛、甘肃大通牦牛、四川九龙牦牛、云南中甸牦牛、新疆巴州牦牛、西藏斯布牦牛、西藏帕里牦牛等十几个品种类别，它们各具特点。

如此众多的牦牛种类中，最负有盛名的当属西藏帕里牦牛了。

海拔 4 360 米的帕里草原是西藏最肥沃的草场之一，这里养育了国家级种质资源保护品种——西藏帕里牦牛群落。帕里牦牛肉质紧实，脂肪含量低，血红蛋白、肌红蛋白丰富，并富含 40 多种人体所需的营养元素，被当地人奉为最顶级的牦牛肉。

帕里牦牛肉、牦牛奶具有高蛋白、低脂肪的特点，是牧区藏族人民的主要营养来源。牦牛毛、牦牛绒可以织成帐篷、衣物，也是上好的纺织原料。黑色的牦牛毛帐篷是千百年来牧人的家，用牦牛毛编织的帐篷，天晴时毛线会收缩，露出密密麻麻的小孔，透进阳光和空气；雨雪之时，毛线会膨胀把雨雪挡在外面。牦牛皮是上好的皮革原料，被制成各种生产生活用品。西藏医药古籍《四部医典》、《蓝琉璃》对牦牛在藏医药中的作用多有记载，认为其“具有上千种强体养生之功效”。牦牛角、牦牛骨，有的被制成挤奶容器，有的被制成骨针工具，还有的被雕刻成宗教法器，被制成工艺品，在寺庙里燃灯使用的酥油基本上是从牦牛奶里提炼的。

曾是国家级贫困县的亚东，依靠帕里牦牛等各项产业合力发展，已于 2017 年全县集体脱贫摘帽。2018 年底，亚东县帕里镇牦牛广场分外热闹，偌大的广场挤满了等待分红的群众。

原来，为了发展帕里牦牛产业，当地政府成立了西藏帕里牦牛产业发展有限公司，面向广大群众以每头牦牛 5 000 元的标准入股，每头每年可获分红 650 元，2019 年之后每头牦牛每 3 年分红增加 200 元，直至 20 年合同期满，如数将牦牛返给群众。同时，公司还接受草场入股，在按照每亩 1.5 元进行补贴的基础上，以每亩 0.5 元的标准向群众发放补贴。

公司无偿为广大群众提供技能培训、搭建就业平台，还招收农牧民群众到公司工作。目前已有 150 余名农牧民在公司各个牧场务工增收。

近年来，亚东县以帕里牦牛原种场为中心，投资 6 375 万元，在帕里镇、康布乡打造帕里牦牛扩繁基地，以行政村为单位组建 6 个合作社（协会），成立西藏帕里牦牛产业发展有限公司，采取“牧户 + 合作社 + 公司”的生产经营模式，2018 年存栏达 5 500 头、年出栏 900 头，实现收益

1 080 万元，带动牧户 4 450 人，人均年增收 1 235 元。

帕里牦牛产业积极吸纳贫困户富余劳动力，以产业促就业，以就业推产业，实现了互利共赢的大好局面。

亚东黑木耳：木耳中的黑珍珠

亚东县，位于西藏自治区南部、喜马拉雅山脉中段南麓。历史上，亚东黑木耳作为班禅活佛供品，也是上层贵族喜爱的食品之一，藏语称它为“拿布摘摘”（“拿布”是黑色的意思，“摘摘”是薄的意思。）据传，很早以前有位仙女下凡观看人世间，发现此处气候怡人，于是停留片刻观赏美景，不小心把戴在脖子上的珍珠项链掉散在此处。后来被称为“珍珠木耳”，在当地广为流传。

亚东黑木耳形状独特，湿耳直径仅为 3 ～ 5 毫米，盘子均匀呈圆形，单耳、耳体小，色泽褐色、肉质肥厚、口感细腻、弹性好、滑润且营养丰富，富含人体所需的氨基酸和微量元素。亚东黑木耳产业范围为西藏自治区日喀则地区亚东县所辖的康布乡、上亚东乡、下司马镇、下亚东乡的林区。亚东黑木耳区域生长面积为 1 684.24 平方公里。东、南、西三面分别与不丹、印度接壤，且通外山口 43 处，边境线长 290 公里。在西藏境内，北与康马、白朗、岗巴相邻。东西最大宽度 45 公里，南北最大长度为 123 公里。北部四乡镇海拔均在 4 300 米以上，高寒缺氧、干旱少雨，植

被稀疏，以高山草甸场放牧为主，经济较为落后。南部三个乡镇海拔在 2 500 ～ 3 500 米，以农业、牧业为主，经济较为发达，是亚东黑木耳生长的主要地带。

亚东黑木耳弹性好、口感细腻、滑润，营养丰富，风味独特。当地群众自古均有采食亚东黑木耳的习惯和有把亚东黑木耳作为滋补品送病人调养身体的习俗，在国内外市场被誉为“植物肉、素中之荤”。蛋白质含量 10% ～ 13%，锌 26 ～ 28 毫克 / 千克，铁 70 ～ 75 毫克 / 千克，氨基酸总量在 8%～ 10%。

亚东黑木耳长在西藏海拔 2 500 ～ 3 000 米的高度，每年有 2 次的收成，收获期为每年的 3 月和 7 月，有较高药用价值，用于治疗咳嗽、咯血、肺结核等症，是虚弱者的高级补品。对痛风、关节炎、防癌等有作用。也是女士的纯天然美容新产品。亚东野生木耳仅仅生长在亚东河流山谷的苔藓植物青红刺木枝上，采摘过程充满艰辛。这种木耳呈黄色透明，酸软骨质，成半圆扇形。

据了解，40 ～ 60 千克湿木耳才能晒出 1 千克干木耳，在当地，每年采摘的野生木耳也不过几百斤，特别是下雪时候采摘的木耳，营养价值极高。亚东黑木耳入食入药有着悠久的历史，有人体血管清道夫的雅称，在国内外市场被誉为“植物肉、素中之荤”。亚东野生木耳个头极小，尤其干缩后更小，似黑色珍珠，所以，亚东黑木耳又有珍珠黑木耳之美誉。

洛川塬上第一红

由于中国 · 陕西 (洛川) 国际苹果博览会的召开，记者有了与洛川县的第四次“亲密接触”。沿包茂高速行驶，当看到“大苹果”标志性建筑时，我就知道这是到洛川了。驶出高速，国家级洛川苹果批发市场建筑群就将你包围其中，“大苹果”、“苹果城”、“西部农资城”、“气调库群”等建筑

令人应接不暇。这些几年前记者采访时还只是出现在规划方案中的建筑，如今如雨后春笋般拔地而起，为洛川人实现心中的“苹果梦”保驾护航。

如今的洛川通过发展苹果产业，64 万亩耕地中苹果种植面积达 50 万亩，农民人均 3.1 亩，居全国之首；95% 的农民从事苹果产业，农民收入的 95% 来自于苹果产业；农民人均纯收入连续 5 年超过万元；60% 的果农户年收入超过 10 万元，12% 的果农户年收入超过 20 万元；76% 的农户拥有小汽车；贫困发生率从 2011 年的 23.9% 下降到现在的 2.8%。

从 6 亩到 50 万亩，成就黄土高原果业创举

说起享誉世界的洛川苹果，可能很多人不会相信，在 70 年前洛川当地根本没有苹果。1947 年，洛川县阿寺村农民李新安在纷飞的战火中，用毛驴将 200 棵果树苗驮回洛川，栽种在自己的 6 亩地里。当时乡亲们不认识苹果树，甚至嘲笑他“种这些‘干柴棒棒’能当饭吃”。谁都没想到的是，十年之后，李新安在当地却搞出了名堂，并且被推举到北京参加全国农业展览会，受到毛泽东等中央领导同志的接见。1959 年国庆前夕，毛主席品尝了李新安邮寄的洛川苹果，亲自叮嘱中共中央办公厅“回函洛川”，

信中说，洛川县栽植苹果，这在陕北黄土高原是“一个创举”。随后，全县先后有50多个村子建起了果园，苹果种植面积达到1.7万亩。苹果的致富经在洛川传扬开来，如今50万亩苹果树让洛川果农的日子越过越红火。

多年来，洛川苹果的品牌资产不断积淀，并且历久弥新。洛川苹果以果型端庄、色泽艳丽、风味浓郁、绿色保健而久负盛名、享誉中外，累计荣获国家及省部级各项大奖180多项，先后获得2008年“北京奥运会专供苹果”，2010年“上海世博会专供苹果”、“广州亚运会专供水果”，2013年“博鳌亚洲论坛年会服务产品”等28项品牌和冠名权。

成为这些重大赛事或者国际展会的专供产品，不仅证明了洛川苹果的品牌过硬，也是一次次绝佳的事件营销，为洛川苹果提供了一份份强大背书。

从5万亩到50万亩，可以说，洛川苹果是李新安老人留给洛川的一笔取之不尽的财富。在短短几十年间，洛川苹果不仅造福当地经济，引领当地群众走上致富路，而且还在品牌化道路上越走越远，成为中国优质农产品品牌的代表享誉世界，产品出口东南亚和欧洲等20多个国家和地区。

农民歌手张静代言陕西苹果

从“荒地”到沃土，小苹果带来致富希望

如果没有李新安在自家的6亩地里开创性地栽种苹果，或许也会有他人为摆脱黄土高原上的贫困尝试着寻找其他致富途径，但苹果与洛川的“邂逅”绝对不会来得如此之快。

著名国学大师黎锦熙在为《洛川县志》作序时，开篇第一语便写道：陕西“今县近百，夙多望邑，惟洛川名最不著”。并描述当时的洛川“山原无林、川沟无水，嵝崄圪崂，沟谷登降，诸如此类，不一而足……”黎先生的一席话形象地描绘出洛川当地的地貌特征。

据县志记载，1949年洛川的水土流失面积占全县总面积的80%以上，每年有两万多亩耕作土壤被地表径流冲走，以农为生的洛川粮食亩产仅有35千克多。

世世代代的粮农在这沟壑纵横的土地种粮食并没有过上好日子，而李新安让苹果在洛川大地上开了花结了果，这让祖祖辈辈以种粮养家糊口的洛川人看到了致富的希望，让他们眼里无用的“荒地”变为了如今的沃土。

1974年5月，在全国外销苹果基地鉴评会上，洛川的“新红星”在五项指标中有四项及总分均超过号称“世界水果王牌”的美国蛇果，获全国第一。洛川苹果在当时引起全国农业专家的高度关注。经过专家们的实地考察发现，洛川是全部符合苹果生长七项指标的世界最佳苹果优生区。

洛川苹果之所以成功跻身知名区域公用品牌，除了人为因素，还真的要感谢上天赐予洛川独特的地理和气候条件。

洛川是公认的世界最佳苹果优生区和中国苹果优生区的核心地带之一，这里昼夜温差大、土层深厚、质地疏松，富含钾、钙、镁、锌、硒等多种微量元素，具有得天独厚的苹果生产自然资源条件。

从重营销到创品牌，洛川苹果的崛起之路

近年来，洛川县委、县政府以把洛川苹果打造成“中国第一、世界知名”苹果品牌和引领全国苹果产业为目标，突出内部营销体系和外部营销网络建设两个重点，按照“争创一个品牌、联结一个企业（合作社）、开

拓一方市场、带动一片基地”的营销模式，努力实现苹果产业的“三个转变”，即由简单生产向现代化装备配套、标准化有机化生产转变，由单家独户松散式生产经营向规模化、集约化转变，由田间地头摊点式销售向大市场营销转变，不断探索洛川苹果品牌建设的新路径，为县域经济发展和果农增收奠定了坚实基础。

1. 完善可追溯体系，强化果品质量安全

标准化生产是现代农业发展的大趋势，标准化体系的构建是农产品质量安全的前提和基础，是实施农产品品牌营销的核心。近年来，洛川县把果品质量安全和标准化生产体系构建作为果业转型升级、提质增效的重中之重，强化质量安全监督监管。

2013 年以来，以苹果标准年建设为契机，洛川县组织相关专家先后制定了多项涵盖全产业链的苹果标准体系，使果用物资投入品、生产技术、加工、贮藏及运输等环节有标可依，进一步规范果业生产及品牌营销行为，做到“生产标准统一、质量品质统一、品牌标识统一、包装规范统一、销售价格统一”五统一。

同时，建立完善质量可追溯体系，推行果品质量安全检验检测准出贴标制度，建立农产品质量安全可追溯信息平台，全面强化果品的质量安全工作。

另外，为了规范当地苹果销售市场秩序，让消费者吃到真正好吃的洛川苹果，洛川建立了“一配送、双联保、三严查、四准入、五统一”的管理机制，从源头上控制禁用、限用及不合格农业投入品的销售和使用，解决以苹果生产为主的农业投入品质量安全问题，从而降低生产成本，促进有机、绿色、无公害果业发展。

2. 政企合力 + 引进服务，打出发展电商组合拳

2013 年，天猫“双 11”的成交额达到 350 亿，电商气氛越来越浓厚，洛川县就在这个风口期入局，以洛川苹果作为主打品牌，全力发展当地电商产业。

经过三年多时间的努力耕耘，洛川县的电商产业得到了长足发展。在 2015 年，不仅被确定为全国第二批电子商务示范县、中国邮政集团公司

全国农村电商三个试点县之一，还成为了陕西首批四个“村淘”县之一。

同时，还引导当地苹果合作社转型公司化和龙头企业触网转型。洛川是典型的“一县一品”示范区，而合作社在“互联网＋一县一品”中起到了基础保障作用。

阿里巴巴首次年货节，洛川苹果在农村淘宝“上线”仅 11 个小时，就卖掉了 9 万千克。

3. 多平台合作，打通苹果流通环节

洛川县完善电商产业发展，不仅建立了电子商务园区，还积极与知名第三方电商平台合作，全力发展本县物流快递产业。

为推动洛川苹果上行，除建造电商产业园区外，洛川县还积极与第三方平台广泛合作，以实行全网营销，打通上行通道。截至目前，洛川已与第三方平台（天猫、京东、一号店、邮乐网等）合作，进行苹果的销售，通过电商渠道日销售达 5 000~13 000 多单，近年来通过网上销售 80 万吨苹果累计增收达 6.4 亿元。

4. 产业转型升级工作，将引进大型选果线 5 条，提升冷（气）储藏能力

为了让洛川苹果更好的走向市场，洛川县率先在延安市完善苹果产后整理工作，目前已经建成方旭果业、湘合兴果业等选果线 31 条，贮藏气调库 820 座，苹果贮藏能力达到 41.54 万吨。

在完善苹果产后整理工作中，洛川县还对未来三年的发展做出了规划。把苹果生产转向产、加、销一体化发展；把品牌营销转向“洛川苹果区域公共品牌＋企业品牌”；把田间地头混级销售转向统一分拣、统一包装、统一品牌、冷藏冷运、以质论价销售；把分散经营转向以龙头企业和专业合作社联合为主体的集约化营销上来。

通过不懈努力，苹果产业一产鲜果的收入将达到 30 亿元，二产收入将达到 10 亿元，三产收入将达到 30 亿元，在“十三五”期间，将实现洛川苹果百亿元产业发展的目标。

5.“开门办节会”与“走出去推介”相结合，提升品牌知名度

品牌传播是提升产品知名度和市场影响力的有效途径。

洛川县采取“开门办节会”与“走出去推介”相结合的方式。在2004—2006年连续3年成功举办了有27个国家和地区参加的东盟“10+3”果品企业家圆桌会议，2007—2017年连续举办了十届“中国·陕西(洛川)国际苹果博览会”和第一届、第三届世界苹果大会。通过不同形式节会的成功举办，洛川苹果的品牌知名度大大提升。

同时，采取品牌嫁接的形式，先后取得上海世博会、北京奥运会等29项冠名权。2009年洛川苹果入选全国区域公用品牌百强，2010年获得中国驰名商标，并在第十五届中国国际农产品交易会上被评为“2017中国百强农产品区域公用品牌”。

目前，洛川苹果远销俄罗斯、澳大利亚、印度、马来西亚、阿联酋等国家和地区，并多次作为“国礼”赠送外国元首和国际政要，摆上了国家级和世界级重大活动的国宴招待台。

眉县猕猴桃　酸甜刚刚好

眉县猕猴桃，被誉为宝鸡奇迹、陕西名片、中国品牌，曾先后荣获首批国家级农产品地理标志示范样板、生态原产地保护产品等30余项殊荣。2015年，眉县被中国果品流通协会授予“中国猕猴桃之乡”称号。自2012年开始，眉县已连续5年举办“中国·

陕西（眉县）猕猴桃产业发展大会”，每届都吸引了全球的猕猴桃界专家学者、企业、商家和果农前来交流学习。眉县猕猴桃，到底有着怎样的故事？

秦岭毛桃起源地　太白山下有眉县

说来话长，被誉为“维C之王”的猕猴桃，最早并不叫猕猴桃。可考的是，早在先秦时期的《诗经》中有“隰有苌楚，猗傩其枝，夭之沃沃，乐子之无知。隰有苌楚，猗傩其华，夭之沃沃，乐子之无家。隰有苌楚，猗傩其实，夭之沃沃，乐子之无室。”苌楚即今之猕猴桃，也有称狐狸桃、藤梨、羊桃、木子、毛木果、麻藤果、毛桃的。关于“猕猴桃”叫法的缘起，其实有两说：一说是李时珍在《本草纲目》中描绘猕猴桃的形、色时写道：“其形如梨，其色如桃，而猕猴喜食，故有其名。”另一说为其果皮覆毛，貌似猕猴，故而得名。至于叫“奇异果”（Kiwifruit）那完全是后话，美国出版的WEBSTER’S英文大词典上，标出Kiwifruit一词最早出现于1966年，是新西兰的商标名或叫法。

全世界公认猕猴桃原产地在中国，换句话说，外国本没有这个物种，而现在有了，怎么来的呢？那是引种的结果。问题接踵而至，那猕猴桃的起源地在中国的啥地方呢？答案是秦岭。因为秦岭的生态环境最适合猕猴桃生长发育，现在秦岭依然生长着大量野生猕猴桃，每年猕猴桃成熟季节，山里的群众把野生的毛桃运下山，到城里来卖，价钱还不低。秦岭那么长、那么宽，猕猴桃在秦岭啥地方诞生的呢？有人推断是在秦岭主峰太白山一带及周围。现在有一种说法是以秦岭主峰太白山最高顶拔仙台（海拔3 771.2米，是我国大陆东部的第一高峰，也是陕西省的海拔最高点）为圆心，以200千米为半径向北划出的扇面即为猕猴桃原始起源中心。

以《诗经》为证，人们认识猕猴桃已有3 000年左右。唐代诗人岑参（约715—770年）写了一首诗，名为《太白东溪张老舍即事，寄舍弟侄等》，其诗曰：“渭上秋雨过，北风何骚骚。天晴诸山出，太白峰最高。主人东溪老，两耳生长毫。远近知百岁，子孙皆二毛。中庭井阑上，一架猕猴桃。石泉饭香粳，酒瓮开新槽。爱兹田中趣，始悟世上劳。我行有胜事，书此寄尔曹。”以此为考，说明距今1247年前，太白山下已经有人在庭院栽植猕猴桃了。

眉县南靠太白山，北拥渭水，地理位置得天独厚，属秦岭北麓半丘陵地带。这里年降水量600～900毫米，年均气温12℃左右。秦岭就像一个天然大空调，这里“太白积雪六月天”，把温度降下来，使夏无酷暑；隆冬时节秦岭作为天然屏障，山下地势低，温度不致剧降，使冬无严寒。当然秦岭又像一个巨型净化器，每天不知疲倦地运转着，过滤着这里的空气。这里高山流水不断，有“七河九原一面坡，六山一水三分田”之称。山间峪口，一般都有“矿泉水”流出。这里以沙壤土为主，肥力强劲，非常适合猕猴桃生长。现在全县猕猴桃栽培面积30万亩，以徐香为代表的眉县猕猴桃果形标准、果肉细腻、酸甜爽口，总产量46万吨，年产值达29亿元。

一张蓝图绘到底　技术体系显实力

眉县猕猴桃产业能越做越大、越做越好，得益于走猕猴桃产业化发展道路。

眉县猕猴桃规模化栽培起步于20世纪80年代初，经过六七届政府班子的交替，每届政府一以贯之沿着“老路”承前启后走下去，才有了一个“一县一业”的眉县。

有了政府的正确决策还远远不够，因为这只是确定了一条“路线”。路线确定之后，重要的是要有一支带头干事的干部队伍和群众的支持，否则美好的蓝图难以变成现实。

有人说，走进眉县，就如同走进了一所学校。男女老少都热衷学习，不仅国家干部如此，农民更爱学习。这里的农民培训在电影《太白山下猕猴桃》中也有反映，里面一段话道出了其中端详：可能很正规，可能很随意；可能在白天，可能在晚上；可能在宾馆，可能在田间；可能在地头，可能在院子；可能在仓库，可能在门口；可能几百人，可能几个人；可能全三八，可能全六零；可能都坐下，可能都蹴下；可能坐地上，可能骑车上；可能抱着娃，可能拉着羊；只要老师讲，保证有人听；可能洋教授，可能土专家；可能讲政策，可能讲技术；可能讲做人，仁义礼智信，可能讲做事，温良恭俭让；不用广播喊，无需“发白糖”。

在猕猴桃规模化、产业化发展的艰难过程中，有多个年份卖猕猴桃并不挣钱，但果农没有“挖树种菜”，而是谋划着如何把果品品质做得更好，挖掘消费者的潜在需求，在激烈的市场竞争中求得生存。

从起步时期的眉县各技术单位的进村入户、田间炕头、苦口婆心，到今天的西北农林科技大学眉县猕猴桃试验站、陕西省猕猴桃研究所、宝鸡市猕猴桃研究院的相继成立，现在眉县猕猴桃产业已经形成国内国外、县内县外、公立私立的多层次、多领域、多形态并日益完备的技术体系，为眉县猕猴桃的做大做强奠定了坚实的技术基础。

如今，龙头企业、龙头合作社、龙头园区、龙头家庭农场等成了猕猴桃产业化发展的中流砥柱，有了像齐峰果业公司、金桥果业合作社、秦旺果业合作社以及国家级猕猴桃产业园区和猕猴桃批发市场等强有力的经营主体。现在眉县拥有市级以下重点龙头企业 10 余家，科技园区 20 多个，猕猴桃农民专业合作社 146 个。近几年又引进了天人集团、千裕酒业、百贤酒业等果品加工企业。在他们后面的，是眉县 6.9 万种植猕猴桃的农户。

现在，眉县猕猴桃已经成为我国农产品地理标志品牌的一颗耀眼明珠。眉县的故事仍在讲述，眉县的广大干部群众也正在以国际化的视野、全新的姿态、饱满的热情，努力提升眉县猕猴桃的品牌形象。

大荔冬枣：黄河水育出的“咔嚓”一口甜

俗话说，“南荔枝，北冬枣”。说起冬枣，就不得不提近年来声名鹊起的陕西大荔冬枣。

大荔冬枣果肉丰盈而脆甜，与牙齿相碰即碎，食后满口清香，令人回味。在把甘甜清香带给广大消费者的同时，大荔冬枣也让当地果农过上了更加甜蜜的生活。在大荔，更是流传着这样的话，“想要日子好，一人一亩枣；想要日子好，家家栽冬枣”。

走俏有因

“如果你要吃苹果，陕西洛川的苹果是首选；如果你要吃冬枣，选大荔冬枣绝对不会错。”陕西的朋友常常跟记者说起。

大荔冬枣的天生丽质要归功于大荔独特的自然条件。大荔县地处关中平原东部，东濒黄河，南依渭河，中南部为洛河，三河流域光照时间长、雨量少、昼夜温差大的自然气候条件非常有利于冬枣的种植，因而有“中国枣乡”的美誉。

“大荔冬枣之所以卖得好，一方面是由于气候环境适合冬枣生长，冬枣品质高，另一方面是通过科学种植，冬枣比山东产区提前3个月上市，抢占了市场先机。”大荔县红枣局高级工程师周爱英说，大荔冬枣历经露地、竹木、水泥、钢架、日光温室等设施栽植技术创新，有效抢占了市场先机，以品质好、上市早实现了“早”赢天下。

据周爱英介绍，近年来，大荔县立足资源禀赋，大力调整产业结构，突出发展冬枣等特色支柱产业,2016年，全县冬枣面积达到35万亩，其中：温室大棚冬枣27万亩，属全国设施冬枣第一县，绿色认证11万亩，年产量35万吨，产值37.5亿元。冬枣产业已经成为大荔农民增收的主导产业。

大荔冬枣自7月初开始上市，一般会持续到10月中旬。由于具备成熟早、品质佳的优势，大荔冬枣行情一直较好，往年价高时每千克超过200元。

历史悠久

大荔冬枣的栽培历史悠久，是全国枣树的发源地之一。据《大荔县旧志》载：西汉时，大荔沙苑一带就栽植枣树，以个大、皮薄、核小、肉厚、富弹性、味脆甜、液汁多而出名。清乾隆时，凿井灌田，已具规模。现今沙苑一带，桃、李、枣、杏等各类果树遍地，且红枣的原生珍贵品种就达42个，这在全国枣区十分罕见，加之近年间引进的多个品种，大荔已然成为中国的“红枣种质天然资源库”。

在民间，还流传着一个美丽的神话故事。相传，大约在4000年前，大禹的女儿“璪”（zao）为救治黄河洪灾区的百姓，在大荔沙苑化身为一棵果实累累的树，因其鲜果甘甜爽口，晒干朱红如漆、核小酥香、柔软甜润，被人们采摘食用。华山圣母为了让人们继承“璪”的美德，将这种果实取名为“蜂蜜罐枣”。

20世纪八九十年代，随着县域农业结构战略性调整，大荔先后从全国红枣主产区（山东、山西、河南、河北、北京、天津等）引进108个品种。最后经过多种嫁接试验，从中筛选出“沾化冬枣”与“蜂蜜罐枣”的嫁接品种——品质极佳、最适合大荔发展的“大荔冬枣”。

品牌崛起

“一个产业只有顺应市场需求，才能有生命力。”大荔县果业局长李高明说：“大荔冬枣坚持把绿色作为主攻方向，实施品牌营销，全方位培植品牌、创建名牌。”

在大荔县政府的大力扶持下，近年来大荔冬枣先后荣获杨凌农高会“后稷金像奖”、陕西国际年会“优质水果奖”、中国国际林业产业博览会金奖。2011年，获得国家农产品地理标志产品保护认证。2016年跻身“中国果品区域公用品牌价值榜”20强，品牌价值35.75亿元。

“大荔冬枣”区域公用品牌逐渐被广大消费者认可，并成为2016年G20杭州峰会专供水果和首届世界苹果大会鲜枣类唯一指定产品。在2018年6月召开的2017第六届品牌农商发展大会上，“大荔冬枣”区域公用品牌荣获“最受消费者喜爱的中国农产品区域公用品牌”称号。

为进一步培育“大荔冬枣”品牌，大荔县每年在全国各地组织召开大荔冬枣推介会，大荔冬枣知名度、美誉度和市场影响力不断提升，现已畅销北京、上海、大连、杭州、无锡等地，远销俄罗斯、泰国、新加坡、马来西亚等国家，受越来越多的消费者青睐。

“大荔冬枣从小到大、由弱到强，已经成为县域经济发展的新亮点，农民增收的支柱产业。”李高明说：“目前大荔冬枣已经由过去的自产自销变为客商竞价抢购。大荔冬枣也已走出陕西，走向全国，跨出国门，成为中国鲜食枣消费潮流的引领者。”

庆阳苹果为啥果真好

2014 年 12 月 18 日 18 时 53 分，“庆阳苹果果真好” 5 秒宣传短片在中央电视台综合频道《新闻联播》前播出。短短 5 秒钟，不亚于刮起了一场风暴。甘肃省庆阳市庆阳陇清瓜果专业合作社理事长张智荣看到这个消息，激动得直叫好，第一时间在他的微信中进行转发，在他的“苹果圈子”里，这个消息通过电话、短信、微信的形式不断地被扩大。“庆阳苹果在央视上做广告，我们有这个底气，因为咱庆阳苹果是名副其实的好。”张智荣回忆起那一刻，现在仍激动不已。

据了解，截至 2016 年底，庆阳全市苹果累计面积达到 177 万亩，2016 年苹果产量 79.5 万吨，产值 33.1 亿元。预计 2017 年全年苹果产量可达 90 万吨，产值 40 亿元，苹果为农民提供人均纯收入 1 135 元。

一说好：绿色环境孕育健康果

庆阳苹果的栽植历史最早始于秦汉时期，1953 年，庆阳苹果开始商业性栽植，直到 20 世纪 70 年代，苹果的生产开始走进各家各户。到了

20 世纪 80 年代，庆阳开始了大面积的苹果生产。

庆阳地处北纬 35° 14′ 28″～37° 9′ 13″之间，海拔 1 100～1 600 米，属温带大陆性气候，气候温和，日照充足，雨量充沛，有效积温高，昼夜温差大，具备优质苹果生产的全部 7 项主要生态指标和 6 项辅助指标，是全国优质红富士苹果生产基地。2008 年，原农业部发布的《苹果优势区域布局规划 (2005—2015)》将西峰、庆城、宁县、合水、正宁、镇原 6 个县 (区) 列入全国苹果优势区域重点县。西峰区温泉乡刘家店村有一棵栽植于 1958 年的苹果大树，至今仍生长健壮，2014 年春测得主干干周 1.45 米、树冠平均半径 4.59 米、树高 5 米，被誉为“华夏苹果第一树”。

“我们对庆阳苹果进行了测定，结果显示，庆阳红富士苹果的可溶性固形物含量为 16.5%，维生素 C 含量 4.2 毫克 / 千克，总酸量 0.21%，均高于国家鲜苹果 GB1051-89 标准。”庆阳市果业局农艺师王军锋介绍说，“优越的地理位置和良好的自然资源，以及清新干燥的空气条件决定了庆阳苹果内外在品质均达最优级，苹果硬度大、蜡质层厚、酸甜适度、耐贮耐运。”在京东的庆阳苹果专卖网店上，买过庆阳苹果的买家纷纷留言：“苹果色泽、口感很不错”、“又大又脆，很好吃”、“庆阳苹果果真好，香甜可口”……好评率达到了97%。

目前，全市已初步建成了25个万亩连片苹果片带，其中10万亩以上的2个，5万～10万亩的4个，建成现代农业（苹果）标准化示范区9.2万亩，国家级出口苹果及其制品质量安全示范区15万亩。庆阳黄土高原优势产区已建成全国一流的优质红富士苹果基地。

二说好：科技护航培育优质果

在庆城县南庄乡，有一个涉及3个乡镇6个村的万亩苹果矮化密植示范带，这个示范带从2010年秋季开始栽植，目前累计新栽苹果树14 000亩，全部实施了以起垄埋肥、覆膜拉枝、整形修剪、支架灌溉系统建设为主的标准化管理措施，成为全县苹果产业发展的典型和样板。像这样的标准化果园，目前全市累计达到21.5万亩。

推行标准化建园，需要大量的良种树苗。2014年，庆阳市在陇东学院建立苹果苗木微繁中心1处，建立了100亩的矮化中间砧繁育圃和132亩的良种采穗圃，共繁育果树苗木2041亩。目前，8县（区）建立的良种采

军旅艺术家张保和代言甘肃庆阳苹果

穗圃和标准化苗木繁育圃，为全市苹果产业快速发展提供了良种苗木支撑。

庆城县赤城乡赤城村李希恒家的10亩果园，曾是乔化栽植的密植型老果园，果树密度大，透光性差。从2007年开始，李希恒开始对果园进行改造，先是进行了隔株间伐，后又进行了隔行间伐，经过两次大规模间伐改造后，果园达到了现代果园的标准，果园的产量、果品质量逐年提高，老果园效益明显增加。此外，庆阳市还编写印发《庆阳苹果标准化果园管理手册》发放给农户，指导标准化果园建设和管理工作。

按照“每千亩果园有一名技术员指导服务”的目标，全市苹果生产重点县(区)聘用农民技术员，指导果农按照“统一技术规程、统一物资供应、统一产品标准、统一产品包装、统一产品标识”要求组织现代生产，不断提高产业的组织化程度。各县(区)还把专业合作组织建设作为强化服务能力、提升产业水平的主抓手，以“合作社＋基地＋公司”为主体，通过多种方式组织苹果生产和销售，推动苹果产业发展。

经过几年的发展，庆阳苹果改变了一家一户、零星分散的栽植方式，通过大力推广矮砧密植高效集约化苹果栽培模式和旱地矮化高效栽培技术，形成统一标准、集中连片栽植、规模化发展的格局。果园管理方式也由“单纯注重产量”向“产质效益并重”转变。

三说好：多渠销售打造致富果

张智荣一个重达620克的苹果曾经在淘宝网上卖出了1 600元。张智荣说：“我的优质商品果都是论个卖，通过精细包装，走的是高端的礼品市场。”

西峰区什社乡果农雷生夏在优倍商城上注册成立了苹之塬苹果旗舰店，将苹果交易市场搬到了网络平台上。与张智荣不同的是，雷生夏卖的苹果，盯的是大众化的消费市场，收到网络订单后，他要通过邮发渠道把苹果配送到全国各地的买家手里。

网上销售火爆的同时，传统销售也依然火热。“现在每天都有人找上门来买苹果，而且春节就要到了，到时候一定还会卖得更好。”李希恒说。

庆阳市委、市政府还多次组织营销企业和合作组织在北京、上海、青岛、陕西洛川、湖北武汉、甘肃兰州等地举办庆阳苹果推介会及“开园采摘”推介活动；在青兰、西长凤高速、兰州机场高速共设立了8处大型广告牌；对印制带有“庆阳苹果果真好”字样版面果箱的合作组织和果品公司进行奖励……同时，在北京、上海、广州、兰州设立了庆阳苹果直销窗口。

目前，庆阳苹果销售呈现多元化趋势，农超对接、网上营销、微信平台营销、直销配送、大中城市直销网点等，齐头并进的新型业态流通得到快速发展，已成为苹果产销的重要渠道。

“庆阳苹果果真好”已经得到越来越多的客商和消费者的认可，庆阳苹果已畅销国内各大中城市，并进入越南、泰国、老挝、柬埔寨、俄罗斯、印度等国家的市场，庆阳苹果的知名度和市场竞争力也在不断提升。

一颗土豆撬动一座城市

如果说甘肃人的一天是从一碗牛肉面开始，那他们的午饭和晚饭极有可能会被另一种美食所吸引——马铃薯。只要是说起马铃薯，甘肃人有着说不完的厨艺和经验。只要是说起马铃薯，也就不能不说定西。定西种植马铃薯不仅有200多年的历史，而且经过改革开放30多年的发展，已成为全国马铃薯三大主产区之一和全国最大的脱毒种薯繁育基

地、全国重要的商品薯生产基地及薯制品加工基地，被誉为“中国薯都”。

定西之所以成为“中国薯都”，不仅仅是因为土豆的产量，更多是因为得天独厚的地理环境，让定西的土豆有着最好的口感和味道，并改变了定西人的生活。近年来，定西人把一个毫不起眼的洋芋蛋做成风生水起的大产业，写就了一篇辉煌的定西马铃薯故事。

健全产业链条，做大薯业

定西市位于甘肃省中部，地处黄土高原，气候温凉，昼夜温差大，光照充足，耕地土层深厚，土壤富含钾素。在这种自然条件下培育的马铃薯个儿大、色泽光洁、皮薄质嫩、淀粉含量高、贮存期长。

定西有句俗话：定西有三宝，土豆、洋芋、马铃薯。说的其实是同一种作物，可见土豆对于定西之金贵。妙趣横生的描述，更体现出定西人对洋芋的情有独钟！

马铃薯原产于南美洲安第斯山区，自从16世纪传入中国后，就在大江南北生根发芽，茁壮成长，成为第四大粮菜兼用作物。在遥远的中国西北，马铃薯成为饮食与烹饪甚至工业发展不可或缺的一部分，这得益于定西立足西北、不甘落后、创新发展的决心，将马铃薯产业作为当地脱贫攻坚的战略性主导产业。

尽管定西马铃薯种植历史久远，但真正使这不起眼的“土蛋蛋”成为规模化、集约化程度极高的产业，也就是近十余年的事。十余年间，当地农民因为担心卖不掉，从不情愿，到试着种，再到尝到甜头后抢着种马铃薯。当地农民人均从马铃薯产业中获得可支配收入达到1 586元，占农民人均可支配收入的24%。

数年来，针对推广马铃薯遇到的一系列问题，定西市拓宽马铃薯流通渠道，通过建立马铃薯经纪人队伍、建设市场等措施，加快马铃薯分销速度，以解决农民后顾之忧。经过多年发展，定西马铃薯综合交易中心已成为全省8个大型商品交易市场，乡镇马铃薯交易市场也从无到有，建成了12个。国家级定西马铃薯市场建设从2015年全面启动实施，马铃薯信息大楼完成主体工程，水果交易区已经建设完成，蔬菜交易区、马铃薯及薯制品交易区、临街铺面建设正在进行。目前，定西已经初步健全完善了马铃薯产业链条，形成了产加销一条龙、贸工农一体化的产业格局。

不仅如此，原本不起眼的“土蛋蛋”还与高科技挂上了钩。目前，随着淘宝网“特色中国—甘肃馆定西分馆”建成，定西市在淘宝、天猫、京东、善融等大型网络零售平台开设了马铃薯及其制品销售网店 210 多家，已实现网络零售额 2 000 多万元。甘肃巨鹏工贸有限公司和甘肃田禾源农产品有限公司的马铃薯冷藏库及信息系统也已建设完成。

在马铃薯规模化、标准化发展的道路上，定西市 2016 年完成马铃薯种植 302.14 万亩，其中主食专用品种 120 万亩，建立标准化示范基地 271.04 万亩；建成各类贮藏窖（库）93.6 万座，全市马铃薯贮藏能力稳步突破 350 万吨。

新型农业经营主体也看好马铃薯的“钱景”，目前，全市农民专业合作社（联合社）2 991 个，从事马铃薯产业的农民专业合作社 377 个，占合作社总数的 12.6%；全市家庭农场总数 39 个，其中从事马铃薯生产、购销的家庭农场 11 个，占家庭农场总数的 28.2%；全市共有 3 200 余户贩运大户从事马铃薯鲜薯销售经营。新型农业经营主体的建设极大地促进了全市马铃薯产业的规模化、集约化、规范化生产。

强化科研监管，做强薯业

如果说健全产业链条是发展马铃薯产业的第一步，那么，强化科研监管，助推质量发展就是推动马铃薯产业由大到强、升级换代的阶梯。

通过与种薯企业进行对接，定西市狠抓种薯扩繁基地建设，建立良种繁育体系。脱毒种薯不仅在全市范围内实现了全覆盖，还销往全省及内蒙古、贵州、河北、安徽、青海等 10 多个省份，部分出口沙特阿拉伯、土耳其、泰国、越南、马里、埃及等国家。在马铃薯种薯行业协会的运作下，全市马铃薯种薯产业实现了科学、规范、健康的转型发展。近年来，定西市已完成原种扩繁基地 6 万亩、一级二级种扩繁基地 150 万亩，形成了“脱毒苗—原原种—原种——级种”的马铃薯脱毒种薯繁育推广体系，马铃薯脱毒种薯覆盖率达到 100%。

种子管理部门利用马铃薯脱毒种薯检测中心的有利条件，对种薯企业生产的脱毒苗、脱毒种薯进行全面检测，实行种薯准出制度，严把生产、贮藏、出库(调运、销售）关口，在抓好基地认定、田间管理、档案建设、标签管理等工作的基础上，重点从脱毒核心苗统供、原原种离地栽培、原种土地流转建基地、病毒检测和质量追溯等关键环节入手，狠抓马铃薯种薯质量管理工作。

在产业升级中，马铃薯与科技的联系越来越紧密，成果也日益丰厚。近年来，定西市依托市农科院、腾胜集团、圣大方舟、巨鹏食品组建成立了马铃薯、马铃薯淀粉加工、马铃薯变性淀粉、马铃薯与特色果蔬速冻4个省级工程技术研究中心；依托圣大方舟新组建成立了甘肃省变性淀粉工艺与应用重点实验室，并推荐申报国家级变性淀粉工程技术研究中心。目前，全市已有29项专利被国家知识产权局受理审查，11项专利已获得授权；13项科技成果经省科技厅组织的专家鉴定均已达到国内领先、国际先进，8项科技成果获省、市科技进步奖、技术发明奖；41项企业标准，部分已上升为国家标准，并同时形成了47项原淀粉、38项变性淀粉共性和特性指标的标准化操作规程。

随着产业发展，马铃薯也不再仅仅是餐桌上可有可无的配角，而是一步步走上了流水线，成为系列精深加工产品。目前，定西市万吨以上马铃薯加工龙头企业有27家，加工能力达70万吨，其中精淀粉及其制品加工能力达45万吨、变性淀粉及高档休闲食品、主食产品加工能力达25万吨。2015年，全市仅马铃薯精淀粉及其制品一项，就生产了20万吨。

树立品牌意识，做优薯业

小小的马铃薯，不仅为定西带来了财富，而且带来了农业品牌意识的全面提升。依托“中国马铃薯之乡”和“中国薯都”的地域品牌优势，定西着力培育引导企业树立品牌发展理念，不断提升马铃薯产品的综合竞争力。

截至目前，全市共注册马铃薯品牌商标37个，国家原产地地理标记注册产品5个；马铃薯及其制品获国家绿色食品认证26个。渭源、陇西、临洮、安定四县区的马铃薯生产基地被认定为省级无公害农产品标准化生产基地；安定区、渭源县分别被命名为“中国马铃薯之乡”“中国马铃薯良种之乡”；“定西马铃薯脱毒种薯”被质检总局认定为地理标志保护产品，“定西马铃薯”获得国家地理标志证明商标，被国家工商总局认定为“中国驰名商标”，并获得国家农产品地理标志登记保护。定西马铃薯被评为2015年度十大魅力农产品，在全国马铃薯主食加工产业联盟举行的2016年度马铃薯主食加工“十大企业、十大主食、十大休闲食品、十大特色小吃”评选活动中，甘肃巨鹏清真食品股份有限公司、定西市伊口香清真食品有限公司分别获得奖项。

随着国家马铃薯主食产品及产业开发战略的提出，马铃薯又迎来了新的发展机遇。在欧美等国，马铃薯作为主食已有200多年历史。但在我国，一方面受传统饮食消费习惯影响，另一方面大众对马铃薯营养价值认识不够，马铃薯多作为副食或菜用。

开发马铃薯主食产品，能够满足居民膳食结构改善的要求。据测算，一个150克重的马铃薯，可提供人体每天所需维生素C的45%、钾的21%。据农业农村部食物与营养发展研究所资料显示，马铃薯富含膳食纤维，脂肪含量低，有利于预防高血压、高胆固醇以及糖尿病等，符合从“吃饱”向“吃好”转变的消费理念。

马铃薯，平凡而简单的食材，在厨师们的双手下千姿百态，清香美味。定西马铃薯，则承载着中国驰名商标的光环，走向全国、走出国门，撬动了一个城市的发展。

互助八眉猪：高原上的“大耳朵”

有人听说过互助的酒香飘天下，互助的八眉猪却鲜有人知道。八眉猪的“官名”来于它们的长相，因额头有细浅的“倒八字”皱纹而得名，而青海当地的农民更愿意亲切地叫它“大耳朵”猪。

八眉猪主要分布于我国的黄土高原地区，驯养历史已有六千多年，由于历代移民不断西迁，八眉猪亦被带入青海农区繁殖。随着社会需要和经济条件的变化，经长期选育形成了适应高原地区生态特点的类型。由于新品种的不断引入和长期杂交，民间纯种互助猪已几乎绝迹，一度只有在青海省八眉猪原种育繁场和互助保种猪场有存栏。其种质资源独特，是一座丰富的原种群和活的基因库，在原农业部 2000 年 8 月 23 日发布公告确认国家级畜禽遗传资源保护品种的 19 个猪种中，位列第一。

八眉猪到今天并没有完全退化，与它的老家——青海互助八眉猪原种育繁场有着千丝万缕的联系。互助八眉猪原种育繁场自 1951 年成立以来，始终致力于对八眉猪的研究、利用和保护。猪肉价格时涨时跌，20 世纪末，仔猪价格一度下降到每头三四元左右。幸运的是，在互助县委、县政府的大力扶持下，八眉猪这一具有青海地理标志产品的猪种并没消失。

20 世纪七八十年代，随着地方品牌意识的增强，对八眉猪品牌的保护逐渐引起了更多人关注。当时，作为八眉猪的主要原产地——互助八眉猪原种育繁场也开始整理、搜集和挖掘八眉猪猪种。起初，互助八眉猪原种育繁场共搜集到 53 头原八眉猪品种，通过不断繁育，到 20 世纪末达到了 100 多头，这为八眉猪以后的发展壮大奠定了基础。

作为青海唯一的地方猪种，八眉猪也曾拥有辉煌的历史。20世纪八九十年代，互助县农户几乎家家养猪，那时，互助土猪肉占据着青海猪肉消费市场的半壁江山。但随着农民进城务工、猪价波动以及外来猪肉竞争压力的加大，八眉猪很快就失去了原有的市场优势，产业发展开始走下坡路。一个地方土品种，如何才能走出产业发展的困局?

不仅要有资源，更要做优做足资源

这几年，不乏北上广等一线城市的客商来互助洽谈合作，但大多一开口就要求每年供应上千吨的八眉猪肉。由于总量不足，这些合作往往还没开始就夭折了。据调查，其原因主要有三方面：一是互助八眉猪作为国家级畜禽遗传资源保护品种，一段时期内重保护轻开发。二是受到国内生猪价格波动影响，养殖规模长期未得到大的提升。三是八眉猪产业开发的基础性工作还做得不足。

为做大做强八眉猪产业，互助县这些年一直在加快推进八眉猪基地建设，在养殖总量和出栏总量上寻求突破。目前，全县已建成万头猪场7个、千头猪场26个、百头猪场135个、八眉猪养殖基地村40个，生猪饲养量达到101万头，出栏达到50万头以上。

为了把八眉猪资源做优做足，“十三五”期间，互助县将创新生猪产业发展模式，加大对八眉猪种质资源保护的力度，财政投入必要的保护经费，扶持八眉猪原种繁育场和保种场做大做强，提高供种能力。同时，对全县养殖30头以上的规模户予以重点扶持，促进养殖基地村和规模养殖场建设，提高八眉猪养殖总量，确保加工企业原材料供给。

只有品牌叫响，身价才能倍增

八眉猪原种猪肉质最为鲜美，但育肥缓慢，正常饲养要一年才能出栏，经济效益并不看好。近年来，互助县依托八眉猪原种繁育场、保种场以及八眉猪繁育基地，采用保护与纯繁相结合的方式，建立了高原瘦肉型猪的繁育体系，充分发挥杂交优势，提高了生产效益。

为了更好地打响品牌，互助县曾尝试进行八眉猪的育肥，以原种猪打市场，向大酒店、旅游景点进行推广，带动商品猪市场，积极打造“高原、绿色、有机”生猪品牌，开发八眉猪系列产品的精深加工。经过多年努力，“互助八眉猪”“互媚”“互黑眉”“青藏中厚”“松多牧场”“浑王府”等一批互助八眉猪品牌在国内市场崭露头角。

互助八眉猪品牌影响力也在逐步提高。但随着市场需求端的变化，原有的品牌发展方向已经不能满足发展需要。为了做大做强互助八眉猪产业，互助县提出要重塑八眉猪品牌。

让政府和企业各归其位

说起互助八眉猪的产业发展，互助县八眉猪养殖协会会长王文福有很多想法。王文福说：“协会成立之初，我们也尝试过与超市对接去做销售，但是考虑到成本问题，没干多久就停了。单靠协会的力量去搞加工、销售，在实际操作上很难。这些工作应该交给企业做，协会的主要任务就是做好服务。”

为了解决好八眉猪发展的问题，互助县专门成立了两个机构，一个是八眉猪养殖协会，另一个是八眉猪研发中心。但是，在八眉猪产业发展中，这两个机构却有一种力不从心的感觉。其实，正如王文福所言，政府把该做的服务做好了，企业才能放手去干。

青海中厚农畜产品开发有限公司正是近两年成长起来的专业从事互助八眉猪开发的龙头企业。凭借着与八眉猪养殖农户形成的联动关系，中厚公司获得了丰富的加工原料。公司副总经理王绍宗介绍，仅 2017 年一年，从农户手中收购来的八眉猪就占到了 20%，这不仅对企业有好处，对农户好处更多。2017 年全年，中厚公司互助八眉猪生鲜肉销售收入达到 2 000 多万元，深加工产品销售收入也超过 200 万元。

王绍宗说：“目前，公司的发展主要以省内市场的培育为主，我们专门开设了体验店，用来重新塑造互助八眉猪的品牌形象。此外，我们专门建立了自己的销售网络和直销店，开发了具有地方特色的八眉猪肉深加工产品。”

目前，青海中厚农畜产品开发有限公司已经开发出了多种口味的互助八眉猪风干肉、肉脯、肉干等旅游休闲食品。王绍宗说：“虽然现在旅游休闲食品的销售占比还很小，但今后绝对有很好的市场前景。”

大通牦牛：世界上第一个人工培育的牦牛品种

游牧、转场、迁徙，牧人就是在这样的行动中了解气候地理，认识霜天万类，定位自己和世界之间的关系。这一切，首先来自生存的需求。青海是牦牛大省，被称作牦牛之家恰如其分。“大通牦牛”便是青海省通过野牦牛、家牦牛改良培育出的国家认定的牦牛遗传资源之一。

自 1983 年起，大通种牛场和中国农科院兰州畜牧所、青海省畜牧兽医科学院及青海省畜牧总站全面开展了牦牛新品种培育工作，并连续被列为原农业部重点项目。经过 20 余年的不懈努力，2004 年利用野牦牛为父本培育的产肉性能、繁殖性能、抗逆性能高于家牦牛的遗传性能稳定的牦牛新品种诞生了。2004 年 12 月通过了国家畜禽品种委员会的审定，定名

为“大通牦牛”。它是以我国独特遗传资源为基础，依靠自己独创技术培育的具有完全自主知识产权的牦牛新品种，新品种的成功培育填补了世界牦牛育种史上的空白。该品种是世界上第一个人工培育的牦牛品种，填补了我国乃至世界牦牛育种史上的空白。2008 年以来该场先后被农业部（现农业农村部）确定为“第一批国家级畜禽遗传资源保种场”、“国家肉牛牦牛产业技术体系大通综合实验站”、“农业部牦牛遗传育种与繁殖科学观测实验站”、“国家肉牛核心育种场”和中国动物疫病预防控制中心授予的首批“动物疫病净化创建场”。

大通牦牛具有明显的野牦牛特征，嘴、鼻、眼睑为灰白色；具有清晰可见的灰色背线；公牛和母牛绝大多数有角。大通牦牛生长发育速度较快，初生、6 月龄、18 月龄体重比原群体平均提高 15% ～ 27%；具有较强的抗逆性和适应性，越冬死亡率小于 1%，比同龄家牦牛群体的越冬死亡率降低 4 个百分点；大通牦牛繁殖力较强，在 2.5 岁时进入适配年龄，3.5 岁可产第一胎，经产牛为三年产两胎，产犊率为 75%；体魄强健，四肢有力，觅食能力强，采食范围广，可充分利用高山草场。

青海大通牦牛是中国牦牛重要的一个地方生态类型。成年牦牛肉的风味物主体香型应是具有浓郁的牦牛肉特有的香味和脂香，能充分表现牦牛肉的特有风味。犊牦牛肉的焦香甜风味明显高于成年牦牛，犊牦牛肉的风味物主体香型以焦香甜型为主，突出香甜气息，而肉香和脂香较为平淡。

大通牦牛肉的营养成分较全面且均衡，具有高蛋白（蛋白质含量≥ 20 克 /100 克），低脂肪（脂肪含量≤ 5 克 /100 克），多氨基酸的特点；天门冬氨酸、谷氨酸等非必需氨基酸含量高；脂肪酸结构组成较好；对肉的风味有重要贡献的化合物较多，为其他普通肉牛所缺少，富含铁、钙、锌、锰等矿物质；肉质安全、无残留、无污染。持续咀嚼口感好，是优质动物性食品来源。

如今，大通牦牛作为世界上第一个人工培育的牦牛新品种，已覆盖青海省 39 个县，辐射到新疆、西藏、内蒙古、四川、甘肃等全国各大牦牛产区。每年推广大通牦牛种公牛至贫困落后地区约 300 头左右，为贫困牧民年增收 2 万元以上，惠及牦牛产区 26 个贫困村的精准扶贫工作。

盐池滩羊肉　没有羊膻味

如果一座城市能够用一种味道来代表，那宁夏会是什么味儿的？我觉得宁夏是羊肉味儿的，可能有不少人的答案会跟我一样。

宁夏著名的摇滚乐队布衣乐队有一首叫作《羊肉面》的歌，据说他们在外地演出时，曾经唱哭了很多台下在外漂泊的宁夏人。

可见羊肉对于宁夏，对于宁夏人来说绝对是不可或缺的东西，它不仅仅是一种食物，更传递着家乡的记忆与味道。正如《舌尖上的中国 2》中所说："黄河冲出了贺兰山，塑造了宁夏平原，几乎所有的中国美食家都认为这里的羊肉质地最佳。"

塞上江南，神奇宁夏。饮食文化的独特，使羊肉在这片神奇的土地上将它的美味发挥到了极致。作为宁夏人日常生活中必不可少的肉食，羊肉注定会与人们的味蕾发生一些美妙的故事。李时珍在《本草纲目》中说："羊肉能暖中补虚，补中益气，开胃健身，益肾气，养胆明目，治虚劳寒冷，五劳七伤。"看吧，国人几千年前就认识到了羊肉是冬季食补的良方。

每到冬天，宁夏人也就惦记着这一口羊肉香。

世上的羊千千万，新疆人说新疆的好吃，甘肃人说甘肃的好吃，内蒙古人说内蒙古的好吃，新西兰人还觉得新西兰的好吃，但在宁夏人心中，羊肉不外乎两种：一种是宁夏盐池滩羊，另一种是非宁夏盐池滩羊。其实，盐池滩羊从狭义上来说是盐池境内一种独特的绵羊品种，但从广义上来说，盐池滩羊其实是以盐池为中心，盐同香半干旱半荒漠带，漠境盐渍化土壤上养的羊只都属于盐池滩羊。盐池滩羊与其他羊不同之处有二：一是吃盐碱滩上的牧草长大；二是喝盐碱水解渴，这为其缔造神奇创造了基础和条件。

宁夏有一句话是这样说的："盐池滩羊吃的是中草药，喝的是矿泉水，挤的是太太口服液，拉的是六味地黄丸。"虽然有些夸张，但也确是实话。盐池这块荒滩上长出的珍稀中草药就达 152 种，它们是滩羊的主要牧草。这些生活在恶劣环境中的中草药有极强的生命力，含有许多对人体有益的成分，这些有益成分慢慢转化到羊肉中。盐池滩羊没法喝到淡水，长年只靠"盐碱水解渴"。盐碱水苦涩口感差，但却富含对人体有益的矿物质和微量元素，更神奇的是，由于长年喝盐碱水，羊肉的膻味也发生"化学变化"逐渐被稀释，所以盐池滩羊与世界上其他地方的羊最与众不同的卖点除更好吃、更美味、更大补外，它毫无膻味。所以盐池滩羊是名副其实的"保健羊"，其肉是名副其实的"保健肉"。

清炖羊肉，在宁夏既是平日里的家常便饭，也是接待来宾必备的特色美食。出锅前才加适量的盐是炖煮的关键，盐作为强电解质，会破坏羊肉的细胞膜，使肉质中的水分渗出，失去弹性，口感变老，近两小时的文火炖煮，肌肉纤维软化，饱含水分，羊肉不腻不膻，丰盈鲜美，装盘之前，盐才会登场，既增加风味又不影响熟肉口感，双倍提鲜，鱼和羊组成汉字里的鲜字，是中国人对味道至高无上的评价，而一盆清炖羊肉，正可以用"鲜"字来形容。

一份羊肉，在宁夏绝对能有上百种做法。手抓羊肉传统、涮羊肉纯粹、羊肉臊子面家常、羊杂碎丰富、羊肉搓面营养、羊肉水饺可口……但是要数蒸羊羔肉味最足！蒸羊羔肉，一般要用羯羊，就是被阉割后的公羊。羯羊营养价值更加丰富，有滋补功效，吃起来细嫩可口，更加容易入味。寒冷的冬天吃一碗蒸羊羔肉，既宠爱了自己的味蕾，更温暖了自己的胃。

性格豪爽的宁夏人，吃起羊肉来却十分挑剔。没有多么精湛的刀工，也不需要特别复杂的工序，甚至调料也很简单，力求让食材保持最丰富天然的滋味，宁夏人就这样将羊肉做出了极致的味道。

到宁夏来一场与盐池滩羊肉的邂逅吧！如果你爱吃羊！

中宁枸杞为什么这样红

枸杞红了！无论是百度搜索，还是阿里指数，枸杞的数据都逐年上升。

从上图中可以看出，枸杞搜索指数逐年上升！

据报道，可口可乐、百事可乐 2017 年业绩惨淡，净利润分别同比减少了 81%和 23%，跌至过去 5 年的最低点。为什么可乐都卖不动了？网友一语道破天机：90 后都开始关注健康了！ 2018 年 1 月的一份报告显示：95 后在电商平台对“枸杞”的搜索量占比在 2017 年以来有显著提升。

枸杞为什么能红，因为枸杞它“养生”啊！

我们知道目前枸杞主要产地有六个：宁夏、内蒙古、新疆、河北、青海、甘肃。

不同种植地区的生态环境，土壤条件的差异，都会造成枸杞品质和外观上的差异。

然而消费者选购枸杞，都会认准“中宁枸杞”这个牌子。为什么呢？

宁夏中宁是世界枸杞的发源地和正宗原产地。北纬37°，黄河水流过，最适合枸杞生长。

许多中医古籍将宁夏枸杞奉若治病良药，现代医学也推崇其养生价值。

枸杞育种专家李健代言宁夏枸杞

那么中宁枸杞对比与其他产区的枸杞，中宁枸杞为什么这样红？

下面通过几组实验数据，从各产区枸杞的外观、营养物质和药用价值层面进行对比分析。

以下表格数据由宁夏大学生命科学学院，从国内的宁夏、青海、甘肃、新疆、内蒙古、河北6大产区内不同种植地抽检宁杞1号品种枸杞果实进行试验得出。

1. 对比 “颜值”

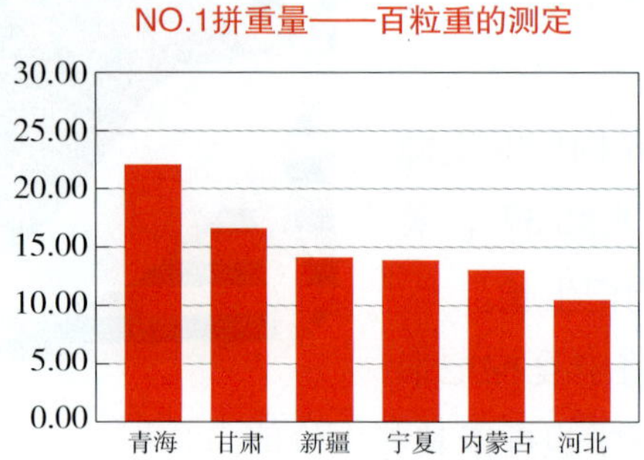

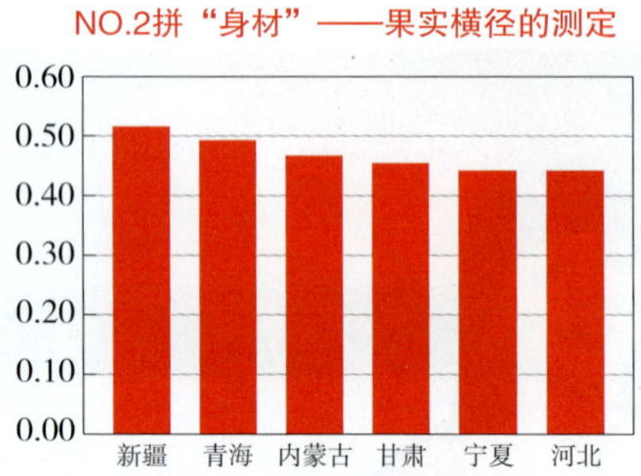

三个图表依次对比的是，不同产区枸杞的重量、果实横径、果实纵径。由数据结果可知，宁夏枸杞均排名倒数，在“颜值”方面，确实不占优势。

2. 对比 “内涵”

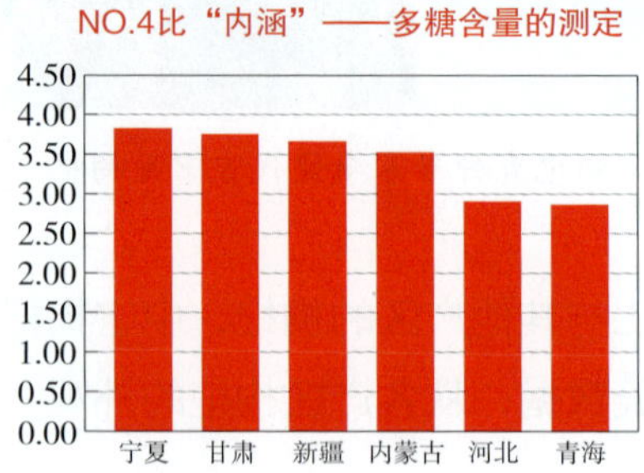

从枸杞多糖含量来看，宁夏枸杞中枸杞多糖的含量最多。

枸杞多糖是从枸杞中提取而得的一种水溶性多糖。经研究表明，枸杞多糖是枸杞子调节免疫、延缓衰老的主要活性成分，可改善老年人易疲劳、食欲不振和视力模糊等症状，并具有降血脂、抗脂肪肝、抗衰老等作用。

3. 对比 “能力”

NO.4比“能力”——果实体外抗氧化作用比较

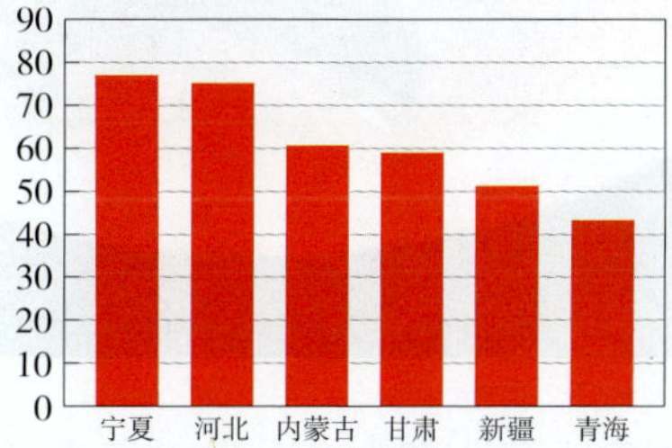

六个地区的枸杞果实抗氧化作用结果表明，宁夏枸杞体外抗氧化能力最强，药用品质最好。

生物的抗氧化能力与其抗逆性、抗病性及延缓衰老的能力有着密切关系，抗氧化能力越高，其药用品质也最高。

从以上数据可以看出，尽管宁夏枸杞在“颜值”方便并不占太多优势，然而其内涵和药用品质却首屈一指，这也是宁夏枸杞为什么这样红的重要原因了。

沙湖大鱼头　塞上好美味

2012 年 4 月 28 日，国家首批 5A 级旅游景区宁夏沙湖，伴着喜庆的鞭炮声，18 面“沙湖大鱼头指定专卖店”牌匾从宁夏沙湖旅游股份有限公司负责人和石嘴山市工商局、物价局领导的手中颁发给经营者，这 18

个专卖店是从沙湖旅游区从事沙湖大鱼头菜肴经营的众多餐饮店中经品鉴竞争后认定的专营店。游客在“沙湖大鱼头指定专卖店”消费，在统一指导价格的基础上，可以享受到地道纯正、细腻爽滑、口味醇香、滋味绵长的正宗“沙湖大鱼头”。

宁夏沙湖旅游区开发建设以来，从一个名不见经传的塞上边陲小湖华丽转身为中国王牌景点、国家首批5A级景区、中国十大魅力休闲旅游湖泊、中国百强旅游景区，沙湖特产沙湖大鱼头也因此被世人称道。沙湖大鱼头之所以声名远扬，除了“沙湖”的金字招牌，更缘于沙湖鱼是在沙湖水域自然生长，以野生芦苇为主食，沙湖所产鲤鱼、草鱼、鲢鱼因其鱼头含有丰富的胶原蛋白，肉质鲜而不腥、嫩而不散、肥而不腻，鱼头汤嫩、鲜、肥、白、滑，食后回味悠长而形成了沙湖特有的招牌菜——沙湖鱼头宴，被称为天然“脑黄金”。在宁夏有“不食沙湖大头鱼，不知塞上鱼味美”之说，由于绿色和特色，并被推上国宴，成为一道供不应求的名品。沙湖大鱼头因生长慢，经五到六年一条鱼才能长到4～5千克，加之沙湖旅游区限量捕捞，必须在沙湖和银川指定的地方才能吃到。

多年来，沙湖人用诚信，像呵护自己的眼睛一样呵护着“沙湖大鱼头”金子般的品牌。来沙湖游玩，体验了沙湖融江南水乡与塞北大漠风光为一体的自然景观，再品尝沙湖独特的鱼头宴，已成为游客来沙湖游玩的向往和宗旨。曾有江苏游客在沙湖吃完沙湖大鱼头后大为赞赏："这些年走过不少地方，吃过各种各样的鱼，却从没有吃过这么美味的鱼"。阿根廷美食家沙考游历宁夏，饱尝沙湖大鱼头后，竖起了大拇指连连称赞：沙湖大鱼头堪称天下一绝！

由于捕捞季节与销售旺季相矛盾等原因，造成沙湖大鱼头在旅游旺季供不应求，导致周边和其他省区的花鲢、白鲢鱼涌向沙湖餐饮市场，沙湖大鱼头以次充好、假冒伪劣等侵害消费者的事件时有发生。对此，沙湖旅游区负责人不无担忧地说："长此下去，假冒沙湖大鱼头，既伤害了消费者的利益，也暗淡了沙湖大鱼头的金字品牌。"为保护沙湖大鱼头品牌，规范旅游市场秩序、提高旅游服务质量，宁夏沙湖旅游股份有限公司近年来运用各种措施、多策并举加大沙湖大鱼头的品牌保护。

一是加强"沙湖"商标的管理与使用。"沙湖"商标早在2001年4月就通过了国家工商行政管理局注册，2010年确定为宁夏著名商标，沙湖所产"沙湖"牌鲢鱼、鳙鱼、鲤鱼、草鱼等农产品于2007年12月获得中国绿色食品发展中心A级绿色食品认证，"沙湖大鱼头"地理标志池塘养殖和大水面养殖于2008年申报为"国家级生态健康养殖示范区"。

二是加强环境保护。鱼类赖以生存的水质决定鱼的品质，为减少燃油对湖面污染，沙湖旅游区逐步淘汰燃油船只，购置清洁能源设备电瓶船，开发电动摇橹船，改建污水处理厂，建设垃圾处理场；每年从黄河向沙湖补水千万立方米，湖水实现常灌常排良性循环，水质进一步改善；人工种植芦苇8 000亩、观赏荷花6 000多亩，促进水质净化，环境监测数据表明，沙湖水质类别为Ⅲ类优良。

三是加强水产科技管理。宁夏沙湖旅游股份有限公司携手华中农业大学等高等院校和专家，对沙湖水域生态资源和水产品进行科学调查，制定《沙湖水域生态环境和渔业资源保护利用规划》，建立花白鲢鱼种培育基地，加大沙湖花、白鲢投放力度，"以鱼养水"，改善沙湖水体。

四是严格市场准入。依据有关标准和多年经营信誉，在旅游区认定"沙湖大鱼头专卖店"，颁发牌匾、统一标识；制定沙湖大鱼头相关标准，从捕捞地、生长期、体重、品种等方面对鱼进行界定，达不到相关标准者不能出现在“沙湖大鱼头专卖店”；制作“沙湖大鱼头”防伪商标，所有专卖店用鱼必须从沙湖旅游公司水产部统一进货销售，杜绝其他池塘养殖鱼类以次充好进入专卖店，

五是规范经营市场。配合地方政府安检、工商、物价、旅游等部门，定期不定期地对旅游区商贸、餐饮市场进行检查监督，规范市场行为、防伪打假，保证消费者享用到货真价实、品质优良的沙湖大鱼头，以“诚信经营、为民服务”的理念打造国家5A级精品旅游景区。

五月的沙湖，翠苇丛丛、众鸟云集，是沙湖大花鲢出湖的时间。有诗云：“沙湖水暖鸟先知，正是花鲢肥嫩时”，自此沙湖逐渐进入旅游旺季，一道道“沙湖大鱼头”也欢快出锅。经过整治后的“沙湖大鱼头”市场管理有序、监督到位、无处不诚信，四海游客无论在沙湖的哪一家指定餐厅都可以放心品味“沙湖大鱼头”。

从新疆到内地：库尔勒香梨走了千年

瀚海梨，出瀚海北，耐寒不枯。

——[东晋]葛洪《西京杂记》

出塞嘉峪关，西行万千里。在连绵戈壁、沙漠、热浪灼人的茫茫西北，新疆巴音郭楞蒙古族自治州（以下简称“巴州”）库尔勒市是一片巨大的绿洲，漫山遍野的香梨树林成为这里最独特的风景。

在中国的行政版图中，巴州作为陆地面积最大的地市级行政区划，享有特殊的地位。北抵天山巍峨群峰，南倚昆仑磅礴大山，中有塔里木盆地、塔克拉玛干沙漠、巴音布鲁克草原浩荡绵延以及境内的楼兰古城、博斯腾湖、罗布泊、轮台胡杨林等历史自然遗迹如星点般散落，让其无愧“华夏第一州”的美誉。所有关于山川形胜、地理浩瀚的名称似乎都和这里有关。

库尔勒市就位于巴州的心脏位置，它自古就是西域文明发源地之一，在孔雀河畔留下过新石器时代的人类足迹，诞生了西域三十六古国时期的灿烂文化，而更为后人所熟知的，是曾经作为西域都护府的属地。也大概从1 000多年前的西汉开始，孔雀河畔一种罕见的珍果开始落地成林、香飘海内。据传此果由张骞通西域时从内地带到新疆所种，却能在猎猎朔风和黄沙漫卷之中傲雪而生，逐渐长成大漠瀚海的天下奇珍。东晋葛洪的《西京杂记》有关于它最早的记载，名曰“瀚海梨”，而千年之后，它拥有了统一的名称——“库尔勒香梨”。

冰雹与“冒牌”，库尔勒香梨的生与死

2015年4月，正在扬花期的库尔勒香梨，遭遇了一场突如其来的冰雹。

“巴州地区已经几十年没有见过这么大的冰雹，基本上把梨花全打没了。”当地的果农回忆说，当天的冰雹有豆粒般大小，下了15～50分钟不等，被打落的梨花、梨果及树叶散落在地上，香梨树被砸得千疮百孔。

每年春季，从冬眠中苏醒过来的库尔勒绿洲上，铺天盖地般开满了梨花。忽如一夜絮满天，广袤的田野上仿佛下了一场大雪，放眼望去，纷纷扬扬、无边无际、千树万树梨花开。

梨花盛开，是库尔勒市广大梨农备耕生产迎接春风的标志，各乡、镇、场分别以当地各类民间传统文化活动为主题，举办“梨花节”庆祝这个时刻。而2015年，巴州库尔勒市的部分地区却因为冰雹受灾，使春来的喜悦蒙上了阴影。那一年，春夏两季总共发生了4次冰雹天气，初秋又出现了持续的大风，造成库尔勒多地的香梨种植受损严重。

尽管在上千年的自然进化过程中，库尔勒香梨已经适应了新疆复杂多变的气候，但对局部区域突发极端气象灾害的监测，却仍然是一个难题。当地气象部门的数据显示，仅2000年以来，孔雀河流域就发生了4次大范围冻害。2015年库尔勒香梨因此总产量下滑超过三成，同时，商品合格率也由正常年份的85%～90%下降至70%。

自然灾害的频发已经成为影响库尔勒香梨产量与品质的大敌。而与此同时，另一个来自市场的危机也正在给库尔勒香梨品牌带来巨大挑战。

2016年10月，由库尔勒市政府和巴州库尔勒香梨协会发起的库尔勒香梨城市巡回推介活动在全国辗转举办。该活动由库尔勒市副市长陈绳锋带队，推介品牌的同时，还承担着为库尔勒香梨辨伪打假的重要任务。巴州库尔勒香梨协会会长盛振明称，“目前流通于内地市场上的库尔勒香梨98%产品未获授权，九成以上都为假冒产品。”

库尔勒香梨正在成为继阳澄湖大闸蟹之后，又一个全国各地打假的特色产品。在巴州工商系统登记可查的侵犯“库尔勒香梨”地理标志商标案件已达200多起，总案值1500余万元。有媒体以广州市场为对象展开调查，发现当地香梨“傍名牌”现象严重，一部分来自山西、陕西等地的红香酥品种假冒库尔勒香梨，标称为“库尔勒香妃梨”。另一部分则是未经授权使用商标的产品。

事实上，从2013年开始，库尔勒香梨就在一定程度上出现价格下跌、销售疲软的走势。而这，与库尔勒香梨在全国乃至世界范围内持续“走红”是相伴发生的，大量其他地区的香梨“冒牌”库尔勒香梨，在各地市场大行其道，直接造成了真正的库尔勒香梨出现滞销、有市无价。

冒牌货不仅损害了种植户的利益和当地的产业发展，更对库尔勒香梨这个具有千年历史的水果品牌构成长期损害。库尔勒香梨研究中心主任李世强说，自20世纪90年代起，“香梨就是库尔勒市特色支柱产业，已成为当地农民增收致富的主要渠道。”而由于新疆与内地中大型城市的香梨主体消费市场天遥路远，品牌宣传推广力度仍然薄弱，品牌识别和市场认知变得尤其关键。当地企业、园艺场和政府也仍然在寻找一些领先的农业技术，以实现商标证明和原产地标识防伪。

广东现代农业博览会的一次偶遇

“能帮我介绍一下‘农眼’吗？我来自新疆，我觉得库尔勒香梨会非常需要它。”

2016 年 11 月，一年一度的广东现代农业博览会在广州琶洲举行，在展馆熙熙攘攘的人流中，新疆库尔楚园艺场副场长阿不拉江 · 卡的尔是一位特殊的来客。在陈列着各类农业科技产品的展位前反复观摩后，一款国内最新的农业智能监测设备引发了他浓厚的兴趣。

事实上，这已经不是他第一次来内地考察学习农业新技术了。而每次出行回去，阿不拉江 · 卡的尔都会把内地的发展及先进的种植理念讲给家人、身边的朋友及种植户听。

库尔楚园艺场是库尔勒市唯一一个以香梨为支柱产业的园艺场，总面积 314 平方公里。其中香梨种植面积 29 800 多亩，棉花 5 000 多亩以及 50 多万亩的草场。园艺场共有 1 212 户居民，维吾尔族与汉族人口各占 50%，长久以来，维吾尔族、汉族在这里交融杂居，以香梨种植业、畜牧业为主要产业，协作共存、互助劳动。其中，库尔勒香梨合作社社员就达 300 多户。

库尔楚园艺场所生产的，是库尔勒香梨中的一个明星品牌。阿不拉江 · 卡的尔说，“库尔楚园艺场和库尔勒其他香梨产区一样，共享着巴州得天独厚的气候资源。”

但略有不同的是，库尔楚园艺场具有独一无二独特的海拔气候条件，昼夜温差较大，空气湿度更大。加上天山奔腾而下的雪融水及地下泉水，灌溉着库尔楚好几万亩良田，这些含有丰富矿物质元素的雪水、泉水，让库尔勒香梨香味独具、浓郁芬芳，含糖及维生素较高。

“库尔楚园艺场一直在探索自己的差异化之路。”阿不拉江 · 卡的尔介绍到，在园艺场的生产管理中，他最大的自豪就是当地的农民特别注重梨园的科学种植管理，也非常愿意接受并运用新的科技成果。他也经常与农民相互交流经验，探讨如何引进内地先进的种植经验、科学方法、设施设备应用于当地的香梨种植。多年来，库尔楚园艺场已经形成了从生产、管理、采摘到养护的高度标准化与流程化的管理模式，所采用有机肥和微生物菌肥也都经过科学发酵，科学施肥。“在这里，我们种出了极致的无污染、无公害的库尔勒香梨。批发价格每千克都要比库尔勒市其他园艺场高出 0.6 ~ 1.6 元。”

然而，气象灾害和“冒牌”之痛，也不时隐隐地刺痛着阿不拉江 · 卡的尔。他谈到，在内地考察的过程中，他一方面目睹了假冒的库尔勒香梨畅销于市，感受到批发市场与零售市场的巨大价差；另一方面，他也始终在寻觅那个能够真正解决库尔勒香梨难题的科技产品。这段寻觅，在广州一家名为“大气候农业”的公司似乎得到了答案。

正名之路，溯源让真实回归

库尔勒香梨，属白梨系。以库尔勒地区最著名，维吾尔语名叫“奶西姆提”，其特点是香味浓郁、皮薄、肉细、汁多甜酥、清爽可口。

在 1924 年法国万国博览会 1 432 种梨之中，库尔勒香梨收获“世界梨后”之称；在 1999 年昆明世界园艺博览会上，库尔勒香梨则揽下金奖，正式摘取梨中之冠；在 2011 年中国著名农产品区域公用品牌评比中，库尔勒香梨获得公用品牌第三名；在 2017 年，新疆 4 个入选百强农产品区域公用品牌当中，库尔勒香梨赫然在榜。

库尔勒香梨已经不仅是新疆巴州的地理名片，也成为代表中国农产品闻名海外的象征。据资料显示，2016 年，库尔勒市的香梨种植面积达到 43.2 万亩，全疆种植面积 109.49 万亩。这个庞大产业如今面临着为“真正的库尔勒香梨”正名的挑战。这是条艰难而漫长的道路，有企业的自发探索，也有政府的引导与推动，而库尔楚园艺场银水果树种植农民专业合作社已经走在了前面。

2017 年 6 月，经过认真调研和可行性分析，库尔楚园艺场银水果树种植农民专业合作社正式与大气候农业开展合作，使用“农眼”智能监测管理系统开展气象土壤监测、科学种植管理以及建立库尔勒香梨的可视化溯源体系。这套目前全球最先进的农业智能监测设备、农业操作系统和农产品质量安全溯源系统，正式进入了香梨产业。

而在实际引入大气候农业的“农眼”之前，库尔楚园艺场银水果树种植农民专业合作社与社员多次交流，做了大量的工作，得到了社员的认可。

该社成员曾先后两次到大气候农业进行实地探访，并深入多个应用基地开展调研。在充分了解了整套系统的技术、功能与价值之后，专业合作社欣然决定，要将“农眼”带回新疆。

银水果树种植农民专业合作社理事长艾尼瓦尔说，他对“农眼 ”的期待来自几大方面。第一是“农眼”的智能气象、土壤监测，可以帮助种植户更加及时快速地了解气象信息，快速布防和应对气象灾害；通过精准地监测土壤微量指标，指导梨园精准施肥、科学管理。第二是利用虫情监测设备与“气候云 AOS”，助力园艺场联合农学专家，提高病虫害预防能力。

最让艾尼瓦尔感到兴奋的是，“农眼”智能监测管理系统所能实现的全程可视化溯源，可以将库尔勒香梨的种植过程、产地信息清晰而完整地展示给消费者，让终端市场找到可信、可靠的真正库尔勒香梨。最后，大气候农业的产销平台，还可以为库尔勒香梨找到全国最优质的零售商和批发商，让库尔勒香梨依托电商，快速出疆、进入内地市场……

“从新疆到内地，真正的库尔勒香梨为了走到消费者面前，已经走了千年。”阿不拉江 · 卡的尔说到，“我相信，我们这代人将完成最后的里程。”

网上“巴扎”让阿克苏苹果更红了

“吐鲁番的葡萄哈密的瓜，阿克苏的苹果人人夸”是流传在新疆的一句歌谣。

阿克苏地区位于塔里木河腹地，水资源充沛，是新疆重要的绿洲带，

古代丝绸之路的必经之地。

阿克苏在维吾尔语里意为“清澈的水”，素有“塞外江南”之美称，这里降水稀少，气候干燥，但密布水系，水流量丰富，滋养着这片肥美的绿洲。

阿克苏苹果主要产地位于天山托木尔峰南麓，冬季寒冷，所以果品生长期病虫害发生极少，昼夜温差大、光照充足，加上冰川雪融河流——柯柯牙河浇灌、沙性土壤栽培、高海拔的生长环境，使阿克苏苹果的果核部分糖分堆积成透明状，形成了“冰糖心”。

因为阿克苏苹果采摘时间严格控制在每年的 10 月 25 日之后，较长的生长期让阿克苏苹果更多地汲取了大自然的天地精华，形成了无与伦比的独特品位，被称为新疆的“水果皇后”，更以其独特的“冰糖心”而享誉海外。

然而，就在几年前，每到阿克苏冰糖心苹果的成熟季，果农们喜忧参半。喜的是苹果丰产，愁的是这么好的苹果也只是中看不中卖，量大了，收入却不见长。

而最近一两年，阿克苏人却一扫愁容。

电商创客铺设网上丝绸之路

2011年，深圳小伙刘敬文来到新疆创业。初见阿克苏人，刘敬文只觉他们五官深邃，高大美丽，眉间眼角有雄鹰的气息。

在进疆之前，刘敬文是一个传统媒体人。来到阿克苏之后，他发了一组阿克苏瓜果的图到微博上，想为这梦一样的地方搭建多一条通往外界的通道。没想到，很多人在微博上问他这些水果要在哪里买。

于是，刘敬文开始扎根新疆，并创办了维吉达尼电子商务公司，在天猫平台上帮果农卖瓜果。阿克苏地区在传统丝绸之路上，当地人对贸易很容易理解。但是对于电商这个名词，刘敬文一时不知道怎么跟果农解释。最后灵机一动，他告诉当地果农，电商就是网上“巴扎”(意为网上集市)，这下果农都很好理解了。

在刘敬文的带领下，维吉达尼2015年销售阿克苏冰糖心苹果75吨，到了2016年，销售量上涨到506吨；2015年与维吉达尼合作的农户达15户，平均每户收入4.8万元；2016年合作农户增加到60位，平均每户收入4.4万元。

其实在新疆，像刘敬文这样的电商创业者还有很多。他们为新疆人铺设了一条又一条的网上丝绸之路。

曾经待字闺中的“大家闺秀”

阿克苏地区拥有果林面积450万亩，果品年总产达214万吨，农牧民约有40%的收入来源于林果业。但是由于农业产业化水平不高，没有畅通有序的供应链流通体系，特色农业产业资源优势并没有变成带动农牧民脱贫致富的经济优势。

这些好看又好吃的水果，犹如大家闺秀待字闺中。在电商已经发展得如火如荼的时候，阿克苏地区的果农还习惯于赶“巴扎”，把水果放到集市上待价而沽。

因为缺乏更多的销售渠道，果农们对包括苹果在内的水果都没有定价话语权，买卖全凭水果贩子的一口价。愿意就卖，不愿意的最后找不着销售渠道，不是贱卖，就是滞销烂在家里。

加上一环接着一环的中间渠道，利润被摊到不同的环节后，包括果农和水果贩子在内的所有人收入都十分有限。遇上丰收年，增量不增收；要是遇上收成不好，果农的日子就更加不好过。

有了网上“巴扎”后，苹果的销路似乎不用愁了，砍掉了中间环节，阿克苏苹果的收购价格也有所上升。但是阿克苏冰糖心苹果在网上的销量却还是上不来。

原来果农们一心只想着把苹果种好，越大越好，越甜越好。却不了解他们的购买者——他们味蕾挑剔，选择多样。果子太大，一个苹果一次还吃不完，会影响销售；果子的甜度太高，不合口味，会影响销量；苹果大大小小，规格不一，同样会影响评价。

所以当大大小小不同甜度的苹果一起销售出去之后，网上的评价相差很大。一不小心，消费者就会从一家店跳进另一家店。

网上“巴扎”直触消费者视点

当下，消费升级正在倒逼农产品生产的专业化和标准化。当阿克苏苹果被摆在网上时，这种面临消费升级的危机感就更强化了，一锤一锤地锤在电商创业者们的心口。

在网上摸到了消费者的痛点后，如何种出能够满足消费者需求的苹果成了阿克苏政府重点关注的问题。看天吃饭的果农们，虽然有多年的种植经验，也并不能保证每一年阿克苏苹果的品质保持一致。

从2008年开始，阿克苏地区连续9年分阶段实施“林果培训年”、“林果质量管理年”、“林果管理增效年”活动，建设了示范园和“三品一标”认证果园。得益于多年深化实施的林果业提质增效增收工程，果农们在种植特色林果的过程中，简约化栽培管理和绿肥种植、农家肥积造等方式逐步普及。

另外，在阿克苏当地，苹果特色小镇也在逐步落地，寻找优质果园，通过“互联网+”农场的方式，扩大阿克苏苹果的品牌影响力。

此外，在长期电商销售的过程中，刘敬文也开始不断分析消费者的实际需求，以消费需求来实际指导果农的生产活动。比如，根据大数据定包装、定果径大小、定甜度标准……还让果农拍摄实景照片，在电商平台与消费者直接互动，为产品代言。

慢慢地，果农们和阿克苏冰糖心苹果都逐渐赢得了消费者的信赖，忠诚粉丝的队伍也逐渐庞大起来。

近年来，随着精准扶贫政策的加速执行落地，越来越多的地区也加入了援疆队伍。

2017 年 8 月 7 日，浙江省委书记车俊与新疆维吾尔自治区人民政府主席雪克来提・扎克尔、新疆兵团政委孙金龙，在阿克苏共启了“十城百店”工程。计划将在浙江 10 个设区市（不含舟山）有序建设阿克苏特色农产品公共仓，形成“十城百店”市场网络，并逐步实现阿克苏优质农产品在浙江市场年销售 40 万吨以上的目标。

随着越来越多援疆工作的投入，这一片神奇的大地也终将掀开红红的盖头，露出更加璀璨的笑脸。

和田大枣　不止于大

果皮颜色喜庆可人，果肉甜润甘美，营养价值丰富，大枣历来都是人们交口称赞的滋补佳品，可谓通身都是宝，而新疆和田枣更是有口皆碑的枣中极品。为什么和田枣能在众枣中脱颖而出，备受人们青睐呢？这一切要从它的“出身”说起。

交口称赞的滋补佳品

和田枣原产地山西太谷，后因其质优，产量高，寿命长，被先后移植到山西交城及新疆阿克苏、和田等地，因此和田枣也称之为骏枣、阿克苏大枣、和田大枣。山西壶瓶枣、骏枣、新疆和田大枣本属同一品种，只因产地不同，生长环境不同而有所差异。市面上出现的“和田大枣”“和田玉枣”“和田御枣”“和田贡枣”，均指和田枣，只是称谓不同。

和田位于新疆最南端，地处北纬 36.6° ~37.1° ，是世界公认的“水果优生区域”。每天长达 10 小时的日照为和田枣提供了充分的光合作用，全年长达 220 余天的无霜期，使和田枣的成熟期更长，碱性沙质土壤和冰山雪水的灌溉，使和田枣的矿物质更加丰富。

与其他红枣相比，和田枣果形大、颗粒饱满、果肉厚实、皮薄核小、营养丰富，口味更甜醇。基于得天独厚的自然条件，每一颗“和田枣”都是自然精华的结晶。

和田枣的营养和保健价值极高。维生素 C 含量在水果中名列前茅，维生素 P 的含量也是百果之冠，堪称“天然的维生素丸”。人们历来就把红枣视为极佳的滋补品，有强筋壮骨、补血行气、滋颐润颜之功效。

当仁不让的重点产业

在和田乡村果园中，已存活二三百年且硕果累累的古老枣树随处可见，这是和田大枣历史悠久的最好见证。深厚的历史，优质的品种，使和田大枣成了当地当仁不让的重点发展产业。

截至目前，和田地区拥有红枣面积 81.36 万亩，总产值达 12.14 亿元，累计带动就业 12 万人。近年来，和田地区为了向建设“中国最优大枣基地”的目标不断迈进，坚持“干群联

舞蹈演员玉米提代言新疆若羌红枣

动、政策支持、科学管理、科技支撑、龙头带动、品牌营销”战略，确定了和田大枣在农业发展中的主导地位。

目前，和田地区各县市均成立了以县委书记为组长的大枣产业发展领导小组，实行县级领导包乡镇、县直部门包村、科技人员分片的承包责任制，并制定出台了《和田地区大枣产业发展实施意见》，形成“公司＋合作社＋农户”的产销模式，以点带面，促进周边农牧民就近就地实现劳动力转移。

在和田大枣的产业规划中，基地建设是基础，坚持推广高效节水灌溉技术，不与农业生产争水争地，坚持集中连片、集约化、规模化栽培、合理布局红枣基地。红枣面积从2011年的42.46万亩，发展到目前的81.36万亩，多个园区、乡镇均成为和田大枣标准化、规模化基地建设的典范。

为从根本上解决重栽轻管、水肥投入不足、技术措施不到位、品质效益不高等问题，和田地区从品种嫁接、加强水肥投入、抓好科技培训、加大病虫害防控力度入手，确保红枣产业整体质量。

在这个酒香也怕巷子深的时代，品质虽然有保障，但还需要品牌来支撑。近几年，和田先后完成了和田大枣原产地证明商标注册和国家地理标志产品保护工作，红枣注册商标达 30 多个，打造了一批红枣产品知名商标。同时培育一批产业龙头，全地区引进 20 多家红枣产业化企业，初步形成“龙头企业 + 专业合作社 + 基地 + 农户”的产供销相衔接的机制。

开拓市场延伸外销渠道，是企业持续发展的要害。

目前，和田大枣销往疆外的销量占地区产量的 3/4 以上。这样的成绩，已然算好，但和田大枣“走出去”战略的目标并没有满足于此。

接下来，和田地区将进一步开展外销平台建设，在北京、上海和广州等中心城市搭建长期外销平台，加快建设辐射大型农产品市场、超市和龙头企业的营销网络和销售窗口；大力扶持 2～3 个区域性著名品牌建设，进一步规范红枣的包装、商标、标志的使用；建立农产品现代物流体系，力争在和田建成南疆最大红枣物流集散地，抓好仓储、保鲜、运输、配送等关键节点工作，并采取连锁经营、物流配送、电子商务等现代流通手段，推动“农超对接”。

回味无穷的石河子鲜食葡萄

石河子市是新疆生产建设兵团农八师师部所在地，位于新疆维吾尔自治区北部。石河子垦区地处天山北麓中段，古尔班通古特大沙漠南缘，气候条件属于典型的大陆性干旱气候，气候干燥，降水量少，昼夜温差大，光照充足，是新疆生产鲜食葡萄的优质产区。1952 年部队进驻屯垦后，开始有计划地发展园艺业，从各地引进优良品种进行种植，而葡萄为该区域的优势水果，品质好、产量高，20 世纪五六十年代即出现一批高产典型。

独特的气候条件使得这里生产的石河子鲜食葡萄品质独特优良。石河子属典型的大陆性气候，光热资源丰富，冬季长而严寒，夏季短而炎热，年平均气温 6.6℃，年实际日照时数 2 782 小时，无霜期最长为 197 天，最短为135天，年降水量175.1毫米，这种气候非常适合生产优质瓜果。这里出产的石河子鲜食葡萄光泽圆润、果香浓郁、酸甜适宜、皮薄爽口、产量高、品质好，并富含人体所需的总糖、白藜芦醇、原花青素等多种营养元素。

目前，石河子鲜食葡萄主要分布在石河子总场，这是新疆生产建设兵团大型农业团场之一，集党政军企一体的经济社会组织。石河子总场已发展鲜食葡萄面积3 000多公顷，年产量可达6亿吨，所产鲜食葡萄以色泽艳丽、口味纯正而享誉国内外，于2013年9月获得国家农产品地理标识认证，果品销往北京、广州、厦门等20多个城市，外销到新加坡、马来西亚、泰国等东南亚各国。

为保证鲜食葡萄的鲜食性，石河子总场投资3 000万元建成了1万吨鲜食葡萄保鲜库，投资1 200万元建成3条鲜食葡萄快速预冷保鲜包装生产线，投资300万元完成了石河子鲜食葡萄的质量追溯体系建设，使产品做到了“生产有记录、销售有查询”。

为了使石河子鲜食葡萄生产基地各项工作达到质量安全要求，石河子总场从田间投入品管理、有害生物防治、出口产品质量追溯等方面严加管理。为了逐步实现基地的标准化管理，石河子总场严格按照绿色食品标准进行田间管理，并结合实际情况，形成一套从生产到采收上市的管理体系。

种植管理方面，制定《石河子鲜食葡萄种植操作规程》，发到每一个种植户，基地技术管理人员监督、指导种植户按照《石河子鲜食葡萄种植操作规程》实施修剪定枝、疏花疏果、肥水管理

等田管技术措施。

投入品的管理方面，下发《关于绿食食品石河子鲜食葡萄禁止使用有害农药的通知》，下发禁用农药清单，由专人负责，基地建立施肥施药投入品使用档案，实现农资使用责任到人管理目标。

产品收购销售方面，成立鲜食葡萄质检员队伍，实施“统一质量、统一包装、统一价格、统一品牌、统一销售”的“五统一”销售管理制度，制定《石河子鲜食葡萄质量分级标准》、《石河子鲜食葡萄产地标识方法》、《石河子鲜食葡萄等级标识方法》、《石河子鲜食葡萄包装管理规定》等各项制度，严格按照《分级标准》把好葡萄采收质量关，并按照《产地标识方法》和《等级标识方法》给出口基地全部种植户生产的产品实施信息编码档案管理。

作为石河子总场的主打特色产业，现今石河子鲜食葡萄年产值已近3 900万元，带动果农2 000余户，显示出广阔的发展前景。

后　记

需要说明的是，本书选编的品牌故事，是2017年第十五届中国国际农产品交易会组委会在全国农业系统组织推选的中国百强农产品区域公用品牌。目录按照品牌故事在有关媒体刊发次序排序。在本书内容的选编过程中，得到了农业农村部市场与信息化司、中国农产品市场协会的大力支持。同时，得到了各百强农产品区域公用品牌主体单位的热情鼓励和积极配合。在此表示衷心感谢！

本书在编写过程中由于时间仓促，经验不足，难免有遗漏、疏忽和错误之处，在此深表歉意，并请予以批评指正！

编　者

2019年5月于北京

图书在版编目（CIP）数据

百强品牌故事 / 中国农村杂志社编. —北京：中国农业出版社，2019.5
ISBN 978-7-109-25084-0

Ⅰ. ①百…　Ⅱ. ①中…　Ⅲ. ①农产品 - 品牌 - 介绍 - 中国　Ⅳ. ①F323.7

中国版本图书馆CIP数据核字（2018）第280320号

中国农业出版社出版
（北京市朝阳区麦子店街18号楼）
（邮政编码 100125）
责任编辑　闫保荣

北京中科印刷有限公司印刷　　新华书店北京发行所发行
2019年5月第1版　　2019年5月北京第1次印刷

开本：700mm × 1000mm　1/16　　印张：22.5
字数：350千字
定价：98.00元
（凡本版图书出现印刷、装订错误，请向出版社发行部调换）